沖縄に連なる

沖縄に連なる

思想と運動が出会うところ

新城郁夫 *Ikuo Shinjo*

岩波書店

序　生きられる沖縄へ

一つの光景が、ある言葉に託され残されている。

一九四二年あるいは一九四三年の頃、近くに「沖縄の人たちの集落」のあった大阪南部の海岸で、鬱屈を抱えて独りたたずむ少年に、心配のあまり一人の女性が声をかけている。少年が「もう中年と見える」その女性に名前を聞いたのであろうか、「儀間《ぎま》カマド」と、その女性は応えたという。そのとき少年は、沖縄に遭遇してしまい、それいらい沖縄がその心身にすくっていくことになる。

「ああ、この名前を掲げて、本土と呼ばれる地域で暮らしてゆくのは、心理的にさぞしんどかろうなあ」と、そのように女性の困難を想像することのできたこの少年は、後に思想史の立場から民衆によって生きられた歴史を深く広く問い直し、『沖縄の淵――伊波普猷とその時代』(岩波書店)や『戦後沖縄の思想像』(朝日新聞社)をはじめとする著作において沖縄をめぐる歴史を書き換えていくことになる。この少年が、「鹿野《かの》政直」というみずからの名を、その女性に語ったかどうか、そのことは書き記されてはいないが、それでも、とある海岸での光景を留める言葉が残されることによって、儀間カマドという名を持つ一人の女性によって生きられた沖縄が、私たちの記憶にも書き加えられることになる(鹿野政直「なぜ沖縄を学ぶのか――いま、「わが心の沖縄」を語る」『図書新聞』二四九五号、二〇〇〇年七月二二日)。

いま私は、「儀間カマド」と、女性の名を書いた。しかし、この少年が、実際にそのようにして声を文字に変換しつつ、女性が語った名前の響きを聞き取ることができたのかどうか定かではないのではないか。そして、この女性にとってもまた、みずからの口を伝って発せられたみずからの名前を表す音が、当の少年によって正しく聞き取られたかどうかについての確かな手がかりはありえなかったのではないか。二人のあいだにおいて交わされたであろう僅かな言葉のなかに響いた固有名は、文字となるほんの手前にあって、そして、意味として像を結ぶほんの手前にあって、歴史の闇のなかを漂う混沌とした呼びかけとしてこの世界に投げだされた声であったようにも思えてくるのである。

淋しげな独りの少年に声をかける一人の女性の心身において、声を発するその直前のとき、どのような思いが胸に去来していたか。名を聞かれて応えるさいに、どのような逡巡や願いが彼女に到来したか。そのことを明らかにする何事も残ってはいない。残されているのは、儀間カマドという名前だけである。このとき、名前は、ほとんど祈りである。

この光景のなかで、いまだ語られていない沖縄という見えないよすがだけが、一九四二年あるいは一九四三年大阪南部という場所で出会った一人の少年と独りの女性を繋ぎとめている。そして、この二人を不可視のうちに繋ぎとめている沖縄に、じき訪れる戦争の暗く凄惨な影が差しはじめている。このとき二人を隔てているものを数えあげるとしたら、きりがないに違いない。二人は、あらゆる点において違っている。独りであるみずからを抱えているという点を除いては。ただ不測のうち沖縄に連なることを通してのみ、歴史が交差するその一瞬において出会っているのが、この二人なのである。

だが、こうした出会いのなかで不意にたぐり寄せられる沖縄だけが、誰かと誰かを予測もできなかった形で結びつけるということがあるのではないか。連なろうとする意志が形づくられるそのはるか以前に、実はすでに連なっていたことを再発見するという営みのなかでこそ、沖縄が生きられるということがあるのではないか。そのとき、生きられる沖縄は、たとえば、多くの女性たちが故郷を後にして関西圏をはじめとする労働市場に出稼ぎにいく沖縄の近現代史の総体が、一人の女性の名前に触れるという光景のなかに凝集されていくような、そのような局面を開くことになるだろう。予期せぬ連なりのなかでふいに現れる結び目としての沖縄が、沖縄という一語を迂回しながらも、人と人とを繋いでいく。右のエピソードが伝えているのは、語ることの困難の共有を通してこそ、生きられる沖縄が私たちのあいだに現れるということなのかもしれないと、そう思えるのである。

むろんのこと、沖縄を語ること、そして沖縄を聞くことは、今も昔も難しい。そして、沖縄に連なることは、さらに難しいに違いない。だが、みずからの生のただなかにおいて沖縄が生きられていることに気づく一瞬が、いつか訪れないとも言い切れない。私たちのもとに、「儀間カマド」という名前が、呼びかけとなって歴史の隙間から今に届くように。

そうした呼びかけに応えるようにして、沖縄に連なることにおいて生きられた思想と運動が、いかにして今というこの時を形づくっているかを問うてみること。本書で私が試みたいと思うのは、そのことである。思想といい、運動といい、それらはおそらくは不意の出会いという形においてしか生成しないような何かなのではないか。とくに沖縄にかかわるとき、思想にしても運動にしても、それらはつねに出会いという形をとって私たちのあいだにおいて現れる。そして思想と運動が出会うところでこそ、沖縄は、無数の人びとによって生きられる歴史となると、そう思えるのである。

困難を極めるこの今の今、生きられる沖縄に触れ、生きられる沖縄に触れられるために、今しばらくのあいだ、問いをひろげていきたい。

目次

III 伝播する運動

＊各章冒頭のタイトル脇に（第11章のみ各篇の末尾に）、下敷きとなった論考の発表年月と初出媒体を示した。

I

編みこまれる歴史

第１章　日本占領再編ツールとしての沖縄返還

二〇一五年八月（『現代思想』vol. 43-12）

１　一九六九年の集団的自衛安保法制化について

沖縄に対するアメリカ施政権の日本への「返還」基本ラインを定めた佐藤－ニクソン「日米共同声明」（一九六九年一一月）を発表直後に精査する藤島宇内《ふじしまうだい》によって書かれた次のような言葉が、集団的自衛権に関する憲法解釈変更閣議決定を経たのち安保法制化に向け政局が雪崩《なだれ》をうっていく二〇一五年七月という今、あまりなまでにリアルである。私たちが今目の当たりにしている日米安保の自己破壊的増殖運動による憲法無効化は、「沖縄返還」というプロセスにおいて既に実質化され先取りされていた。そのことを藤島の言葉は開示してやまない。

すでに六九年一一月三日のニクソン演説その他をくわしく分析したベトナム側は、南北ともに、アメリカが戦争を早期に終わらせるハラがないとみてとり、長期戦の覚悟を固めている。七二年に戦争が終わっていなければ、沖縄返還と同時に日本はベトナム戦争に対しても「参戦国」の立場に立つことになる。沖縄をふくむ「日本区域」からのアメリカ軍出撃について拒否できない以上、そうならざるをえない。共同声明は、返還後の沖縄基地の機能、規模についてはなんの制約もない。「日本の施政の下の領域」――沖縄からアメリカ軍が自由に戦闘に出撃することは、いわゆる「本土の沖縄化」なのではなく、日本の「参戦国化」を意味する。つまり、双務的な日米〝集団的自衛〟一致区域はベトナムまで実質的に拡大される。しかも日米安保条約は、「極東における国際の平和及び安全の維持に寄与するため」という名目なら世界いたるところの戦争のために米軍が在日基地を使うことを許している。(1)

ここで藤島は、「沖縄返還」の政治＝軍事的な波及効果を見定め、極めて蓋然性の高い予測をもってこれを批判的に検証している。約四〇年前に書かれたこの論は、残念ながら今の状況をも精確に言い当てたものとなっていると言えよう。一九六九年という段階において、「沖縄返還」というプロセスが、ベトナム戦争とその拡大として全世界的アメリカ軍の展開の一角であり、「集団的自衛」という国際法上新奇な概念のもと日本が「参戦国」としてアメリカ軍覇権に組み込まれていく筋道が的確に予見されていたことは、今想起されていい。そして、この論述に見られる次の言葉は、さらに重要と言わねばならないだろう。いわく「共同声明は、返還後の沖縄基地の機能、規模についてはなんの制約もない。「日本の施政の下の領域」――沖縄からアメリカ軍が自由に出撃することは、いわゆる「本土の沖縄化」なのではなく、日本の「参戦国化」を意味する」。

この指摘を今の今踏まえてなされるべきは、次のような基本的事実の確認である。「沖縄返還」によって、「沖縄」は「戦後」はじめて日本への帰属がアメリカによって確定され、その確定を通してはじめて日米安保条約の適用範囲へ組み入れられたのであり、同時に、日本ははじめて「沖縄」という法的政治的例外状態を全面的に国内に取り込み、この「取り込み」における主権への極端な制限と日本国憲法の空洞化を経て、米軍基地自由使用という支配のもと、アメリカの保護領あるいは準占領という国家形態を強化したということである。この大きな転換を経て、日本占領が環太平洋規模のアメリカの安全保障システム構築過程において再編され、占領再編を介して日本というアメリカの衛星国は世界戦争に参戦していくことになる。この戦時体制に向けたドラスティックな変化を可能にした政治＝軍事的結節点こそ「沖縄返還」であった。

　この政治＝軍事的変動の歴史的文脈を踏まえるならば、いま現在普通に対比的にイメージされ対抗的に観念されている沖縄と日本をめぐる二極化は、沖縄返還を通じてはじめて現れた一つの体制であり、それは共起的同時的かつ同じ空間化の効果であったことが理解されてくる。この効果において生起したのは、沖縄と本土という分離された区域ではない。「沖縄と本土」の対立を煽りつつ対立を保持し、これを一つの体制のなかに包摂する政治＝軍事的な同質空間が発明され「自然」化されたのである。この政治＝軍事的空間の発明により、日本は、名実ともにアメリカ軍覇権下の参戦国となった。

　こうした日本の「参戦国」化への危惧から、同時代的に言えば、ベ平連（「ベトナムに平和を！市民連合」）や駐留米軍雇用労働者組織あるいは各種労働組合や教員組織等を含めた反戦平和運動に関わる人々から日本の加害性への批判的意識が生成されていった経緯については、小田実《まこと》、鶴見俊輔、吉川勇一、鶴見良行、武《む》藤《とう》一羊《いちよう》、天野恵一《やすかず》らによる重要な運動についての優れた研究が、既に道場親信《ちかのぶ》や松井隆志らによって提示されている。加えてここに沖縄の文脈を重ねるならば、朝鮮戦争に加担する状況を踏まえ、「生活することそれ自体がすでに戦争への直接、間接の協力にほかならない社会現状下で如何にして私達は人間性のモラルを支えたら良いのだろう」(「この頃おもうこと」『琉大文学』第八号、一九五五年二月、発売後米軍により回収)という川満信一の言葉を想起することもできる。つまり、朝鮮戦争以降の戦後日本は、沖縄というツールを介してアメリカの戦争に一貫して加担してきたが、その事実を「沖縄問題」として外部化できるふりをして否認してきただけであり、その否認は常に沖縄という内なる外部によって否定されてきた。

沖縄による戦後日本の否定という出来事が一挙に政治化していくのが沖縄返還前後の政治的状況であるが、この「沖縄返還」プロセスを批判的に検証していくさいにまず注目したいのが、「本土の沖縄化」というそれじたい奇妙な不安に憑りつかれた言葉である。右に引用した論のなかにも見出せる「本土の沖縄化」という言葉について、藤島は、この時期の言論として稀と思われるが、これを端的に誤認と指摘し退けている。この指摘は極めて重要である。なぜなら、「本土の沖縄化」という言葉が引き寄せてしまうのが、「本土の日本人のエゴイズム」(大江健三郎『沖縄ノート』岩波新書、一九七〇年、一一六頁)といった反応であることは当然理解できるとしても、そうした反応への共感あるいは否定のいずれの軸においても、本土と沖縄を、政治的社会的そして歴史的に分離された領域あるいは領土として観念する枠組みが固定されてしまいがちになるが、藤島は、そうした認識枠を慎重に取り除き、沖縄返還によって沖縄と日本がともに一つの体制のなかに捕縛される事態へと注意を向けさせようとしていると思えるからである。

「本土の沖縄化」という認識においては、分かたれた「領土」が民族的差異に基づいてもとから分離されていたかのごとき想像力が沖縄と日本双方において駆動させられ、沖縄と日本という相補的対抗関係を示す地政学的地図が妄想的に作成される危険性を、ここでの藤島の指摘は示唆していると読みうるだろう。沖縄と日本という関係を考えるとき、その関係が、「エゴイズム」といった感情のあり方に還元されてしまうとき、本土と沖縄という対比が空間的にも時間的にも差異を失い、軍事的展開において等質化され同じ空間化の作用のなかに統合され統治されるグローバルな暴力組織化の運動が見えなくなってしまう。

「本土の沖縄化」という言葉を批判的に検証するためには、まずは、民族的かつ領土的対抗関係として思念される沖縄と日本という枠組みそのものを、日米安保条約に限定されない集団的安保体制という構図のなかに再配置し問い直さなければならないはずである。そして、まさにそうした問いを開示する極めて重要な批評である中野重治の「「本土の沖縄化」という言い方の件」(一九七〇年二月)を、ここに想起してみたい。日本の戦後体制の総体に亀裂を走らせ止まぬ思考の力が、中野のこの批評にはある。

2 「本土の沖縄化」再考

中野重治は書いている。

いったい、「本土の沖縄化」などと言つて何で「沖縄」と「本土」とを無体に対置しようとするのか。何で両者を、引きはなされたものとしてそれぞれに固定して仕立てて見せようとするのか。日本国とアメリカ合衆国との関係で、「本土」は国として責任を持つてきたのではなかつたのか。沖縄のことに関して、佐藤が自称日本国代表としてニクソンのところへ行つたのもそのためではなかつたのか。アメリカの国代表部は日本「本土」にある。アメリカ軍の中枢の或るものは日本「本土」横須賀にある。いつたい、沖縄の主権は「潜在的に」日本「本土」にあつたのだつたろう。そしてここで、「潜在」は、朝鮮にたいする場合にしろヴェトナムにたいする場合にしろ、また中国にたいする場合、ソ連にたいする場合にしろ、全日本の基地を総動員してのアメリカ軍の直接発進を、中継地「沖縄」を飛び石とすることで「本土」の罪がいくらかでも軽くなるように表向き見せかけるための道具に使われたということ以外ではなかつたのではないのか。そしてそれだけのものが、つまり「本土」の罪が軽目に見せかけられただけ犠牲が「沖縄」に重石《おもし》としてかかつて行つたのではなかつたのか。あらゆる野蛮、暴行、残忍が、幼児の路上での轢《ひ》き殺しから石川小学校の生徒たちの集団死までがそこにあつた。それを含めての日本の「潜在主権」だつた。「潜在」はここで文字どおり犯罪的なものだつた。（中略）いまとなつて、佐藤・ニクソンによる「日米共同声明」をつきつけられたからといつて、何で日本共産党が「本土の沖縄化」などといつて騒ぐのか。「沖縄県をふくめた日本全土」そのものが、沖縄についての「本土」日本の「潜在主権」という言葉をつかつて、二十五年来「アメリカの出撃基地、核かくし基地として提供」されてきたのではなかつたのか。(2)

「本土の沖縄化」という言葉への強い違和を刻印する中野のこうした批評を、沖縄を「犠牲」にしてきた日本と「本土」日本人への倫理的批判として読むことはむろん可能だし妥当でもあろうが、本論では、この批評において、日本と沖縄を「引きはなされたものとしてそれぞれに固定して仕立てて見せようとする」認識のあり方こそが根底的な疑義に付されている点にこそ注目したいと思う。中野がここで批判的に示唆しているのは、沖縄と日本が等しくアメリカによって「潜在」主権国家化されているという相同性を掩蔽する形で「それぞれに固定して仕立てて見せようとする」政治的思惑が作動しているという事態である。サンフランシスコ条約第三条に付随する潜在主権というダレス国務長官の口頭での言葉恃《だの》みで沖縄を核基地としてアメリカに差し出してきた日本国家こそが、深く「潜在」性に浸され支配されているのであり、このアメリカ覇権下において「アメリカの出撃基地、核かくし基地として」みずからを「提供」してきたのが戦後日本にほかならぬということを、沖縄とのかかわりのなかで開示しているのが中野重治のこの批評である。

「本土の沖縄化」という言葉への批判的検証を通して、中野は、「沖縄びと」の生への蹂躪を犯罪として正確に認識しつつ、この犯罪の構造のなかにみずからもまた深く囚われている事実をも同時に剔出している。しかもこの「犯罪」のあり方は、主権の論理あるいは国家主権の範囲を超えて、アメリカの「出撃」先を宛先とする世界に向けて思考されてもいる。こうした中野の思考回路をたどりなおすことによって、沖縄の石川市(現・うるま市)宮森小学校米軍機墜落事件(一九五九年)を町田米軍機墜落事故(一九六四年、墜落機は嘉手納基地発進)やベトナムのソンミ村虐殺事件(一九六八年)に繋ぎとめ、そして二〇〇四年の沖縄国際大学米軍ヘリ墜落炎上事件へと直に連なっていく歴史的現在性として捉えなおすことが可能となる。こうした批判的思考によってこそ、「あらゆる野蛮、暴行、残忍」を、日米安保体制の全世界的展開への批判のなかで思感していく回路が開かれていくはずである。

　沖縄を、そして戦後日本を根底から考えるためには、まずは、日米安保を日米二国間あるいは国内問題という枠の外から問わなければならず、「本土の沖縄化」という言葉を批判的に検証するためには、沖縄と日本を「それぞれ引き離されて固定された」ものとしてではなく、それぞれが深く相互規定しあう様態において批判的に再考していく必要がある。そうした原則的なことを、中野の言葉は今現在にいたる思想＝運動的課題として示唆していると、そう思えるのである。

　藤島宇内にしても、中野重治にしても、沖縄返還を決定づけた佐藤・ニクソンによる日米共同声明を精査しつつ、声明をめぐる混沌とした状況のなかから聞こえてくる「本土の沖縄化」という言葉の響きへの違和を感受してこれを言語化し、批判をいくつもの方向に差し向けつつそれらを連動させていく。その輻輳的批判は、しかし、沖縄を特殊化することをしないし、これを民族問題化する方向に赴かせることもない。その手前で踏みとどまるのである。沖縄が特殊でありえないことを、同胞やら異民族支配といった解読格子をいったん解除して示し、みずからが加担する「参戦」の更新という危機において戦後日本を問い直していくのが藤島宇内であり中野重治である。こうした思考だけが、戦後日本という擬制を払いのけ、沖縄返還という政治的茶番のからくりを暴くことができる。

3　一九七一年「沖縄国会」を読む
——アメリカ軍布令の国内法化について

政治的茶番としての沖縄返還。第六七国会、いわゆる「沖縄国会」は、その茶番の最たるものと言えようが、しかし、この茶番のなかで、極めて重要な亀裂と矛盾が明らかにされていたことも看過されてはならない。とくに一九七一年一二月八日の「沖縄及び北方問題に関する特別委員会公聴会」において、沖縄返還にともないいくつもの法改正に関してその違憲性が正面から問われているが、その審議において激しく抗争する言葉を読んでいくとき、沖縄返還がアメリカによる日本占領再編という側面を持つことが開示される瞬間が一度ならず見出される。それは、とくに、「沖縄における公用地等の暫定使用に関する法律(内閣提出第六号)」に関する審議過程に明らかである。

池田内閣から佐藤内閣にいたるまで実質的に「沖縄大使」(大浜信泉《のぶもと》自身の言葉)の役割を担い、一九六八年スタンフォード大学における「沖縄の地位に関する国際セミナー」や翌々年「沖縄及びアジアに関する京都国際会議」等でのライシャワーとの協同作業を含め、沖縄出身者というポジショナリティをフルに活用し活用されつつ日米間の返還交渉を影で仕切った大浜信泉(南方同胞援護会会長、元早稲田大学総長)が、当の沖縄国会の委員会公聴会において、公用地暫定使用法について次のように公述している。

施政権が返還されれば、政府の責任において運営するのに土地の確保が必要であります。非常に広範な土地を使用しなければならぬ立場に置かれておるのでありますが、これは軍用地だけでも現在地主の数が三万七、八千にのぼっておるというふうに聞いておるのであります。やはり地主が各市町村単位で団体をつくり、それが全体が連合体をつくって、連合体でこの取りまとめをして当局と折衝しておるようであります。

それで、これはアメリカとの間にいま締結されている契約を包括的に承継するのじゃなくて、やはり個々の地主との間にあらためて契約を更改しなければならぬということになるのでありますが、何ぶん数が非常に多数にのぼるので、施政権返還時までに全部の地主と契約の更改をするということは事実上不可能《（ママ）》な面もあろうと思うのであります。なお、所有者の不明の土地がやはり使われておりますし、また、地主で軍その他に使用させることに反対する地主も多少ありましょう。しかし、政府としては、ある一定の地区だけは絶対に確保しなければならぬという前提があるので、いま申し上げるような障害等をいろいろ考えますと、やはり施政権返還の時期に、自動的に、機械的にそれだけの土地だけは使用できるという適法な権利を確保することが絶対に必要になるわけで、そうなりますと、これは法律的の措置以外には考えられないので、その意味で公用地等の暫定使用に関する法律案というものが立案をされておるように理解するわけであります。

これは、いままでなかった状態に新しい状態をつくり出すということではなしに、二十数年間継続しておる状態、現状をそのまま継続していこうということで、新しい事態を起こすことではない。(3)

つまり、沖縄返還を機に日本国憲法を沖縄に適用するために日本国憲法に違反する暫定法を創って超法規的措置としての土地収用を強行すると、大浜は国会でそう明言しているのである。日本国憲法が適用されていない沖縄において、軍用地を地主との契約更改もないまま「機械的に」収用するための暫定法の必要を公述する大浜信泉は、その否定にもかかわらず、明らかに今までなかった「新しい状態」を日本国内に作りだす法の位相について露わに語っている。この公用地強制使用の暫定法により、米軍おおよび「返還」を機に沖縄に駐屯してくる自衛隊の強制土地収用が、「潜在」的に、しかし事実として可能となる。しかも、この運用が、日本本土に潜在的かつ暫定的に逆流し侵入していくのは明白である。

この点、別の公述人の室井力名古屋大教授による「今回の法律案によって、したがって、一挙に、従来本土で自衛隊が、国内法上土地の強制使用ができなかったことを沖縄県でこれを可能にするわけでして、これは本土並みではなくて、本土と違った状況を沖縄につくる、つまり、沖縄においては現行憲法体制の国内法体系をくつがえすものではないかという疑問があります。（中略）この法律案による内容は、現在の本土における内容よりも一歩進んでおる。その意味で本土並みとは決していえない。むしろ法律上は、本土並みどころじゃなくて、本土よりもより強いアメリカ軍なり自衛隊に対する配慮が含まれている」という指摘は極めて妥当であり、この暫定法が、日本政府と米軍にとって、この翌年の一九七二年からはじまる中曽根康弘防衛庁長官主導の第四次防衛力整備計画（いわゆる四次防）を控えた「本土」の米軍用地契約更改と関係してくるのも疑う余地がない。[4]

「私は、沖縄出身者の一人でもありますし、その関係上、沖縄百万の同胞とともに、沖縄が一日も早く異民族の支配から解放されて本来の姿に立ち戻ることを念願」することを、この委員会冒頭で発言する大浜信泉は、この土地収用の暫定法が、「二十数年間継続しておる状態、現状をそのまま継続していこうということ」と躊躇なく公述しているが、ここにこそ沖縄返還の核心が露わとなっているというべきだろう。つまり米軍占領を現状として「そのまま継続していこう」とするところに沖縄返還の目的があり、それは「暫定」あるいは「潜在」という形で、占領形式が法政治的に日本国家のなかに日本国家によって導き入れられたことを意味する。つまるところ、沖縄返還は沖縄を介した日本占領の再編あるいは更新であったということである。

この公用地暫定使用法が持つ危険性について、先に引用した藤島宇内がこの沖縄国会にも当委員会公述人として参加し、極めて重要な次のような指摘を公述している。


米軍がなぜ、その十倍にものぼるようなこういう収用法を沖縄について、日本政府と協力してつくろうとしているかということですが、これは端的に言って、その性格に二通りの見方、二通りの角度から見る必要があると思うのです。

一つは、佐藤・ニクソン共同声明の第七項で佐藤首相が、この沖縄返還協定とアジアにおけるアメリカの諸条約上の義務との関係を言っているわけです。「総理大臣は、日本政府のかかる認識に照らせば、前記のような態様による沖縄の施政権返還は、日本を含む極東の諸国の防衛のために米国が負っている国際義務の効果的遂行の妨げとなるようなものではないとの見解を表明した。」つまりアメリカは、現在沖縄を適用範囲に含んでいる米韓相互防衛条約それから米台相互防衛条約、米比相互防衛条約またANZUS安保条約、これらの諸条約上の義務を負っているわけです。またベトナム戦争に対しては、これは条約上の義務よりもっと以前の国連憲章の第五十一条に基づいて、ベトナムに軍事的侵略をやっているという状態です。そういったものを日本政府はすべて認めるということを前提にして、この返還協定をつくっているわけですね。

そうであるにもかかわらず、実際にはこの返還協定は、本土と同じく安保及びそれに関連する諸取りきめによって基地を提供するのだというふうにいっているのです。しかし、今度の土地収用の暫定法案では、それすらも踏みにじってしまっている。ですから、非常にたくさんのものを否定した形で、この返還協定の基礎になっている佐藤・ニクソン共同声明ですらまた否定するという形で、ここに土地収用法案をつくっているわけですね。

その性格は、国内法的にいえば、これはアメリカ軍の布令の国内法化であるというふうにいえると思うのです。その意味では、これは軍の布令の国内法化ですから、すなわち、これは日本の国内法の中に軍国主義的な法律をつくろうとしているというふうに言うことができると思うのです。つまり沖縄を、こういう法案を適用することによって日本の軍国主義化のモデル地区にしようとしているということがいえるのじゃないかと思う。それは単なるモデル地区という以上に、日米共同作戦のまたモデル地区にもなってくるわけです。(5)

沖縄返還を画期として浮上した「本土の沖縄化」は今に続くイシューであり、この言葉の利用により、沖縄と日本の対抗性が議論されてきたことは先述の通りだが、その議論が大切なことを忘却していることを再確認しよう。それは、沖縄返還を通して、「本土」と「沖縄」のいずれもが、旧来の政治的軍事的意味合いを完全に変えたことであり、端的にいうならば、「本土と沖縄」という地政学的二項対立は融解し、そのいずれもが米軍自由使用区域となり、そしてアメリカの集団的自衛の「基地」となった事実である。藤島は、この過程をして、「アメリカ軍の布令の国内法化」と指摘しているが、この指摘は卓抜という以上の精緻さと射程をもって沖縄返還の核心を捉えている。沖縄が「復帰」した「日本」は、沖縄の予想を遥かに超えて「沖縄化」した米軍布令支配区域だったのであり、その米軍再編をして領土返還あるいは主権回復と錯視させるツールとなった沖縄返還は、領土や主権という概念規定そのものを内破する力の顕現であった。藤島宇内の指摘は、そのことをこそ明らかにしているのである。

沖縄返還は、日米安保条約に巧妙に差し込まれていた極めて曖昧な「極東条項」を実質的に無効化し日米安全保障体制をグローバル化するためのステップにほかならず、その内実において、沖縄の人々の「復帰」願望を、沖縄返還こそが利用し捻じ曲げ、米軍基地永続化への布石として横領したと言ってもいいだろう。そして、この展開が、サンフランシスコ条約におけるダレス構想の基底路線でもあったことはやはり確認されていい。ジョン・フォレスター・ダレス国務長官は、「潜在主権」いうトリックを明文化せぬままサンフランシスコ条約第三条に組み込むことで沖縄の帰属問題を東アジア政局紛争として構造化した張本人にほかならぬが(6)、そのダレスがサンフランシスコ条約締結後ほどなくの一九五二年に次のように明言している。「オーストラリアとニュージーランド、およびフィリッピンとの条約において定められている軍事攻撃には、太平洋における当事諸国の主権下にあるいずれかの地域にたいする攻撃、および「太平洋における武装部隊、公用船舶、航空機」にたいする攻撃も含まれている。したがってこれらの条約の目的には、アメリカが統治している沖縄にたいして軍事攻撃が行なわれた場合、あるいは日米安全保障条約のもとに日本内外に駐留しているアメリカ軍にたいして攻撃が行なわれた場合、それはアメリカにたいする軍事攻撃が行なわれたのだとする想定がある。このような実際的な意味において、以上三つの安全保障条約と対日平和条約は相互に結びついているのである(7)」。

このダレス構想を踏まえつつ先の藤島の国会公述を読むとき明らかになってくるのは、次のようなことである。日米安保条約とは、環太平洋全域を包含するアメリカの二国間安保条約の拡大運用への、ほぼ無条件の、つまりはアメリカ本国をも含むどの国内法にも国際法にも制限されない集団的自衛という名目におけるアメリカ軍覇権再編の一環であり、実質的に、沖縄返還を介した日本占領の更新であったということである。そしてまた、日米安保条約は、アメリカ・台湾相互防衛条約とアメリカ・フィリピン相互防衛条約そしてサンフランシスコ条約と全く時を同じく提携されたアメリカ・オーストラリア・ニュージーランド三国安全保障条約(ANZUS条約)との完全な連合体構築の一環以外ではなく、この連合にはアメリカ・大韓民国相互防衛条約がほどなく編入される。

この環太平洋の安全保障体制つまり「集団的自衛」体制構築の拡充更新として沖縄返還があったことが、管見のかぎり、現在の戦後認識において沖縄と日本いずれにおいてもほぼ忘却され忘却させられている。繰り返し言えば、沖縄と日本は、沖縄返還という過程を通じて共起的同時的かつ同じ空間化の効果としてはじめて現れた一つの体制であり、それはアメリカの環太平洋集団安全保障の輪を繋ぐ仕上げであったのである。

これを敷衍して言うなら、「核抜き、本土並み」という沖縄の人々の「復帰願望」が砕かれ呑み込まれた先は、「核つき沖縄並み」の日本であったと言えるかもしれない。そうであるがゆえに、沖縄返還あるいは「復帰」をして、「第三の琉球処分」「日本による沖縄併合」と呼ぶような認識は、アメリカ軍を閑却しつつ、沖縄を処分できる主権的力を日本が保持してきたかのような錯誤に陥っていると思える。日本国家に今現在に至るまでそのような力はない。これからもない。そもそも「それ」を国家と呼ぶべきかについて真に問われていいだろう。そして、「戦後」と呼ばれる時空間のなか「戦後なき戦後」に留めおかれたのは沖縄という特殊領域のみではない。沖縄を通じて常に戦時に組み込まれてきた事実から必死に目をそらそうとする日本という奇妙な国もどきがあるというだけのことである。この意味において、大江健三郎の「日本が沖縄に属する」(8)という認識は、文学的修辞などではなく、事実なのである。むろんのこと、戦後日本は、「本土の沖縄化」を恐れるふりをしてこの事実から目を背け否認するだろう。しかし、沖縄がそれを許さない。しかも同時に、沖縄は沖縄の沖縄化をも許さない。そうした批評的想像力が、岡本恵徳《けいとく》という一人の思想家によって、沖縄返還前後に開示されていたことは重要である。ここにこそ、先の中野重治の批評と確かに呼応する思想＝運動の極めて高度な達成が見定められるのでなければならない。

4　「本土の沖縄化に反対することに反対するわけにはいかない」という言葉

沖縄返還が果たされてしまった一九七二年五月、岡本恵徳は、「「やさしい沖縄人」ということ」という批評を雑誌『沖縄経験』に発表している。この批評にこそ、いま反芻すべき思想＝運動の原則がある。岡本は言う。

施政権返還に関する「沖縄協定」についての沖縄の拒絶は、あえていうならば、沖縄の政治的・社会的な過酷な状況を、他の地域に、あるいは本土に波及させることを拒否するものであり、沖縄の自らの担っている過酷を、他のいずれかに肩代わりさせることを沖縄の自らが容認しないという意志の表明であったといえるであろう。

沖縄の状況を容認することは、ひるがえっていえば、他のいずれかがその状況に陥ったときそのものの担わされる状況を全的に容認し、それを担わされた者の抗議の声を圧殺する側に加担することを意味しよう。沖縄が、沖縄の担わされている状況を峻拒することは、同時に、沖縄以外の誰もがそういう犠牲（もしその言葉が言えるとすれば）を担うことを沖縄は許さないのだとする意志の表明であるのだから、その意味では、本質的なところでの「やさしさ」を生きていることになるといえなくもない。

かつて「本土の沖縄化に反対する」という革新政党のスローガンに対して、中野重治氏がひとつの異議を呈出したことがあった。中野氏のこの発言は、そのスローガンの中に潜んでいる、沖縄を差別し沖縄と同じ様な状況に陥るのは御免だとする本土側のエゴイズムを鋭くえぐりだしたもので、中野氏らしい倫理感と潔癖さにあふれた美しい文章であった。（中略）中野氏の発言として美しいと述べたが、それは本土に生きる知識人の言葉として美しいのであり、沖縄に住むぼくたちにとっては、それとは逆に「本土の沖縄化に反対」することこそ、正しいのである。

本土に住む人間が「本土の沖縄化に反対」するとき、無意識のうちに露呈されるエゴイズムをみることができるとするならば、沖縄に住む人間が、「本土の沖縄化に反対」することは、みずからの担っている過酷な状況を拒否するとともに、そのことを通してみずから以外の本土の誰かが、みずからの担っていると同様の過酷を担わされることに反対することを意味するのであって、したがって沖縄に住むぼくたちにとっては「本土の沖縄化に反対」することに反対するわけにはいかないのだ。そのようなまぎれもない認識があって始めて、本土の知識人としての中野重治氏の発言は美しいのであり、沖縄のぼくたちにとっては「本土の沖縄化に反対」し続けなければならなかったし、反対し続けてきたはずである。(9)

岡本の言う「沖縄に住むぼくたちにとっては「本土の沖縄化に反対すること」に反対」するわけにはいかない」という言葉が、中野重治の批評「「本土の沖縄化」という言い方の件」への誠実にして精緻な応答となっていることを確認しつつ、この言葉が、中野の批評のなかにも出てくる「犠牲」という言葉への強い留保あるいは差し戻しという条件において選びとられている点は看過されてはならない。「犠牲のシステム」を批判するそぶりにおいて自己犠牲イメージに酔って国民主義に回帰していくような、そのような言説が垂れ流されることを通じて日米安保を解消に向けて批判する思考が抑圧される今、そして同時に、米軍基地を国内問題の枠でハンドリングできるという妄想的前提のもと、対米従属からの脱却が日本国家の主権と独立の回復において可能となるかのようなポピュリズムによる誤認が組織化されていく今、安保体制が全世界的米軍再編と直結している事実が再認識され、この再編の犠牲にならないという拒否の連帯が喫緊に模索されていく必要がある。また、沖縄の痛みを分かつと称して、米軍基地を沖縄から日本本土に引き取るなどという短絡的な発想から「移設」という米軍再編が生み出したジャーゴンに乗っかりこれを流通させていく言動の危険性を、「犠牲」という言葉への限りない警戒とともに批判的に検証していく必要がある。

そのさい、他者が強いられた過酷を許さないために自己が強いられた過酷を「峻拒」するという思想運動ほど大切な理念はない。岡本が指し示しているのは、その理念が生きのびていくための日常の思想運動の行方であり、その思想が実質化されるために絶対に不可欠な、人と人との間そして自分と自分との間で生まれる「やさしさ」が生きていくための場所である。

岡本の論に見出される「やさしさ」とは、何よりもまず、みずからを過酷に曝すような「犠牲」への道に決して赴かないという強靭な覚悟であり、同じ覚悟において自分以外の他者のいかなる過酷と犠牲をも許さないという意志である。それ以上に大切な何があるか。沖縄返還という、過酷という言葉でさえ追いつかぬような崩壊のただなか、おそらくは絶望のぎりぎりの淵にあって選びぬかれ生きられた沖縄の思想の核心が、岡本の言う「やさしさ」にこそ見出されるのでなければならない、この崩壊のときの今においてこそ。

岡本は先に引用した批評の発表からほどなく、沖縄返還の約半年後に発表された批評「「日本国家」を相対化するということ」のなかで次のように書いている。本論の最後において参照されるべきは、この言葉以外にはない。

沖縄は「日本国家」からはみだしたところで、沖縄に対する「日本」の対応のありかたを、米国の施策との関連を中心とした国際的な動きの中で見ることを可能とするような事情もあった。朝鮮戦争や、台湾海峡、更にはベトナム問題というような、国際的な動きが、直接的に沖縄にかかわっており、それが沖縄の人たちの日常の生活の上にもじかに影響するものであったから、沖縄に関する日本政府の施策を絶対化し固定的に捉えるのではなく、いわば多構造の国家間の諸関連のもとでそれを捉えるとらえかたを身に付けることになった。日本国家といえども、そこでは、主として米国

とのかかわりでその施策を行なうところの相対的な存在でしかないように受けとめられたのである。(10)

沖縄に対する日本国家の対応のあり方について考えるとは、「日本」という国家が、とうの昔から、アメリカを軸とする多国間の政治的思惑の間で右往左往するしかない、はじめから主権の体をなさない傀儡であることの事実認識を持つことにほかならない。戦後日本を思考するさい人格的モデルであるほかない主権概念に基づくならば、敗戦で全き主権を侵害されたかのような国民主体の従属したあり方が、本来的な姿に外傷が加えられた「不幸な今」として幻覚され、もとよりそんなものなどありえぬはずの「現状回復」へと向けて国家もどきが組織化されてしまうだけだろう。

「戦後七〇年」の今、この「国」で見られる政治「的」動向のすべてが、この「不幸な今」への憐憫とそこから回復するための「自己犠牲」ファンタジーに耽溺している。「不幸な今」を過去に投影し、そのうえで、過去におけるネイションの傷が探し出され捏造され共同化される。そして、その傷の共同化と民族の本来化を介してこそ、国家の歴史が全体化されていく。そのとき忘却されるのが、岡本のいう「多構造の国家間の諸関連」の錯綜した権力関係であるが、この忘却こそが、主権を超える覇権が構造化する集団的安全保障体制の効果なのである。沖縄返還から痛覚をもって学ぶべきはそのことである。

今、沖縄の辺野古・高江で、新基地建設を阻止するための反対運動の場において、運動に関わる多くの人が、岡本の言葉を借りるならば「日本国家といえども、そこでは、主として米国とのかかわりでその施策を行なうところの相対的な存在でしかない」ということを感じ取り認識しているように思える。岡本が「施策」という言葉でのみ日本国家を言い捨てていることを今に学び直しつつ、生きるための闘

い と抗《あらが》い、そして休息とやさしさが大事という日常の原則に帰ることにより、傀儡たる日本国家からの離脱は可能となっていくだろう。そしてこのとき想起され、ささやかれるべきは、やはり岡本恵徳の次のような言葉であるに違いない。「もともと「国家」(祖国)や「異民族」という観念は、日常生活においては、それほど現実的なものとして存在するわけではない。今日をどのようにすごし、明日をまたどのようにむかえるかという日常性のなかでは、それはどうでもよい[11]」。

(1) 藤島宇内『第三次日米安保体制の開幕』太平出版社、一九七〇年一一月、二一四頁。
(2) 中野重治「「本土の沖縄化」という言い方の件」(『文藝』一九七〇年二月号。引用は、『中野重治全集』第二四巻、筑摩書房、一九七七年、四六八―四六九頁)。
(3) 第六七国会、一九七一年一二月八日「沖縄及び北方問題に関する特別委員会公聴会」における公述。引用は、国会図書館の国会会議録検索システム「衆議院会議録情報　第067回国会　沖縄及び北方問題に関する特別委員会公聴会第1号」に拠る。出典は、http://kokkai.ndl.go.jp/SENTAKU/syugiin/067/0715/0671208071500la.html
(4) 四次防と沖縄返還および佐藤‐ニクソン日米共同声明の関連については、武藤一羊「革命的左翼の戦後史的課題」(『現代の眼』一九七〇年五月)を参照。
(5) 注(3)前掲に同じ。
(6) 原貴美恵『サンフランシスコ条約の盲点《新幀版》』溪水社、二〇一二年、特に第七章を参照。
(7) ジョン・フォレスター・ダレス「太平洋の安全保障」(『フォーリン・アフェアーズ』一九五二年一月。引用は、岡倉古志郎・牧瀬恒二編『資料　沖縄問題』労働旬報社、一九六九年六月、五二五頁)。
(8) 大江健三郎『沖縄ノート』(岩波新書、一九七〇年)の第Ⅰ章タイトル。この章のなかの次の言葉は本論の趣旨においても示唆的である。「僕はかつてアメリカで、核戦略の専門家と話していた時の奇妙な経験を思い出す。かれは鉛筆で極東の地図を描いたが、その地図において日本列島は、沖縄の十分の一にもみたない小っぽけさなのだ。考えてみれば核戦略家の頭のなかで、それはまことに自然な地図のかたちであったにちがいない。核時代の今日を生きる犠牲と差別の総量において、まことに沖縄は日本全体をかこいこんだにひとしく、しかもなおそれをこえて厖大な重荷を支えている」(同書、二三三頁)。

しかしここで重要なのは、ここで「犠牲と差別の総量」といわれている軍事的被害を、「移設」による国民平等負担スローガンにおいて再配分するような米軍再編の後押しで「解決」しようとしないことである。どこであれ自衛隊を含むいかなる軍と基地に対しては絶対的拒否しかない。そもそも基地に移設などありえない。基地が建設される場合、それは格段に拡充された新基地以外ではないからである。

(9) 岡本恵徳「「やさしい沖縄人」ということ」(『沖縄経験』第三号、一九七二年五月。引用は、『「沖縄」に生きる思想——岡本恵徳批評集』未来社、二〇〇七年、七五—七七頁)。

(10) 岡本恵徳「「日本国家」を相対化するということ」(『世界』一九七二年八月号。引用は岡本前掲書、九四頁)。

(11) 岡本恵徳「水平軸の発想——沖縄の共同体意識について」(谷川健一編『叢書わが沖縄』第六巻、木耳社、一九七〇年。引用は、『現代沖縄の文学と思想』沖縄タイムス社、一九八一年、二四四頁)。

第2章 帝国継承の彼方の沖縄へ

——武藤一羊『戦後レジームと憲法平和主義』をめぐって

二〇一六年八月（『ピープルズ・プラン』七三）

1 憲法平和主義という言葉へ

一九六〇年代、「ベトナムに平和を！ 市民連合」、いわゆるベ平連を立ちあげ、英文雑誌『AMPO』を創刊発行し続け、反戦市民連合による民衆運動をひろくアジアに向けて発信し続けた武藤《むとう》一羊《いちよう》は、アジア太平洋資料センターを設立し、市民運動の要の一つでもあるピープルズ・プランの主軸を担い続けて沖縄と関連の深い仕事をしている。その武藤の近年の思考をまとめたのが、『戦後レジームと憲法平和主義——〈帝国継承〉の柱に斧を』（れんが書房新社、二〇一六年）である。

「帝国継承とアメリカ覇権そして憲法平和主義」という三つの力の葛藤のなかに戦後日本の政治レジームの成立要件を見出し、この体制における帝国継承とアメリカ覇権との共犯性において顕在化する安倍極右政権の解体の道を、国民というカテゴリーに還元されない人民の連帯への連鎖的運動において示唆するのが、この書である。

こうした見立ては、持続的な思考の運動において、武藤によって深められてきた透視図であるが、この小論で示したいと考えているのも、この思考の射程を、沖縄という媒介を通して具体的に再考し、沖縄の運動そして思想を構想する際の理論的補助線として導入することの試みである。その際、まずは沖縄における「帝国継承とアメリカ覇権」の共犯性が、戦後日本レジーム批判の前提として検討されなければならないと思われるが、それに先立つ前提として、武藤の次のような指摘を踏まえておきたい。

原理としての平和主義によって、私たちは安倍政権を倒す。それによって戦後国家に作り付けだった他の二つの国家構成原理の排除に向かう。それは、醜悪な野合をとげている帝国継承原理とアメリカの覇権原理を癒着のまま処分し、平和主義原理によって日本列島社会を組織しなおすことに踏み出すことである。そこから初めて未来への展望が開ける。

反対するなら代案を出せ、というのが昔から体制側の言い方、むしろ脅迫であった。代案はある。そしてもっとも大事なのは原理上の代案である。

私は、社会の中の基点に根を張った憲法九条原理はそのような原理上の代案となりうるし、なるべきだと考えている。この原理は、かなりの射程をもって、今日の現実の中に展開可能である。具体的な国家の内外政策に展開することができるし、それればかりではなく私たちの行動の手引き、運動の方針に展開することができる。民衆と民衆の結びつきを、国境を越えて、中国、朝鮮・韓国を含む東アジア、環太平洋、さらにその外にまで、を国家に対する民衆の自立圏として、そう言いたければ民衆による戦争「抑止力」として出現させるという目標を立てることを可能にする。(武藤前掲書、九四頁)

国家安全保障の枠組みは無論のこと、「人間の安全保障」と呼ばれる代案的安全保障論議をも正しく疑義に付したうえで、ここで武藤によって示唆される民衆の平和主義原理は、代案を超えた原理としての憲法九条にその具体的根拠を見出している。こうして憲法九条を全面的に支持することは、おそらくは現今の左派論壇においてむしろ稀とさえ思われるが、武藤は、憲法九条が沖縄を除外することで機能してきた点を繰り返し批判しつつ、なおそこに具体的な展開の可能性を見てその潜勢力に信をおいている。この武藤の思考について、私自身深く共感する。

たとえば「私たちの行動の手引き、運動の方針に展開することができる」という言説において、有用な道具として憲法九条を原理化する武藤は、私たちの心身の働きの連続線上にある言葉の砦としてその作用を再発見しているかのようでもあり、あるいは、それからの働きかけを受けとめるべき私たちの心身の屈伸を説くようにして憲法九条の動態を語っているかのようでもある。心身のレベルに裏打ちされたこの日常性には説得力がある。そして、この説得力を考えるうえで重要なのが、国内において必要というに留まらず、国境を越えた民衆と民衆との結びつきにおける反戦の実質化そして「民衆の自立圏」を具体的に可能にする拠り所として、憲法九条が語られている点である。

一見するとユートピア的とさえ見える指摘であるが、あらゆるユートピア思考が資本と国家への現実的批判という性格を持つのと同様(ルイ・マラン『ユートピア的なもの——空間の遊戯』梶野吉郎訳、法政大学出版局、一九九五年を参照)、武藤のこの指摘も、歴史的事実として、沖縄においてこそ現実として証し立てられていると言えるだろう。国家と個人との約束としての憲法という社会契約論的な地平をも越え出て、現実を更新し新しい政治空間を創りだしていく脱国家的構想力あるいはヴィジョンの運動そのものとして憲法九条を使うという実践にこそ、今の辺野古・高江に集約される沖縄の平和運動の核心があり、それが「戦後」の沖縄の諸運動を世界に繋げる言わば原理となってきたことは疑いようのない事実である。

この点を踏まえるならば、武藤の指摘は、憲法平和主義が、沖縄という留保を不可避的に孕んでいるがゆえに、逆に、沖縄によってこそ証し立てられる運動＝原理にほかならないということを示していると言えるだろう。「戦後」という時間の不可能性を強いられてきた沖縄において、憲法九条は宙吊りにされ時に不在化されてきた理念でもあるが、そうであるがゆえに、その意義は、まさに「民衆の自立圏」を実質化し守りはぐくんでいくためにこそ不可欠な法の法であったし、今なおこれからもそうなのである。

もし憲法九条が存在しないならば、沖縄を生きる私たちは、沖縄が曝されている軍事的政治的文化的な暴力を、日常のなかの些細なレベルに至るまでいかにしたら感知できるだろうか。軍そのものが違法であり、いかなる形の戦争に繋がる力も退けられる法という具体的規範がなくて、暴力の範囲を見定めこれを批判し解体していくことがどうしたら可能となるだろうか。沖縄においてこそ、憲法九条は、それが未然であり時に欠如態であるという条件においてこそ、渇望される原理となるのである。

むろんのこと、そうした渇望のあり方が、沖縄が厳しい状況にあることの証左であることもまた疑いようのない事実である。戦後日本の政治体制による構造的暴力が局所的に差し向けられる場所として、沖縄以上の場所を少なくとも日本国内に見出すことはおよそ困難であろうと思われる。

駐留米軍絡みの殺人やレイプなどの犯罪の日常化と基地被害の累積、その被害を日米安保体制の折り込み済みの「犠牲」として必然化し、米軍再編のおもむくまま沖縄をアメリカ覇権に差し出す日本の安全保障政策の歪みは、第二次安倍極右政権に至り、沖縄においてそのピークを更新し続けている。この点において、武藤が指摘する、帝国継承とアメリカ覇権の共犯性として顕在化する戦後日本のレジームは、そのまま「戦後」沖縄の抑圧の歴史の形成に関わってきたと言って間違いないだろう。

ただここで同時に考えなければならないのは、この帝国継承とアメリカ覇権の共生という戦後日本のレジームの成立を、沖縄そのものが陰に陽に支えてきた側面があり、なおあり続けているという事実である。この事実への批判的検討を経ることなく戦後日本の政治体制批判を沖縄において構築していくことは困難であると思われる。沖縄への内在的な批判を通してこそ、戦後日本政治体制の再生産体制が根底から批判されなければならない。内在的批判が沖縄においても無論日本にとっても不可欠なのは、沖縄と日本とが、まさに帝国継承とアメリカ覇権の内面的構造化という点において連続性と共犯性を保つ関係にあり続けているという理由による。

そこでこの小論においては、試みに一つのしかし重要と思われる視角を通して、沖縄を、そして沖縄から透視されていく日本とアジアそしてアメリカ覇権を考えていきたいと思う。一つの視角とは、稲嶺《いなみね》一郎という人物である。

2 〈帝国継承〉を追い込むために——稲嶺一郎という視角

稲嶺一郎、一九〇五年沖縄県国頭《くにがみ》郡生まれ。前沖縄県知事の稲嶺惠一の父にして、参議院議員を三期一三年務める。一九七〇年、戦後沖縄初の国政選挙で自由民主党から当選、以後沖縄保守政治の中軸であり続け、自民党外交部会長、沖縄開発庁政務次官、アセアン協会会長等を歴任する。戦前、早稲田大学卒業後に南満州鉄道に入社し満州青年同志会会員となり活動。満鉄参事調査役駐在員としてバンコクに滞在しタイ王族ほかとの親交をもち戦後のアセアン人脈を形成する。その後インドネシア独立戦争に参加しオランダ当局に投獄・釈放されるなど経て、戦後帰国。沖縄人連盟(東京)に参加しGHQ琉球課との関係を築き、その人脈を活かし、沖縄に帰郷した際に戦後の移民政策を立案実行し、ボリビアをはじめとする南米への戦後沖縄移民を推進する。一九五〇年独占石油企業カルテックス社(アメリカ)と提携し株式会社琉球石油(現・りゅうせき)を設立し社長となる。海外移住功労賞、勲一等瑞宝章受章、一九八九年没。

こうしてその生涯の経歴をおおまかに眺めてみるだけで、そこに、大東亜共栄圏の政治的経済的圏域の歴史性と沖縄と日本の関わり、そして何より、この大東亜の経済的政治的権益をその覇権のもとに統合していくアメリカの動態が感知されてくる(「戦後」初期の沖縄における稲嶺一郎について論究する希少な研究として若林千代『ジープと砂塵——米軍占領下沖縄の政治社会と東アジア冷戦 1945-1950』有志舎、二〇一五年、そして、江上能義「沖縄議会総辞職事件と稲嶺一郎の琉球視察報告書」『琉球大学法文学部　政策科学・国際関係論集』第3号、二〇〇〇年を参照)。

こうして稲嶺一郎の経歴を見ていくとき、そこに帝国継承とアメリカ覇権との「癒着」(武藤、前引用文中)の具体的ありようが見えてくる。そしてまた、このことを敷衍していけば、大東亜共栄圏秩序という政治的経済的ネットワークが、満鉄という巨大組織を歴史的媒介としつつ、鉄道、移民、石油という流通資本の形成にともなう植民地開発の継続において、大日本帝国から戦争を挟みアメリカへと委譲されていくにあたって、その受け渡しポイントとして沖縄があった、あるいは、沖縄があり続けているという点が見えてくると思われるのである。加えて、稲嶺一郎の息子稲嶺惠一が父の後継者となって株式会社琉球石油社長になり、その経済的基盤を活用して沖縄県知事となり、今現在の普天間—辺野古「問題」の要たる一九九六年のSACO(Special Action Committee on Okinawa 沖縄に関する特別行動委員会)合意に関わっていく過程を見はるかすならば、稲嶺一郎こそが、日本とアメリカの不均衡な関係のはざまにおける沖縄という歴史の亀裂を、あからさまなまでに体現していたということが感知されてくるはずである。

この重要な点に関わって、武藤が、帝国継承とアメリカ覇権だけでは説明のつかない戦後レジームの構成要素として、「戦後日本資本主義の国土中心の資本蓄積様式」を特に強調し、次のように指摘していたことをここに想起したい。

ここで戦後国家の構造について大事な一点を駆け足で補足しておこう。戦後国家は正統化三原理(「帝国継承」「アメリカ覇権」「憲法平和主義」の三つを指す——引用者注)だけで説明はできないのである。

三原理の相互矛盾的併存を可能にする下からの要素が存在したことで戦後国家は長期にわたって安定的に機能することができたのである。それを私は戦後日本資本主義の国土中心の資本蓄積様式と呼んでいる。政治、外交、軍事ではアメリカに従属していた戦後日本は、経済においては、国家財政・金融が大企業の国内外での展開を強力にバックアップすることで、自己中心的な拡大を遂げた。高度成長期においては、全国総合開発計画を軸とする国土開発、太平洋ベルト地帯の形成など急速な都市化・工業化が進められる一方、農村には国家予算によるインフラ整備、食管法による米作農家の保護・管理が行われた。株式を持ち合う同一資本系列の銀行、生産会社、総合商社を含む企業集団（ケイレツ）は強い市場支配力を有していた。この戦後日本資本主義の仕組みは強く自己中心的で、日本経済が復興・膨張するにつれアメリカの不満と圧力は高まっていった。

この経済の仕組みのおかげで、原理的に分裂した戦後国家は存続することができた。しばしば企業社会と呼ばれた戦後日本は、大企業を核に下請け、孫請けの網の目で結ばれるシステムと国家による地域コミュニティへの利益誘導システムが社会的統合力として働き、それに経済成長イデオロギーがかぶさることで、本来の政治的統合を大幅に代位することができた。自民党政権は、経済成長が続く限り、国民を政治イデオロギーで動員することなく、統治することができたのである。

（武藤前掲書、三二一—三二二頁）

武藤によるこの指摘の妥当性は揺るがないと思われるが、しかし同時に、この「戦後日本資本主義の国土中心の資本蓄積様式」と武藤が指摘する要素には、戦後日本の帝国継承以前の歴史的展開が深く関わっていると思える。つまり、帝国継承とアメリカ覇権そのものが、実のところ武藤が鋭敏に指摘する資本蓄積様式においてこそ結び付けられてきた歴史の動きが、戦前から駆動してきたことが重要なのではないかと考えられるのである。

そうしたことを考えるのはほかでもない、石油という世界商品を媒介として戦争を挟みつつ展開する稲嶺一郎といういわば政治経済的な運動体を、環太平洋アジア地域の歴史の一モデルとして見ていくとき、人脈や知という文化資本あるいは象徴資本を含む資本の総体的な運用において、大東亜共栄圏が具現した経済利益や権益を、天皇制という装置のなかに包み込みつつ、帝国日本からアメリカ覇権へとなだらかに譲り渡していく戦前―戦中―戦後にわたるアメリカと日本の関係史を、その一身の内に見出していくことが可能となると考えるゆえである。戦前から東南アジアの石油資本との人脈を活かして株式会社琉球石油を米軍支援のもと設立し、朝鮮戦争特需とベトナム戦争特需そしてアジア全域における開発独裁経済とのパイプのなかで急成長していく資本拡大のなかにこそ、帝国継承の典型が見出されるのでなくてはならない。

武藤の指摘を、稲嶺一郎という視角において検証するとき、戦後日本レジームには、「戦後」「日本」という枠を超えた歴史性と脱地域性あるいは国家横断性が駆動していることが理解されていくわけだが、端的にいって、そこで浮上してくるのは、やはりアメリカの力である。アメリカを批判的に検証することと抜きに、沖縄あるいは日本の「戦後」を問うことはできない。武藤の卓抜な比喩を借用するなら、「マジック・ミラー」(武藤前掲書、八一頁)のなかに内封されている戦後日本あるいは戦後沖縄は、アメリカによって粗製されたアメリカにとって都合のよい「自画像」を、戦後という偽りの鏡のなかに確認させられてきたというべきかもしれないのである。そして、このまなざしの転倒のからくりを垣間見せてくれる一つの重要な視角こそ、稲嶺一郎の存在の様態であると思えるのである。そして、この点に関して、酒井直樹の次のような指摘をもあわせて想起するとき、武藤が問う帝国継承とアメリカ覇権の「癒着」は、いよいよ深く戦後日本レジームの根幹を穿つことがより広い射程において理解されてくる。

その後、なし崩し的に合州国の極東政策は東アジアの各地に残存した大日本帝国の植民地体制の遺制に接ぎ木され、合州国の極東政策の大日本帝国の技術官僚への依存体質は強まってゆく。韓国の朴正煕《パクチョンヒ》政権はかつての日本の植民地官僚制が合州国の反共産主義の植民地体制の支柱となった典型的な例であろう。かつて満州国を作り上げた革新官僚で、戦後はA級戦犯として巣鴨刑務所で三年を過ごした岸信介が首相の地位に就く頃には、在日合州国大使ダグラス・マッカーサーII世が次のような発言をしてもまったくおかしくないところまで、戦前の日本のアジア政策と戦後の合州国のアジア政策の間には連続性が（政策面で、人脈で、そして植民地体制として）打ち立てられつつあったのである。「大東亜共栄圏の原則やその全体としての目的には、とくに間違ったところはないと考えております。それは、ヨーロッパ統合の理念そのものに間違ったことがないのと、変わりはございません。われわれ（＝合州国政府）が大東亜共栄圏やヨーロッパ統合に反対したのは、ヒトラーや日本の軍国主義者のその目的のために用いた方法が受け容れられなかったからでございます」。こうして冷戦下で、徐々に合州国の広域支配は日本の植民地体制の遺制を継承し、大東亜共栄圏の構想は合州国の集団防衛体制のなかに生き延びることになる。合州国の国際政策担当者や政治家は、密かに大東亜共栄圏の構想を下敷きにして、合州国のアジア政策を考えるようになってゆくのである。（酒井直樹『希望と憲法――日本国憲法の発話主体と応答』以文社、二〇〇八年、四四―四五頁）

稲嶺一郎こそ、まさに、ここで酒井の指摘する「大日本帝国の技術官僚」だったのであり、この人物への依存を通して米軍は、琉球政府と日本政府そして後のアセアンとなる東南アジア諸国との経済ネットワークを、相手の最大限の協力のもと活用することができた。いっぽう稲嶺一郎もまた米軍と繋がることを通して、戦前戦中に大東亜で形成した知と人脈の帝国遺産を、アメリカを介し「戦後」沖縄において日本との協調のなかで拡大再生産しえたのであり、それは単に経済利益だけでなく政治権力の集中という形においても実現し、加えてその政治基盤を沖縄県知事となる息子に委譲することにも成功し、県内最大の独占的石油企業の会長となることができたのである。帝国継承は、沖縄を介しつつ日本とアメリカによる「戦後」の覇権構造をも貫いていると言うべきだろう。

自民党政権が、旧満州の官僚人脈と学知ひいては大東亜経済ネットワークの継承をその中枢において駆動させていることは岸信介の例のみならず明白である（辛島理人『帝国日本のアジア研究――総力戦体制・経済リアリズム・民主社会主義』明石書店、二〇一五年、小林英夫『満鉄調査部の軌跡――一九〇七―一九四五』藤原書店、二〇〇六年等を参照）。そしてまた、安倍晋三が祖父の岸を政治のモデルとしていることも周知の事実である。この意味で、戦後日本の対米従属とアジア全域に対する新植民地主義的経済攻勢はひと連なりの動きとみるべきであり、そのうえで、帝国継承は、沖縄という中継点を介して、大日本帝国からアメリカへとなだらかに依存しあう形で委譲され持続されたと言えるように思えるのである。この点で、沖縄は、武藤の指摘する戦後日本レジームとの共犯性を免れていない。被害を受けるその同じ作用点において帝国継承の共犯性が構築されていることを、今後の沖縄の刷新のためにこそ現在への批判として問題化しなくてはならないのは、特に基地・軍という暴力装置を、私たち沖縄を生きるもの自身がほかの民衆との連帯において、それこそ帝国継承の柱に斧を入れてこれを断つことが、どうしても必要だからであり、この作業を通してこそ、平和的生存権はようやく実質化されることになるからである。沖縄が、ひいては日本そのものが、試されている。

3　沖縄の今とこれから

小論を閉じるにあたって、今現在沖縄で起きている二つのことに注目してみたいと思う。一つは辺野古・高江における反基地運動の持続的かつ漸進的な展開とそれに対する日本政府沖縄県警による弾圧であり、今一つが、与那国、石垣、宮古島といった南西諸島への自衛隊配備に向けた急速な動きとそれへの地道な反対抵抗運動である。いずれも重大な事態であるが、関心の高さや報道の量において二つの事態には差があると感じられる。しかし、言うまでもなく、二つは、二〇〇五年日米合意以後、米軍の統合下に自衛隊がおかれるなかでの米軍再編に沿った一つの流れである。

辺野古・高江での反基地運動の高まりとそれを弾圧する国家暴力の暴走は、比較的報道がなされている様子なので、ある程度知られていると考えられる。県知事選や県議選あるいは先般の参議院選など、すべて基地反対の声が圧倒的多数であり、沖縄選挙区で自民党の議員は皆無となった状況が、沖縄の今の民意を明白に伝えている。

ありていに言って、政権は、沖縄に躓《つまず》きそして退けられていくのであり、この点で、安倍政権とて同じである。安倍政権もまた沖縄に躓き去っていくことになる。日本国は、凶行と言っていい違法な弾圧を辺野古・高江で行使し、沖縄県との法廷闘争で不法な手続きを繰り返しているが、ここに追い込まれて打つ手を失った政権の焦りを見ることはあまりに容易である。相対する沖縄県レベルで言えば、法廷闘争以外にも、工事変更申請への拒否権行使や条例による工事差し止め等の打つ手がいくつもあり、何より、県民の圧倒的多数の支持を背景とする座り込みやカヌー隊による非暴力直接行動の持続がある。

とはいえ、献身的に運動に参加している人々への警察機動隊の具体的暴力は既に犯罪的な様相を呈していて、むろんのこと楽観は許されない。状況は、ほとんど内戦と見紛うばかりである。しかしこの「内戦」状況は、国及び軍が一方的にしかけるものであり、これを戦争化させない実に慎重で繊細極まりない抵抗が、抵抗を日常の営みのうちに反基地と平和への求めを身体化し具現化していることは、どれほど評価され賞賛されてもされ過ぎることはない。ここにも憲法平和主義の展開の一端があると言えるかもしれない。戦力や武力による解決が憎悪と悲しみ以外に何も生まないことを、運動は知悉しているのである。そうであるがゆえに、運動の中心を担う山城博治《やましろひろじ》さんが逮捕されたり、あるいは運動に献身的に参加している目取真俊《めどるましゅん》さんが逮捕された際にも、人々は何はさておき、警察署を取り囲んでデモをし、街頭その他の場で不当逮捕批判と釈放要求の声をあげ、不起訴も釈放も勝ち取るのである。

この二つの出来事からわかるのは、新基地建設反対の非暴力直接抵抗運動を国が法にもとづき退けようとしても、方法がないということである。二つの出来事いずれでも、容疑は、刑事特別法違反であったが、そもそも米軍基地内に拉致監禁された人をどうして違憲性の濃い刑事訴訟法で裁くことができるだろうか。もし法廷闘争となれば、沖縄に特化されて成立している刑事特別法自体の違憲性が国家賠償も視野にいれて根底から問われることになる。国は、刑事特別法で裁判を維持することなどできないのである。

これらの出来事は見せしめをねらった企みであることは火を見るより明らかだが、見せしめにあっているのは国そして米軍である。つまりは、ここでも、憲法が、具体的に国そして軍の暴走にストップをかけているのである。表現の自由、戦争への抵抗、軍事主義への拒否、これらの目的＝手段としてこそ憲法九条は日々使われ、そして活かされている。沖縄においては、そのことが、幸か不幸か実感させられるのである。

いっぽうの宮古・八重山諸島への自衛隊配備問題だが、これは沖縄県内での反対と抵抗の声は高まっているとはまだ言い難い。つねづねある程度の情報は報じられるのだが、辺野古・高江の運動と比べるといまだ焦点化されていないという状況にある。おそらくそこには、留保つきとはいえ地元自治体が認める自衛隊(誘致)をどう問題化すれば良いのかという困惑が、抵抗する側にも、もちろん沖縄県民の側にもあるからと感じられる。抵抗の相手が米軍そしてこれをガードする日本政府であるなら、抵抗する理由も、外国の軍隊駐留による主権侵害あるいは対米従属への反対といった、通りのよい理由での意見集約も可能だろう。こうした理屈で言うなら、特に平和主義と反戦を主張することなく軍事覇権を追認しつつ日米双方を批判することも可能であるだろう。しかし、自衛隊配備への抵抗となると、そこでは反戦平和の主張は不可欠となる。自衛権を真っ先に放棄してこそ可能となる戦力の不保持と戦争の放棄という憲法九条の実質化がどうしても必要となる。私たち沖縄を生きるものが問われているのが、この原理原則でなくてなんだろうか。

たとえば、この南西諸島への自衛隊配備においては、喧しく騒がれて久しい基地県外移設＝基地引き取り論はまるで意味を持たない。そもそも在日米軍に関して言っても、基地面積総体の維持を前提に、国内での「平等分担」で沖縄の基地「負担」軽減を図るといった基地移設＝引き取り論は、実現性がほぼないばかりか米軍のグローバルな機能移転を下から支える反動という悪しき国民主義に陥っているとしか言いようがない。このことは既に私自身も指摘し続けてきたし、沖縄でも、仲里効《いさお》あるいは目取真俊、山城博治といった人々によってその陥穽が根底的に批判されている。そしてまた、武藤一羊その人によって既に二〇〇九年一一月二・三の二日にわたって、『沖縄タイムス』紙上で「鳩山政権と米軍基地――「移設」という注目すべき論考が発表されている。

「移設＝引き取り」論が根本から間違っているのは、米軍基地の存在を前提に米軍基地を面積によってバーゲニングし分配しうる主体として日本国民という虚像を見誤っている点にある。日米安保条約下の日本国民にそのような力はない。そのような虚像としての主体こそ、帝国継承とアメリカ覇権との癒着が生み出すマジックミラーの内側に貼りつけられた日本人という仮象の「自画像」であり、それはどこまでもアメリカによって粗製されたそれに過ぎないのである。つまるところ、憲法平和主義に立ち戻り帝国継承とアメリカ覇権とをその癒着のまま「処分」するしかないと、やはり私たちもまた武藤とともに言うしかないと思われる。

そもそも、宮古・八重山諸島の軍事化という視線そのものが、帝国日本の軍事ラインの始まりのヴィジョンであった。宮古・八重山分島分割問題(一八七九年、明治一二年)から一八八七年(明治二〇年)の伊藤博文と山県有朋への海防巡視勅命にいたる展開を想起してもわかるように、南西諸島は、日本の近代国家編成いらいの帝国継承の要に作用する軍事地政学的ラインとして国に幻視され事実前線とされてしまった地域である。今の今、沖縄本島の北部そして宮古・八重山諸島で生起させられている軍事的展開は、決して突発的なことでも一時的なことでもない。特殊なことでもない。それは、近代においてアメリカ覇権を内在化してしまったアジア諸国が、それぞれ偏差を孕みながら内なる帝国継承を連鎖的に反復する構図において顕在化している出来事の一つであると言うべきだろう。沖縄においては、その出来事が極めて暴力的な形で進行しており、この状況は、歴史の転換点という段階にあることは間違いないと思われる。そうであればこそ、武藤一羊が鋭く指摘する「〈帝国継承〉の柱に斧を」という言葉は、沖縄においてこそ反芻されなければならないと思えるのである。

いまや、沖縄北部の米軍訓練場では、オランダ軍あるいはイスラエル軍が米軍との共同訓練を計画するにおよんでいる。その米軍の配下にあって自衛隊が常に協力していることは言うまでもない。集団的安全保障は、安保法制の範囲をも既に越えて機動しているのである。この展開は、どうしても止めなければならない。戦争はそこまで来ている。殺し殺されるあの歴史の現在化が既に危険水域を越えている。私たちは、ここで踏みとどまり、引き返し、帰らなければならない。

先日、現米軍属にして元海兵隊員の容疑者によりレイプ惨殺され遺棄された女性を悼む六万五〇〇〇人にもおよぶ大きな集会が開かれたのだが、そこで被害者のお父さんの手紙が読み上げられた。本当に切実な言葉がそこにあった。私の隣にいた男性は、顔をタオルでおさえて泣いていた。被害者のお父さんが、遺棄現場で漏らしたつぶやきを報道が伝えてくれていたが、その言葉が私の心身の奥深くに響き続けている。今、その言葉だけがある。「一緒に帰ろう」。

やはり私たちは、まだ見たことも無い、彼方の沖縄へ帰る必要があるのではないか。平和な沖縄にである。

付記　本稿は、武藤一羊『戦後レジームと憲法平和主義』刊行記念シンポジウム(ピープルズ・プラン研究所主催、成蹊大学)での報告をもとに作成したものである。

第3章 沖縄が召還する難民の世界史

――アンゲロプロス『エレニの旅』

二〇一八年三月(『現代思想』vol. 46-4)

(手紙・声)一九四五年三月三一日、ケラマ島。太平洋オキナワの二五マイル西の小さい島。愛しいエレニ。四四年一二月一日の手紙が昨夜届いた。届いただけで奇跡だ。何ヶ月も世界中を転々とした手紙。笑って、泣いたよ。君は元気で解放を迎えたんだね。嬉しくて一人で乾杯した。僕が君を忘れたって? 忘れるものか! この何年、君を思わない日はない。この誰も知らない島で、黄色い川の泥のなかを銃をかついで進んでいる。もうすぐ六万の兵が死を覚悟で出撃する。オキナワは地獄だ。

(『エレニの旅』パンフレット収録、日本語字幕・池澤夏樹、シナリオ採録・松岡葉子)

「家に辿り着くために、あといくつの国境を越えなければならないのだろうか?」という言葉を、『こうのとり、たちずさんで』(一九九一年)あるいは『ユリシーズの瞳』(一九九五年)においてスクリーンのなか響かせていたテオ・アンゲロプロスが、『エレニの旅』(二〇〇四年)の最後において開示するのは、もはや国境というラインさえ不分明な「誰も知らない島」で、ここともあそこともつかぬ「地獄」を生き死ぬ難民たちの歴史横断的な生の交差である。

ナチス・ドイツ軍占領から解放され束の間の自由をギリシャが獲得するなか書かれたに違いない「一九四四年一二月一日」という日付をもつエレニの手紙は、「何ヶ月も世界中を転々とした」のち、「奇跡」のようにケラマの戦闘に参加するアレクシスのもとに届く。ギリシャにいるエレニと息子二人をアメリカに呼びよせるため志願して沖縄戦に参加しているアレクシスだが、そのアレクシスがエレニへの返信に注意深く記した「一九四五年三月三一日」という日付において、二〇世紀前半、戦争に次ぐ戦争のなかで難民となった人々がオキナワという名のなかに呼び招かれていることが、映画を見る者に、まったく唐突に映画の終わりに至って伝わってくる。

この日付が指し示す固有の時間、アレクシスが「黄色い川の泥のなかを」進んでいたケラマで見たであろう光景は誰にとっても言語化困難に違いないが、「地獄」という言葉に辛うじて託されたはずの出来事の痕跡がエレニへの返信となって届くのは、アレクシスの死体から手紙が救い出されて四年経て世界を転々とした後の一九四九年のことである。この間、解放後の人民反乱軍と政府軍との内戦を敵味方として闘った二人の息子(ヤニスとヨルゴス)は共に戦死し、エレニは一人残されてしまっている。川にはじまり、川のほとりの岸辺に寄り添いながら岸からの離散を幾たびも強いられるしかなかったエレニの旅は、やはり川のほとりに辿り着いてひとまずの区切りを告げようとするだろう。

手前の水辺に霧がうつる画面の彼方から、遠く旅を経てきたと見える一群の人々が見えはじめるや、ナレーション(アンゲロプロスの声)が、群れの先頭にいる少年と少女そして義父を名乗る男のことを語りはじめる。時は一九一九年頃、ロシア革命のなかのオデッサから逃れたギリシャ難民の帰郷は、しかし、難民で溢れかえるギリシャの内戦(一九四六―四九年)との遭遇の先触れにほかならなかった。バルカン半島のみならず、朝鮮半島あるいは東南アジア諸国の内戦化と連動するようにして、このギリシャ内戦にもまた、枢軸国側と連合国側による第二次世界大戦の影響を深く留める冷戦の力が及んでいることはいうまでもない。この戦争の世紀のさなか、アレクシスとエレニの逃れ行く約束の地としてアメリカこそが夢想されるのだが、この「アメリカ」に貫かれることを通じて二人は死において引き裂かれ、難民の生という引き裂かれに関わる歴史的経験において繋ぎとめられてしまっている。

むろんのこと、繋ぎとめられているのは愛し合う二人だけではない。許されぬまま義理の娘エレニを愛し結婚を拒まれこれを追う父「スピロス」も、そのスピロスに率いられて革命ロシアからギリシャへ帰還しニュー・オデッサ村を築き上げながら水没する村を後に離散していく人々も、そしてまた、離散先の難民都市テサロニキで人民戦線と王制側政府軍との闘いに巻き込まれていく人々、二〇世紀はじめの二十年弱の間にアメリカへと渡った四〇—六〇万に及ぶギリシャ移民も、みな強いられた移動のなか難民化していくのである。こうした歴史の錯綜を、アンドレアス・シナノスのカメラは、クローズ・アップを控えてロング・ショットを基調としつつ画面に刻印し、音楽と舞踏を伴いながら街角の闇と水を湛えた風景の霧靄のなかに避難民たちを匿っていく。このとき、映画は、錯時的な折り返しをはさみながら、時に街に響く群衆の歌の変容に依りつつ、時に風景を切り裂く兵士たちの動きの変化に依りつつ、ギリシャ近現代史を掬い取っていく。そこで歴史は凝集されており、「この作品はその「長さ」によってではなく、むしろ、その「短さ」によって、驚嘆するべき映画なのだ」という『旅芸人の記録』賛辞(若菜薫『アンゲロプロスの瞳——歴史の叫び、映像の囁き』鳥影社、二〇〇五年、一〇七頁)が、『エレニの旅』にも該当しうるのが感受されていくことになる。

だが、この映画が撮るのは、ギリシャという国家の歴史そのものではない。むしろ、国家の歴史の外延における、難民によって生きられた歴史的経験こそが世界史的横断のなかに召還されていくのだが、この召還の核心において、オキナワという「地獄」が世界史のただなかに現出させられるのである。そしてこの現出において沖縄は世界史に遍在するものの偶発的な現れとなるが、しかし、召還されたオキナワが、固有の時間性をはらんで、まったく奇妙な時空の接合のさなかで想起されていることに、私たちは注意深くあらねばならないだろう。しかも、その想起は、一九四五年三月三一日、ケラマで起きていたことを想起するという、想像を絶するまったき困難のなかにおいてなされるほかないのである。『渡嘉敷村史 資料編』(渡嘉敷村史編集委員会、一九八七年)の「慶良間列島の戦争体験」は次のような証言をおさめている(同書、三九六―三九七頁)。

(一九四五年三月)二八日の三時頃、玉砕がはじまった。

その時、村長が立って演説して「天皇陛下万歳」の音頭がとられ、僕らも「天皇陛下万歳」と、三唱したあとで手榴弾の安全栓を抜いたが、不発だった。(中略)僕らは、玉砕場で亡くなった人たちを、川のなかに倒れたままにしておくと、雨が降ったとき流されるからと、日が暮れてから、みんなで引き揚げておいた。川上から川下の土手みたいな所に少し移しただけですがね。(金城武徳、当時一四歳)

エレニが横たわる川辺に打ち捨てられた兵士たちの死体がギリシャ内戦の生きられた痕跡なのだとし

たら、慶良間の島々において家族同士が殺し合うという「集団自決」で死んでいき、川辺に折り重ねられた六〇〇を超す村人たちの亡骸もまた、内戦の帰結とはいえないだろうか。「友軍」であったはずの日本軍の軍命下にあって「玉砕」が強いられるとき、人は、国内において国軍によってこそ死に追いやられていく。難民という概念を内側から破砕するようにして、「集団自決」の死者たちそして生き残った者たちが歴史の隙間から帰ってくるのである。この回帰を迎えるアンゲロプロスのまなざしのなか、愛する家族であるがゆえに殺し合わねばならなかった難民たちの歴史的経験が、エレニの旅の川のほとりにおいて交差している。

そしてまた、この難民の歴史的経験は移民のそれと限りなく近接していく。慶良間諸島をはじめ沖縄での「集団自決」において移民あるいは難民の歴史的文脈が重要な意味をもつことは、屋《や》嘉《か》比収《びおさむ》『沖縄戦、米軍占領史を学びなおす――記憶をいかに継承するか』(世織書房、二〇〇九年)に詳しいが、慶良間諸島には、特にパラオやサイパン、トラックやロタといった南洋群島への移民と引き揚げ者が多数いて、この人々もまた移動のなかで飢餓や避難そして「集団自決」そして敗戦後の米軍収容所生活と強制移住に直面していくのである。居住地を生きるがゆえに死に追いやられる状況があり、また、居住地あるいは故郷のただなかで他郷を生きるという歴史の交差を生きている人々が確かに存在しているのである。エレニがそうであり、そして沖縄戦下の「集団自決」で亡くなっていった人々がそうであったように、ある主権国家の内部で国家主権が配置する権力制度のなかに位置づけられ、あるいは帰属させられるがゆえに難民化する戦争状態があり、それは内戦化という動きのなかでいっそう際立つ。そうした状況の生起が、「戦前」のことであり、二〇一八年現在の今とは異なると断言できないことは、たとえば、日米地位協定が発動する無限定な法の暴力そして軍事的暴力にさらされている沖縄の「今」を生きる者の生の条件を想起すれば理解されてくるはずである。

鵜飼哲《さとし》が指摘するように「国民国家が主権というものをどのように放棄していくか、ということを課題として設定することなしに、難民の問題に、難民という存在に応答する事はできない。（中略）出来ない事をしなければならない」（「難民問題の現在」『現代思想　特集・難民とは誰か』二〇〇二年一一月号、五七頁）とするならば、難民の定義そのものを、国家主権とは異なる権力的関係あるいは国家主権を越えた倫理的かつ法的な関係の再編のなかで思考し直していく必要がある。「人種、宗教、国籍もしくは特定の社会的集団の構成員であることまたは政治的意見を理由に迫害を受けるおそれがあるという十分に理由のある恐怖を有するために、国籍国の外にいる者であって、その国籍国の保護を受けることができない者またはそのような恐怖を有するためにその国籍国の保護を受けることを望まない者及びこれらの事件の結果として常居所を有していた国の外にいる無国籍者であって、当該常居所を有していた国に帰ることができない者またはそのような恐怖を有するために当該常居所を有していた国に帰ることを望まない者」という難民条約（一九五一年）の難民の定義は、国境を越えて国の外にいる者に限定的に作用するがゆえに、国内にいながらにして迫害を受けている者や国内にいながらにして地位や権利を奪われ恐怖と不安にさらされている存在を包含することが極めて困難である。むしろこうした難民の定義の極端な狭さが、難民を再生産している。難民という存在から国家主権の布置を批判的に問い直し、難民になりうる私たち自身の生の条件を、国家主権の論理と異なる共同性の構築のなかで発明していくことが喫緊の課題となっている。

朝鮮半島をめぐる軍事的、政治的緊張が、アメリカのアジア覇権に沿う形で煽られ、この国で難民をめぐる極めて排他的かつ犯罪的な言動が官民あげて叫ばれるなか、この国が朝鮮半島をはじめとする地域から強制連行してきた日本軍従軍慰安婦や工夫とされた人々の生の歴史を否認する動きが組織化されている。このとき、難民は、難民申請という「掟の門」(カフカ)の前に留め置かれつつ難民であることを否認され、国際的政治状況(ステイト)のなかにステイト無き「状態」として時間的に空間的にそして法制度的に無権利状態のまま監禁されるほかなくなってしまう。

「国家に含まれず、権利を取り下げられたにもかかわらず、別種の権力形態のなかには置かれている(それが国家のような特性を有しているかどうかはともかく)というのは、どういうことなのでしょうか。難民を、既存の自律的な法治国家のあいだの人口移動とみなす通常の定義では、このことを説明できません」というジュディス・バトラーの言葉(ガヤトリ・C・スピヴァク+ジュディス・バトラー『国家を歌うのは誰か?』竹村和子訳、岩波書店、二〇〇八年、四頁)を、沖縄が召還する難民の世界史に反響させるとき、冒頭に掲げたエレニに宛てられたアレクシスの手紙の言葉が私たちのもとに幾たびも回帰してくる。「この誰も知らない島で、黄色い川の泥のなかを銃をかついで進んでいる。もうすぐ六万の兵が死を覚悟で出撃する。オキナワは地獄だ」。

この「地獄」のなか、二度と「集団自決」におもむかないための闘いが、沖縄で、あるいは世界中で生きられている。この生き延びへの賭けがなされ続けるかぎり、エレニの旅は終わらない。終わりようがない。

Ⅱ

身体からひらかれる共同性

第4章　歴史を捲りかえす
——阿波根昌鴻『写真記録　人間の住んでいる島』を読む

書き下ろし(二〇一八年七月)

1　写真について

沖縄北部、本部《もとぶ》半島の先に位置する伊江島《いえじま》で、戦後六〇年近くもの間、米軍に奪われた土地の奪還を目指す非暴力抵抗運動を持続し、沖縄の反戦平和運動の象徴ともいえる生涯を送った阿波根昌鴻《あはごんしょうこう》が亡くなったのは二〇〇二年三月のことである。阿波根が亡くなって時を経ずに書かれた文章のなか、次のような追悼の言葉を岡本恵徳が寄せているが、これは、戦後沖縄において特筆されるべき二人の表現者の、思想的そして運動論的な響きあいを伝える貴重な証言となっているように思われる。

阿波根昌鴻氏の訃報に接した日、あらためてその著書『米軍と農民』(岩波新書)を読み返したが、その時初めて、氏が極めて実践的な戦略家であり、有能な実務家であったこと(これは運動のリーダーとして必須な資質に違いない)に気づいて、意外な感にとらわれたことであった。例えば米軍との交渉に行くとき、あるいは琉球政府や議会に陳情するとき、前もって細かい戦術を練り上げ文章にして皆が確認した上で行動に移すということがある。また、氏が、「記録」することの重要性を強く認識していたことは残された膨大な資料の存在が証し立てている訳だが、そういう価値の認識やその実践が、氏の優れた実務家としての資質と才能を示しているに違いない。(1)

ここで岡本は、阿波根の著書『米軍と農民』を読み返すなかで、阿波根昌鴻その人が運動において「実践的な戦略家」であり、かつまたその「記録」において阿波根たちによる運動の重要性が見出せることを強調している。確かに岡本が書くように、阿波根の残した言葉に触れるとき、いかなる運動が人を動かし、いかなる言動が出来事を誘発し次々と政治的抗争の場を生成し、交渉において訴えを実現していくかについて、阿波根が極めて意識的であったことが理解されてくる。

たとえば、武装した米軍との折衝における細かなふるまいを規定した「陳情規定」のなかに次のような一文が掲げられている。

耳より上に手を上げないこと。(米軍はわれわれが手をあげると暴力をふるったといって写真をとる。(2))

この規定において注目されるべきは、阿波根たち伊江島真謝《まじゃ》地区の人々が、写真によって記録される、という局面を先取りしつつ、そのうえでどのように記録されるかについて極めて意識的であるということである。闘いの始まりにおいて既に、記録し記録されることが抗争点として措定されており、そうであるがゆえに、後の回想において「土地闘争の記録は、何としても証拠を残さなければと思って、当時まだ貴重だったカメラを手に入れ、撮ったものであります[3]」という言葉が阿波根その人から語られるわけである。

それにしても、写真「記録」が伊江島土地闘争の「証拠」としてなんとしても必要だったという阿波根の言葉は、何を開示しているのだろうか。おそらくは、米軍占領が、「人間が住んでいる」ことの歴史まるごとの抹消をはかるものであったことを踏まえつつ、奪われつつある「今」を記録する抵抗をして、生きていることそして住んでいることそのものが生の条件を形づくり、生き延びの時間を創出することへの切迫した賭けが、写真を撮りこれを残すということに託されているように思える。

となれば、伊江島の土地闘争の可能性を写真が切りひらく記録性において考察していくことは、阿波根昌鴻をはじめとする伊江島真謝地区の人々の抵抗運動を理解していくうえで重要な作業となってくるに違いない。この作業については小屋敷琢己そして土屋誠一による優れた先行研究があり[4]、写真と社会状況との関わりについてはこの二論文において詳細な分析がなされているので重複を避け、この小論においては、運動論的な視座に焦点を当て、『写真記録　人間の住んでいる島——沖縄・伊江島土地闘争の記録』(自費出版、一九八二年)を考察していくことにしたい。

その際、写真を運動論的に読むという営みを、たとえば、写真がその単体において解釈を提示するのは困難だと指摘するスーザン・ソンタグ(『他者の苦痛へのまなざし』)を批判的に検証するジュディス・バトラーの次のような指摘とともに思考することが重要になってくる。

わたしは、解釈というものは主体的な行為という点に制限して理解されるべきものではない、と考えている。むしろ、解釈が生じるのは、ジャンルや形式の制約が情動の伝達可能性を構造化しているためである――そしてだからこそ解釈は、時に人の意に背いて、それどころか、われ知らずのうちに、おこなわれる。したがって、撮影者および/あるいは写真を見る人が、能動的意識的に解釈をする、というだけではないのだ。写真自体が解釈を構造化する場になる、ということ――そして今度はその場が、写真の作り手と鑑賞者との双方を揺るがすかもしれない、ということなのである。(5)

阿波根昌鴻たちによって撮られた写真を、沖縄の土地闘争そして反戦平和運動をめぐる「解釈を構造化する場」としてとらえつつ、それが阿波根昌鴻たち記録者と私たち受け手の双方を揺るがしつつ、沖縄における抵抗運動を新たな眼で見ていく地平を開いていくことを、『人間の住んでいる島――沖縄・伊江島土地闘争の記録』に収められた写真を読みつつ考察していきたい。この考察において、写真によって呈示される阿波根昌鴻たちのまなざしを通して生きられる沖縄が触れられるものとなり、そして、写真集という携帯可能なテクストへと変成した伊江島土地闘争は、任意の時間において捲《めく》りかえしうる歴史となる。

2 境界の可視化と不全化

伊江島の場合、軍用地になっていない分は、敗戦直後に、地主立会いで分配し、納得ずくで境界を明らかにして、使用・耕作していました。しかし軍用地となっているところでは、事情が違いました。帳面づらでは誰が何坪土地をもっているのかはわかっていて、それで地代が払われていましたが、どこからどこまでが自分の土地なのか、わからないままだったのです。土地を解放しなければ境界はつくれませんし、また、解放しないかぎり実際上その必要もありません。(6)

右のような言葉を踏まえつつ『人間の住んでいる島』におさめられた写真に目を通していくとき気づかされるのは、そこに写された土地に様々な仕切りと境界(線)が立ち現れ、時に交差し書き換えられていく痕跡として記録されているという点である。その意味で、この写真記録は、土地の境界の可視化においてその特徴を示しているといえるのだが、そこで島の空間の区切りは、まず米軍による居住地の破壊の痕跡そして米軍の立ち入り禁止の立札として現れ、そしてその立ち入り禁止地区が耕作地へと変わっていく過程が、境界の書き換えとして記録されていく。

たとえば**写真1**に見られるような「銃剣とブルドーザー」による米軍の土地強奪は、それが一九五三年を境として沖縄各地で生起していくことになる土地強制収用の傷痕であることを理解している私たち自身の「現在」の眼においてはその意味を確認されうるだろうが、こうして歴史を見る眼を育成してきたのがこの写真に見出せる検証するまなざしにほかならず、翻っていえば、この写真が撮られていた一九五五年「現在」において米軍土地収用は歴史化されてはいなかったし、沖縄全島あげての初の米軍への抵抗運動となった「島ぐるみ闘争」(一九五六年)も未然であった。しかしここには、来たるべき未来においてて出来事が反芻され検証されていくための「今」が、写真による歴史化のプロセスにおいて生成されている。この写真が撮られた「今」において何が起きているかを十全に知ることは誰にとっても困難であったに違いないが、この写真のなかには、破壊の進行を精確に予見し警戒しつつ、伊江島が犯罪現場となりつつある「今」が記録されている。あらゆる写真に「犯罪写真」としての性格が孕まれていることを指摘した『写真小史』のベンヤミンに倣うならば、この写真には確かに犯罪の痕跡と、この後拡大していく組織的犯罪のあり方が先取られているといえるだろう。

ここで、この土地強制収用という犯罪がいかなる法規において措定され維持されたかを略記するとすれば、次のような展開が見られてくる。「米国政府の必要とする土地及び財産を所有並びに占有を有効ならしめることは、米国政府及び琉球列島並びに米国国民及び琉球住民の保全上、望ましいことであり、且つ、機宜の策である」とする布令九一号「契約権について」(一九五〇年一一月)によって一九五一年の対日講和条約締結後の米軍による沖縄の土地使用継続が制度化された後、布令一〇九号「土地収用令」(一九五三年四月)による強制接収を経て一九五三年一二月の布告二六号「軍用地域内に於ける不動産の使用に対する補償」の「合衆国軍隊によって黙契によりこれまで収用された軍用地の使用及び占有に対する米合衆国の権利をこゝに確認し、且つ、米合衆国は本布告第二条に基き、一九五二年四月二十八日又は本布告発効期日前に於ける収用の翌日から一九五四年六月三十日に至る期間正式に登録した上で公共のための現存地役権を妨げず合衆国代行機関が現在使用している土地の使用及び占有に対する権利をこゝに保有する。／但し、合衆国政府が六十日以内に取消の予告をしない限り、登録した土地の使用及び占有に対する権利は以後年々引き続き効力を有する」とする等の法規更新に至り、一方的に賃借権を宣言することができるようになっていく。こうした土地強制収用の法政治的文脈を踏まえるとき、阿波根が記す「土地を解放しなければ境界はつくれませんし、また、解放しないかぎり実際上その必要もありません」という言葉のリアルさが際立ってくる。

はじめ日本軍、ついで米軍によって収奪され、焼き払われ、立ち入り禁止として囲い込まれた更地に生きられた歴史が堆積していること、そして、これから先に可変的な土地の歴史がありうることを、境界の不全化と境界侵犯への意思において開示する写真の象徴的力を読み取っていくことが重要となってくる。そして阿波根たちの写真によって境界が可視化されるとき、その境界は、踏み越えられるべき物

写真１　「阿波根昌鴻家跡」

写真２　「演習地の中でノボリを立てて農耕」

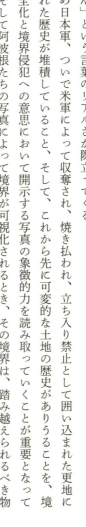

写真3 「陳情小屋での生活」

理的対象として可触化される。統治される作用点を限定して表象（記録写真の撮影）する営みにおいてこそ、境界が争点化されていく（写真１・２）。そして、境界を設定する軍の布令・布告の無法性と法的無根拠性が露出させられていくことになるのである。

ただし、こうした境界の可視化とその書き換えが、伊江島に限定されているのではないことは看過されてはならない。この境界の可視化による境界侵犯への意思は、琉球政府の首都「那覇」に境界を創りだし、そこで生活を営むという運動にも連動していくことになる。

陳情目的で「上覇」する（『人間の住んでいる島』五九頁の写真キャプション中の言葉で、那覇に行くことを指す）に際して、琉球政府及び立法院の隣に陳情小屋を設えて座り込む写真が撮られているが（写真3）、そこでは、伊江島の土地収奪と闘争の情景が、那覇を切り裂くように再現され創出されている。このとき、それを見る人々の心身において、一つの場のなかに別の場が出現するという「ヘテロトピア（異在郷）」（ミシェル・フーコー『ユートピア的身体／ヘテロトピア』佐藤嘉幸訳、水声社、二〇一三年、三六頁）な空間性が感受されていくのではないか。おそらくここには、沖縄において多くの人が見まいとしてきた軍事占領の傷が露出している。こうして写真に撮られた

「場所」は特定しがたい遍在性に開かれるが、この遍在性にこそ、沖縄をめぐる歴史的経験の発露が見出されるようにも思える。移民や出稼ぎ先の土地と人々、幾多の戦場、収容所などの光景が陳情小屋の風景に重ね見られるということである。那覇という軍＝資本＝文化の蕩尽空間に、不可視化されていた「難民たち」が座り込むことの政治的社会的な破壊力を伝えるこの写真によって、「乞食を生み出す社会」の可視化が、「市民」の基盤を批判的に問う構えを構成するのだ。この構成力を恃《たの》んではじめて、沖縄の北部と那覇をはじめとする都市部との埋めがたい境界がそれこそ可視化され、政治的社会的な問題が問題として生きられうるようになるはずである。そして、沖縄内部における境界という問題は、闘争における座り込みそして行進という身体の働きによって可触化されていくことになるのである。

3　座ることと行進すること

先にも引用した「陳情規定」は、阿波根たちの闘争における倫理的運動論的原則を生き生きと伝える条文であるが、そのなかに次のような二つの規定が見出せる。

会談のときは必ず坐ること。
集合し米軍に応対するときは、モッコ、鎌、棒切れその他を手に持たないこと。(7)

ここには、身体のふるまいによる運動の秩序化が、運動の持続にとって不可欠であることと、座ると

写真４　「陳情団の行政府ビル横での座り込み」

いう姿勢の共同化において具体化される非暴力抵抗が伊江島の闘いにおいていかに切実な選択であったかが読み取られる。

今の辺野古・高江の反基地運動にも継承されている「座り込み」が、戦う相手が暴力装置であることを露呈する徹底した平和的挑発的行為であり、同時に、非暴力抵抗による徹底不服従以外に抵抗の方向性がありえないことが示されている（対抗暴力が象徴的次元に限定される必然が示唆されている）。この秩序が示すのは、闘いにおいて最優先されているのが生活といのちという原則そのものであり、運動はそれに付随する、やむにやまれぬ生の様式化であるという事実である。

そして、この座り込みにおいては、この生の様式化そのものを、新聞や米軍警察に、そして何より市民たちの脳裏に「記憶させる」という働きかけが意識化され、運動を貫く平和主義と倫理の告知が徹底されていく。そこでは、訴えの身体化において常に他者そして他者のまなざしから送り返されてくる自らへの教えが作動しているのである。手を出さないことの呼びかけでもある座り込みは、対峙する組織に属する人たちへの座り込みを促す身振りであり、運動する人々の公衆化を通じて、手を出させない力の政治的象徴化をも常にともなっている（写真４）。そして言うまでもなく、この政治的象徴化としての座り込みは、必然的に行進という集団的営みに連動し流動していくことになるが、この展開もまた、極めて切迫した求めのなかで模索された闘いの方法であり、生の賭けであったことが理解されなければならないだろう。次の言葉は、その局面を伝えてあますところがない。

真謝区民に餓死が待っていました。／長峯久一さんの妻キヨさん(三十四歳)は、政府の陳情から帰ったあと六月二十日、疲労と栄養失調で四人の子どもを残して死にました。石川清仁さんの妻春子さん(四十三歳)も、十二月十五日、六人の子どもを残して栄養失調で死にました。／当時の食糧は芋かす、ソテツ、お粥で、わたしたちの要請で健康診断に来た名護保健所の大山所長も一〇〇人のうち九二人が栄養失調で、このままでは命が危ないといっていました。／全区民が、餓死寸前におかれていました。そういう状態ですから、生活が第一で、たたかいが二番目と決めていました。同時に、生活を守るためにも、たたかいが一番目でありました。(中略)そしてとうとう、本当に乞食をすることに決めました。「日記帳」に「乞食をしても」と書いた二日前の七月二十一日、わしらはすでに「乞食行進」を始めていました。／「乞食をするのは恥ずかしい。しかし、われわれの土地を取り上げ、われわれを乞食させる米軍はもっと恥ずかしい」――木で支えたボール紙にこのように書いて、真謝の農民は「乞食行進」を始めたのでありました。(8)

伊江島真謝地区の人々の運動における行動への現れとして極めて重要な意義をもつ「乞食行進」(一九五五年七月から翌年二月まで)は、座り込みの延長としてある。記憶を誘発し記憶を促す運動が、常に身体

写真5 「那覇 平和通り」

の共同化において遍在するわけだが、この共同化された身体は、延長し、潜在し、移動することを通じて、闘いに参加する人々とそれとの距離をもつ人々との「間」でこそ具体化(em-body)される。行進において市民の前にさらされる身体は、伊江島の真謝地区の、さらにはテント小屋という局所を体現するに違いないが、しかし同時に、この局所が沖縄のなかで移動することで、米軍によって破壊されつつある伊江島は流動し感染する。この際、感染していく情動のなか、戦死者たちへの負い目が作動していたとは考えられないだろうか。つまり、米軍廃品で身を包み「餓死寸前」で島のどこかへ行進していく人々の姿が、戦後一〇年を経て、急速に消されていく戦死者たちの記憶の唐突な回帰として、「戦後」沖縄の市民たちの心身において生き直される可能性を想像し得るのではないかということである。

たとえば写真5には、宗教画的な構図をさえ思わせる配置において、「乞食行進」を見る人たちこそが写されている。乞食行進は確かに那覇の人々の視線にさらされているのだが、それは同時に、乞食行進によって那覇の人々の生き様がさらされているという局面でもあることを写真は確かにとらえてしまっているのである。道沿いに溢れる看板といならぶ人々の服に現れている経済活動の回復が、沖縄のなかの何を不可視化することによって浮き上がっているのかが、この写真によって反転的に開示されてしまっている。過去に遠のいていくかに思われた戦争が乞食行進において回帰してきているのである。

この回帰によって、戦争の継続が、行進を通じて沖縄の各所に知らされる。この回帰においてこそ、沖縄が沖縄において学ばれるのであり、学ぶという契機を孕むがゆえに運動に倫理的かつ美学的な流れが生成されていくことになる。

4 文字を撮る

土地闘争が学びの空間の創造でもあることを、阿波根昌鴻はくりかえし語るが、この学びの根幹に、言葉の獲得そしてその獲得した言葉を文字に託し文章としていく学びへの渇望があったことを次の言葉が示している。文字そのものへの畏れとともに闘争が更新されていく過程がここには呈示されているが、たとえば**写真6・7**において見られるべきは、闘争に文字がもたらす教育的かつ美学的な律動そのものである。

陳情書をつくるのが、また大きな苦労でありました。農民は公文書などだれも書いたものがいないので、役所の人に頼んだり学校の先生に頼んだり、一通の陳情書を書くのに五日も要するありさまでありました。また初め一、二回はよろこんで協力してくれた人も、反米行為や「アカ」と見なされるのをおそれ、やがて職を失うことをおそれて、いろいろと理由をつけて断わられました。(9)

写真6　「6月16日昼より小型の手押し車にスピーカーを積み老若男女がついに街頭へ乗り出す」

写真7　「陳情小屋前」

ここでの阿波根昌鴻の言葉が示唆するのは、闘いの核心的な場に文書を書くことに関わる困難があったことと、同時に陳情書をはじめとする文書を書く営みがはじめから協働的な行為として意識化されているということである。

生き延びていくことと不即不離な営みが学びであり、この学びにおいて獲得されていく言葉そして文字は、社会へのアクセスの絶対的要求となり、即、政治的かつ美学的な行為となる。文字を美しいと見うる目の育成と、文字に託された言葉の意味とその意味に闘いの歴史が息づいていることを感受する身体の働きが、これらの写真に見出されるのではないか。文字への渇望は、特に軍用地契約書をはじめとする公文書の文字を理解できない恐怖とともに作動し、そして、文字に書き手の意図を超えた伝達作用と象徴化の力があることを開示する。[10] 文字ははじめから人と人との間で共有される媒体あるいは回路であり、書かれた文字が、それを書いた人とそれを読む人とを対話的関係に導くことを、のぼり、手紙、ノート、立て札を撮る写真によって示していると考えられる。文字を通じて、互いが互いを読みうるテクストへ変成させ、学びあい、そして自らを変えていくというプロセスが、写真のなかの文字たちの動きのなかに見られるのでなければならないだろうし、その営みにおいては、実のところ、この文字たちによって、私たちが見られているのでもあるだろう。ここにも確かに教えという契機が潜勢しているのである。この点に関わって、次のような阿波根昌鴻の言葉もまた示唆的である。

「生徒達も、あんなに伊江島救援のために、今立ち上ってるから、近い内に解決出来るはずですから、帰っておきなさい」と言われた。あの時の学長はね、今もいらっしゃいますが、安里源秀という先生ですよ。／私達はびっくりしたんですよ。「先生、生徒達にあんなことさせないようにしてください。生徒達はね、勉強さしてください。これはね、先生やるべきです。先生やってください。先生がやらないとね、生徒達が勉強もほったらかしてね、あんなことやります。生徒達はね、あんなことさせないようにしてください。先生やってください、これ、先生がやるべきですよ」先生、もう黙っておるんだよ。黙ってね、で、わしらも、返事しないんだから、先生は。あの時にね、わしらは初めて――先生というのはね、悪い人間をね、善い人間にするのが先生だと思ったんですよ――先生というのは、字を教えるのが先生だというふうにね、思った訳ですよ。(11)

この言葉の背景には、一九五六年当時、反米的言動を理由に琉球大学の学生たちが除籍及び退学処分を受けるといういわゆる第二次琉大事件が起きており、米軍占領期の沖縄文学活動のピークを担う雑誌『琉大文学』同人たちをはじめとする学生たちが伊江島闘争に参加し、これら阿波根昌鴻たちからの応答が返されるという経緯がある。その時代的文脈を想起しつつ、先の阿波根の言葉を読み返すとき理解されてくるのは、「字を教えるのが先生だというふうにね、思った訳ですよ」という言葉によって根底から問われているのが、「字」を学ぶことのなかに生きる意味を見出しえていない教育の硬直ということである。そして、この言葉において求められているのが「字」という語に託された学びそのものへの渇望であることは言うまでもない。沖縄北部本部町に生まれ、若くして移民としてキューバそしてペルーでの生活を経て沖縄伊江島に戻ったのち、静岡県の興農学園でキリスト教に基づくデンマーク式農法を吸収しつつ、六五歳にして東京の中央労働学院に学ぶという生き方にも示されているように、阿波根にとって学ぶことは闘いと生活の根幹にすえられる営みであったといえよう。

文字は、諸身体を、読みうる歴史的存在に変え、そして諸空間を新たな政治的闘争の場へと書き換える。文字をまとう人々が沖縄のなかを歩きまわることにより、伊江島で起きつつある出来事が身体化という作用とともに読み継がれる生きた血肉化されたテクストとなり、書き継がれることになる。この継ぎ目を文字が担っていることを、阿波根昌鴻たちが写してしまった写真は伝えている。文字によって自らの運動を書き、これを共同的な身体性へと変成していく行為遂行そのものが文字に接近し、これを撮る写真において開示されているのである。

文字において歴史的存在へと変成をとげた身体たちは、その運動において、自らを囲う境界を書き換え、新しい空間を生み出していく。むろんのこと、土地接収という蛮行を行政において担保するのは法であり、その法が土地を囲い込み強奪するのも法令という言葉によるものだが、この法を挑発し、これを政治的な抗争の場に置きなおすのも言葉であり、その言葉をまとって現れる身体である。言葉を可視化し身体化して伝達の回路に流し入れることを通じて、軍によって囲われた土地が沖縄内部において越境的に繋がり、さらには沖縄という枠組みを超えて、たとえば砂川闘争の場に、あるいは北海道の米軍演習場にも伝播していくことになる。そしてまた、言葉による運動の可視化という契機は、見ることと見られることとの共起を通して、土地闘争という運動を、生の再定義そして生の新たな様式化へと広げていくことになる。

5 見る人たちの現れ

七月二十一日、乞食行進は那覇の中心街にある琉球政府前を出発し、平和通り、国際通り、安里《あさと》、開南《かいなん》。沖縄本島南部の糸満《いとまん》。それから北へ上がってコザ、石川、名護《なご》。辺土名《へんとな》を経て、最北端の辺戸《へど》、奥《おく》、安田《あだ》。沖縄本島北部の国頭《くにがみ》では一字《あざ》もぬかさないで各部落をまわりました。(12)

ここでの阿波根昌鴻の言葉において理解されてくるのは、乞食行進が都市部におけるデモンストレーションというに限らない、沖縄本島全域、特に北部地域一帯の踏破という側面をもっていたということである。ただし、こうして沖縄を縦断する「乞食行進」に踏み出そうとするとき、阿波根がもっとも恐れていたまなざしが、米軍や琉球政府あるいは警察といった行政のそれではなく「沖縄県民」のそれであったということは重要であるように思われる。阿波根は語っていた。

これ(乞食行進——引用者注)をやる前にね、こういうことがあったんですよ。一番、恐かったのは県民が恐かった訳です。沖縄全部がアメリカ様々でしょうが、アメリカ様々であるのに、こんな民主主義の沖縄県民の生命を助けてくれたアメリカに反対しておるでしょ、こんな立派なアメリカに反対する伊江島の農民をやっつけてやれ、そういうことがありはしないか、それが一番恐かった。(13)

この写真集には、見る人たちの後姿が何枚も写し取られて、何かに見入るまなざしが多く撮影されている。つまりは、見えないはずの何かが見えはじめる、その心身の動き、またその動きが共同化される過程が、『人間の住んでいる島』には多く記録されているということである。そして、驚きをもって「乞食行進」を見つめる人々と、その人たちのまなざしにとらえられている自分たちを見つめ返す人たちの間で、沖縄が生きられる空間として感知されはじめている(写真5)。換言するなら、土地強奪と基地占領において複雑に分断され感知困難となった沖縄という茫漠とした空間が、「人間の住んでいる島」という具体性をもって、生の交差する場所、歴史の交差する場所、自分と自分が交差する場所として、横断的に再発見されているのではないかということである。土地を奪われ「乞食」となる人たちが「地つづき」で生活していて、その貧困を極める生活に自らの生活が関わっていることが、人々のなかで再発見されようとしている。その再発見の要において、行進を見る人たちを見るという契機が生起していると思われるし、写真には確かにそれが現れているのである。

ただし、教えは、常に相互的でもある。乞食行進を通して、沖縄の各地域をはじめて見聞し、その土地土地の人たちと接することを通して、阿波根昌鴻をはじめとする伊江島真謝地区の人たちは、自らが生きる伊江島を再発見しようとしていたとは考えられないだろうか。たとえば、陳情において、琉球政府や知事あるいは琉球大学といった組織がほとんど無力であり、米軍の下部組織であることを精確に認識していく阿波根たちのあり方が記録から読み取られるが、このことは、これらとは異なる組織のあり方を阿波根昌鴻たちが模索していく方向性を示唆しているようにも思える。

たとえば、沖縄本島北部国頭村の全ての「字」を乞食行進したことは、先に引用した阿波根の言葉にある通りであるが、『人間の住んでいる島』のなかにも、北部国頭村の共同売店前での写真と推定できる数葉がおさめられている(写真8・9)。たとえばここに、伊江島土地闘争のなかから生活協同組合設立が派生していくこの後の予兆を見出すことも可能なように思える。(14) 次のような言葉は、まさにその予兆といえるのではないか。

一九五五年九月一一日。／九月一一日は、晴天で、朝の八時に那覇出立し、嘉数さんの案内で名護に十分位いて、満員となり、北部北部とバスは走った。田圃があり山があり川があり、何と美しい

写真 8 「北部楚洲にて」

写真 9 「北部陳情での部落民との交歓記念撮影」

静かな島だろうと思った。比《ママ》の様な平和な島だのに。（中略）子供達は遊んだ。お皿に黒い物を出してきた。砂糖と思ふたがイカ（イチヤカラス）であった。私は生れて初めてであった。おいしかった。このいきとどいた子供達の大きい教えを受けた。何と立派な教育をうけた辺土名だろう。[15]

沖縄本島の最北に位置する辺土名で、「生れて初めて」食べたという「イチヤカラス」（イカの塩辛）にことよせながら、「子供達の大きい教えを受けた」という文字を記す阿波根昌鴻の記録のあり方にこそ、伊江島の運動の核心が開示されている。阿波根が驚きをもって見つめている沖縄北部は「美しい静かな島」であり「平和な島」であって、そこで農業と漁業とによる確かな生活を支える「立派な教育」が感受されている。阿波根昌鴻その人が、米軍基地によって規制される生のあり方とはまったく異なるいのちの躍動が沖縄の別の「今」として生きられつつあることの教えを受けとめているのである。行進において、沖縄における別の「今」を構想する糸口が、沖縄における生活の細部のなかに発見されるという大切な局面がこの言葉には見出せる。

写真10 「演習場を向うに」

記録する眼の獲得は、記録されてこなかったもの、今なお記録されていないものへの想像力の獲得と不可分である。その眼の獲得は、来るべき「今」を未だ来ぬ「今」の兆しにおいて捉える(写真10)。「土地には魔法がある。いろいろな作物が育つ」[16]という言葉のなかに込められた土地への思いによって見られうる伊江島さらには沖縄は、写真に孕まれた予兆において、来たるべき「今」となって可視化されるのである。

援助物資を通じて、北海道夕張をはじめ日本の各地域の人々との関係のなかで伊江島土地闘争のありようの変革をも模索しはじめた阿波根昌鴻たち伊江島の人々、あるいは運動に関わる人たちは、一九六〇年代以降、伊江島土地闘争を、反核運動あるいは反ベトナム戦争運動への連帯へと繋げていく。そして、生活協同組合、平和資料館、「身障者のための憩いの家」としての「わびあいの里」創造へと伊江島土地闘争は発展し、それを記録する営みは常に更新されていく。と同時に、この伊江島の闘いは、一九七〇年代以降の金武《きん》湾石油備蓄基地建設反対運動を担っていく「金武湾を守る会」、そして、現在の辺野古・高江の反基地運動における思想＝運動のもっとも大切な拠り所であり続けていることは疑いようのない事実である。

「何でも生かしていかなければならない。戦争がない平和の島をどうしてもつくっていかなければならない」[17]という阿波根昌鴻の言葉が、二〇一八年現在の沖縄においてまったく古びることがないことを幸せといえるかどうか定かではないが、しかし、この根源的で原則的な求めを体現し具体化する写真が私たちの未来を照らし続けていることは確かな希望である。

（1）岡本恵徳「阿波根昌鴻氏を悼む」『沖縄タイムス』二〇〇二年五月二九日。
（2）阿波根昌鴻『米軍と農民――沖縄県伊江島』岩波新書、一九七三年、五一頁。
（3）阿波根昌鴻『命こそ宝　沖縄反戦の心』岩波新書、一九九二年、一二七頁。
（4）小屋敷琢己「〈記録としての写真〉から〈表象としての写真〉へ――阿波根昌鴻資料における写真映像の意義」(『琉球大学教育学部紀要』七八号、二〇一一年二月、一〇一－一一五頁)、土屋誠一「土地としての写真　阿波根昌鴻の写真について」(『photographers’ gallery press』No. 10、二〇一一年六月、一二四－一三二頁)。
（5）ジュディス・バトラー『戦争の枠組――生はいつ嘆きうるものであるのか』清水晶子訳、筑摩書房、二〇一二年、九〇頁。

(6) 注(3)前掲書、四九―五〇頁。
(7) 注(2)前掲書、五一頁。
(8) 注(2)前掲書、一二二―一二三頁。
(9) 注(2)前掲書、七九頁。
(10) 次の指摘を参照。「一九五三年七月一九日、琉球列島米国民政府(米軍政府のこと)の通訳兼土地係官の後藤二世が初めて伊江島を訪ね、真謝区を視察した。それから五日後の二四日、土地の調査が目的ということで、再度後藤二世が真謝区を訪れた。その際、区長を始め住民に日当を支払うという口実で手伝わせ、さらにそれと同様な口実で英文の書類に署名捺印させた。しかし、それが実は立退きを承諾したことを証明する書類であったことが分かるのはその後のことであった」(石原昌家・新垣尚子「戦後沖縄の平和運動にみる非暴力主義――一九五〇年代の「土地闘争」を中心に」『沖縄国際大学社会文化研究』vol. 2, No.1、一九九八年三月)。
(11) 阿波根昌鴻『写真記録 人間の住んでいる島――沖縄・伊江島土地闘争の記録』自費出版、一九八二年、一六五頁。
(12) 注(2)前掲書、一二八頁。
(13) 注(11)前掲書、一六四頁。
(14) 阿波根昌鴻の運動と、生活協同組合そしてデンマーク式農法との関連については、鹿野政直の論考「阿波根昌鴻――「命どぅ宝」への闘い」(『ひとびとの精神史2 朝鮮の戦争――一九五〇年代』岩波書店、二〇一五年、一〇三―一三〇頁)を参照。
(15) 注(11)前掲書、九〇頁。
(16) 注(3)前掲書、一八八頁。
(17) 注(3)前掲書、一九一頁。

第5章 消化しえないものの体内化をめぐって

――晩年の岡本恵徳を読む

書き下ろし（二〇一八年七月）

1 「助けてくれ」という悲鳴

近現代の沖縄の文学の展開について初の本格的研究を続々と著し、戦後沖縄における文学批評の水準を飛躍的に高めたのが岡本恵徳《けいとく》その人に他ならない。しかし、岡本の活躍は文学の分野に限られるものではない。住民運動に終生深く関わりつつ、独自の共同体論をはじめとする鋭敏な思考の発露において、戦後沖縄の思想の地平を切りひらいていったのが岡本恵徳でもある。

その岡本についての考察は、近年少しずつ発表されてきており、小説表現をはじめとして、批評以外の領域における岡本の表現の特質についても新しいアプローチによる論究もなされはじめている。そうした読み直しの作業の展開のなか、その晩年のエッセイ群については未だ本格的な言及はなされていないのが現状である。

しかし、一九九〇年代半ばから二〇〇六年の死にいたる間の晩年の岡本の思想の深まりは、むしろエッセイあるいは断想そして時に小説といった、論文以外のスタイルによって表出されているように思われる。とくに、雑誌『けーし風《かじ》』に一九九四年一二月以降連載されていくエッセイ「偶感」は、論じる対象の拡がりと論じる方法の多彩さにおいて際立った充実を示している。「偶感」というタイトルが具現化するように、たまたま感ずるところを自由に書く、というスタイルが与える印象もあるのであろう、晩年の岡本が書きつづけた連載エッセイは、岡本の他ジャンルにおける表現、とくに批評や思想的文章あるいは文学研究における緻密に練られた思考の凝縮といった面もちとはだいぶ異なっていて、折々の話題に触れつつ断想を綴るという自在さに満ちた言葉の束となっている。そして、この連載エッセイという様式そのものに促されるようにして、『けーし風』に限定されない新聞をはじめとする諸メディアにおいても、自身の日常そして自身の記憶をたぐり寄せながら思索を展開していくのが晩年の岡本であると見えるのである。

だが、自在さと滋味に溢れたエッセイ群のなか、時折、奇妙な声が日常を一瞬切り裂くような場面が訪れている。それらは、自在さや滋味といった言葉で示唆されるような書く主体としての岡本の熟練を裏切るような出来事として書かれており、むしろ書く主体の引き裂かれこそが開示されてしまっているようにも見える。しかも、その引き裂かれにおいては、他者の身体において生きられる危機が、反復的に岡本その人の心身において継起してしまうという、そのような危機の再来として生成されつつあるようなのである。

たとえば、ここに、二〇〇三年一月一三日『沖縄タイムス』の「思潮」という連載において発表された「スローフード」という一文がある。これもまた連載されたエッセイ群のなかの一断想ということになるが、そこで開示されている思考は、不穏といっていい緊張感を孕んでおり、提起されている問題の射程は極めて広く、同時に鋭く当時の沖縄の社会のあり方そのものに突き刺さるものとなっている。

一月二十三日の本紙夕刊に、興味深い記事が掲載されていた。「こちらは本人の責任」「米、肥満訴訟でマック勝訴」という見出しの社会面記事である。内容は「肥満の原因となる食事をさせたとして米ハンバーガー店チェーン最大手のマクドナルドが訴えられていた裁判で、ニューヨークの米連邦地裁は二十二日、肥満は食べ過ぎた本人の責任として、原告の損害賠償請求を棄却した」というのであった。

記事によると、原告は身長一六三センチ、体重一二六キロの十三歳の少年らで、市内のマクドナルドで週に数回、ハンバーガーを食べて肥満体になり、糖尿病や心臓病など健康被害を受けたと主張して、損害賠償を請求して提訴したものだという。

最初、この記事を眼にしたときは、いつか聞いたことのあるような、まさにアメリカらしい話で、記事と同様に「個人の責任を他に転嫁する訴訟社会の悪い一例」という程度の受け取り方をしていた。だが、何となく気になる所があって繰り返し読むうちに次第に、その記事の中から、少年たちの「助けてくれ」という悲鳴が聞こえてくるような気がしてきたのである。（岡本恵徳『「沖縄」に生きる思想——岡本恵徳批評集』未来社、二〇〇七年、二二四頁）

ここで岡本は、とある新聞記事を書き写しつつ、そこに「何となく気になる所」があったがゆえにそれを「繰り返し読むうち」に自らの心身に何ものかが到来してしまったことを書きとめている。その何かとは「少年たちの「助けてくれ」という悲鳴」にほかならないが、むろんのこと、この声は記事そのもののなかにはないもので、ただ岡本の心身において想像的に再起してしまった他者の身体から発せられている悲鳴である。むろんのこと、岡本が引用している記事によるならば、この他者（身長一六三センチ、体重一二六キロの十三歳の少年ら）は、すでにその訴えそのものを棄却され、請求そのものが法の門前において失効させられているわけだから、必然的にその声もまた、自己責任に関わる社会的法的規範によって予め消されているというべきである。悲鳴はおろか、いかなる声もささやきも記事のなかにおいて響いていない。記事が暗に響かせているのは、棄却の判決とそれを肯《うべな》う「個人の責任を他に転嫁する訴訟社会の悪い一例」というリードが創りだす新聞読者というサイレント・マジョリティの声なき唱和である。

その意味で、この記事において積極的に追認されているのは、責任を自己という主体の意識に帰すことによって社会的調和が保たれるべきという規範性をめぐる承認のサイクルとなるが、岡本が聞き取ってしまい自らの心身において反復してしまっている「助けてくれ」という悲鳴は、この規範をめぐる承認のサイクルをこそ毀損し、この和＝環に亀裂を入れる。この声は、岡本が聞こうとして聞いた声というよりは、むしろ岡本自身が予期せぬ形で聞いてしまった未聞の声というべきであり、同時に、この声は、岡本という主体に属するものとも少年たちという対象に属するものともいえないものであって、そうであるがゆえにその声は、「悲鳴」としか呼びようのない音となって、岡本のエッセイのなかに位置する場所無く滞留しているといえるだろう。

だが、それにしても、悲鳴とはなんだろうか。悲鳴を悲鳴として聞くとはいかなる行為でありうるのだろうか。悲鳴というものが私たちにおいて聞こえてくるとき、それはもはや自己と他者を分かつ境界そのものを崩壊させないではおかないと、そうはいえまいか。人が悲鳴を発するとき、その声はもはやその人の意識の領有のもとにないだろうし、他者の悲鳴を悲鳴として聞いてしまった者にとっても悲鳴を自分の心身と完全に切離することは難しく、その声は反復されてしまうことになるのではないか。悲鳴というものが私たちを脅かすのは、それが自他の分割をめぐる領域化と境界性を毀損するからなのかもしれず、他者の悲鳴を聞いた者は、それを、聞いたことのない自身の内部からの不測の反響として受け取るのかもしれない。言葉とも声ともつかぬ悲鳴は、その到来において、その音声を発する主体そしてその音を聞く主体のいずれにも属さず、主体による意味づけを超え主体を外にさらす。悲鳴はそう聞き取った者のなかで自分自身聞いたことのない自分の声となって共起するときはじめて、悲鳴として聞こえてくるのかもしれない。岡本が聞き取ってしまった「助けてくれ」という声は、そういう声なのではないか。

そしてここで大事なのは、その悲鳴が聞こえてくるような気がしたと書く岡本その人が、自己責任あるいは自己決定という言葉の前に立ちどまり、悲鳴とともに、この言葉が時に現実化させてしまう暴力のあり方にまで思考の射程を延ばしているということである。

確かに、判事の述べるように「健康に悪いかも知れないと知っているのに、それを過剰に食べることを選んだなら、マクドナルドを責めることはできない」ので、これは自己責任の問題である。だが、単純にそうは片付けられない問題があるような気がしてきたのであった。よく言われるものに、貧しい国では金持ちが肥っていて、貧しい人は痩せているのが普通だが、アメリカのように豊かな国では、逆に貧しい人が肥っているということがある。これはつまり、肥満は単純に自己責任の範囲に収まる問題ではなく、食事のあり方を含めた社会的な問題として、捉え直すべき部分が大きいということなのだろう。(中略)あるいはまた、自分の健康に留意して、食べ物を選んで摂るにしても、それにはある程度の経済的・時間的余裕のあること、いわば精神的なゆとりがあって初めて可能になるはずである。(中略)言い換えれば、食事のあり方はたしかに個々人の問題であるが、現代のようにコマーシャリズムの発達した、外食依存型の社会では、それ自体が社会のあり方と大きくかかわっているはずなのだ。そうして、そのうえにさまざまな重要な局面において自己決定の余地が奪われている社会で、食事に関して自己決定権が保障されていると考えるのは幻想でしかないだろう。(前掲書、二二四―二二五頁)

たとえば、工場によって垂れ流された有機水銀に汚染され変形した魚をとり、これを食すしか生きるすべを持ち得なかった水俣の人の生あるいは死があり、東日本大震災による福島原発「事故」による放射能汚染が疑われる農作物を食べざるを得ない無数の人の生あるいは死があるかもしれぬとき、それらの人々の生の営みをして自己責任そして自己決定といった意味づけにおいて規定することは暴力的と言っていいだろう。岡本が示唆しているのは、「自己決定の余地が奪われている社会」における生の条件づけの格差の問題であり、さらにいえば、自己決定に追い込まれ自己責任のみを問われるさいに発動される暴力の問題である。自己決定が権利の名においてなされるとき、すべての「自己」が同じ選択肢からなんらかの決定において選択をなしえる「権利」を同程度に保障されていると考えるのは間違っている、と、岡本は控えめな言葉ながら語っている。つまるところ、自己決定という言葉で私たちが身体に関わる生の条件を一般化して考えようとするとき、そこで自己という主体と決定という実践を繋ぐさいに作動する諸条件が、無数の自己と無数の実践とを生産しこれを分裂的に増殖させ、同時に、自己として承認されない属性や実践として感知されない行為をも産出する点が忘却されるということである。

マクドナルドのハンバーガーを週に何回も食べる人がいることに疑いをもつ余地もないが、それを実践する人々が同じような「自己」であり得て、この実践において同じ行為を同じ頻度で同じ量で同じ身体的経済的条件において為しているとすることは全く疑わしい。たとえば、女性と男性とではそこで為されているとされる自己決定は異なる様相を帯びるだろうし、子供と大人、あるいはイスラム教徒とキリスト教徒、有職者と無職者、学生と教員、異性愛者と同性愛者、外国人と国民、そして貧しい者と富める者とでは、同じ(とされる)行為をめぐる自己決定のあり方はまるで異なるはずである。

しかも看過されてはならないのは、これらのいずれの属性にもカウントされない自己と実践が自己決定をめぐる承認の地平から零れ落ちていくということである。そしてまた、マクドナルドのハンバーガーを週に何回も食べるという条件そのものから予め排除された自己が事実上実践を阻まれ、そして実践として承認されていないような非–実践を選択させられているというべきだろう。

こうして産出され強要され排除される自己によるなんらかの実践がなされるとしたら、それは悲鳴に似た発露となるのかもしれず、その悲鳴が生起するのは、まさに自己と決定を繋ぐその間で作動する身体のきしみにおいてであるだろう。岡本が聞き取ってしまっているのは、まさにこのきしみであるに違いない。この悲鳴を聞いてしまったとき、自己(主体)と決定(行為)を繋ぐ生きられた器である身体により、逆に、自己と決定が再定義され再編され、自己決定に関わる権利の配分のあり方そのものが批判的に問われはじめることになるはずである。

岡本の言葉を読むことを通じて、「毒」だと知りながら食べ物を摂ることが、生の一つの条件になっている今の社会のあり方を、批判的に問うていくことが私たちに可能となる。しかも、その可能性は、とくに福島原発事故以後の文脈のなかで、あるいはソテツ地獄という近代の沖縄の歴史を想起する営みのなかで、いよいよリアルな問いとなって食という営みから社会と政治全般を批判的に再審していく試みを開いていくに違いない。また同時に、左派右派を問わず排他主義的言説の噴出がみられ、市民権の差別的配分への要求が声高になされつつある沖縄をはじめとする諸地域の状況を批判的に捉えなおしていくためにも、自己決定(権)を、自己決定(権)が強いられるという局面においても検証し直しつつ、健康であることが、「ゆとり」を持つ人たちにのみ許されているような、そのような資本の条件を批判的に問うことが岡本の思考によって要請されていくはずである。

2 痕跡

食という契機、ひいては消化という営みに焦点化される身体の働きにおいて過去と今そして未来において生起しうる暴力の痕跡を感受しようとする岡本の思考のあり方は、たとえば、晩年のエッセイ「偶感(四二)」(『けーし風』第四七号、二〇〇五年六月)において痛いまでの感覚をともなって開示されている。

このエッセイのなかで岡本は、次のような言葉を記している。

食事にしても、戦争が激化する前と後で中身はそれほど違ったものではなかった。宮古のような貧しい島では戦前から甘藷を主食とし、島で取れる魚や野菜で毎日を送っていて、豚肉などは元日などの「ハレの日」に僅かに口にするだけだったから、戦争で孤絶しても食事の内容が大きく変化することはなかった。さすがに量の上では以前に較べてかなり少なくなり、たえず腹を空かせていた記憶は残っている。

食糧といえば近所に宮古上布の工場があって陸軍の糧秣が保管されてあった。夜半そこに朝鮮人軍属が忍び込んで玄米を生のまま口にしておなかを壊したり、忍び込んだところを見つかって酷く殴られる様子を眼にすることもあった。工場の周辺には、消化できないまま排出された玄米を含んだ糞が、幾箇所にも垂れ流されていた。今思うとその背後には食事だけではなく差別問題など朝鮮人をめぐる深刻なドラマが展開されていたに違いないが、それらは全く理解の外にあった。(前掲書、二四八頁)

ここでも「食事」について言及されていることは重要なことである。なぜなら、戦争の記憶を沖縄の基地問題をはじめとする現状にひきつけ、それを思想的課題として叙述するさい、身体に関わる些事、とりわけ食べることそして排泄することに関して語られることは極めて稀であり、この視点をまってはじめて身体政治が思考されうることになるからである。この身体政治は、たとえば主権や国家あるいは民族といった政治モデルによる領域化を不全とする潜勢力をもち、身体という新たな領域における生の条件を問い直すことを可能とする。そして、集団的に忘却されてしまいそうになる者たちの生の時間の身体化を通じて、歴史化されてこなかった記憶を具体化(em-body)する。

そして、この具体化のなかで、戦争が人に強いた無数の暴力を身体が受けとめ、そして受けとめ損ねた痕跡が消化されえなかった玄米の滓となって、歴史の空白のなかから岡本を見ている。この残余を見てこの残余に見られるとき、人は、死者と生者、敵と味方、男と女、大人と子供、自国民と他民族、時として人間と動物という対抗的領域化の条件を見失い、それらが共に在る地平を予見するのではないか。さらにいえば、自らを外在化し他者の生に触れられうる契機として体外化され排泄されたもの(excretion)が岡本その人を見ているというような構図の現れをして、岡本自身が自己という枠組みからの脱自(extase)を強いられているのではないか。

この点を踏まえて、岡本の言葉とともに思考されるべきは、感受という形で他者の身体そして心に開かれてしまう私(たち)というものが生起し、この生起した私(たち)が、他者が生きた痕跡をその心身において受けとめてしまうことによって、私の心身の枠組みの再組織化を余儀なくされるという地平であるだろう。その地平は、「私」というものの意図や意識を超えて新たな「私」が創出される地平といってもよい。ときに暴力的ですらあるこの地平において、排出できない他者の痕跡が、自分の心身のなかで自分自身とよそよそしい接触を果たしはじめる。つまりは、自分の身体がその内部から自分に触れているとでもいうような、そのような自己との新しい関係へと、他者が生きた痕跡が導くということがありえるということである。

岡本が書いている言葉に不穏なまでの感染力と破壊力が秘められていると感じるのは、そのような自己―他者との境界づけに関する根底的な批評が含まれているからと思われる。とくに、この文章を書いているそのとき、岡本自身が薬剤投与を含めた癌の治療という日常を生きていたことを想起するとき、岡本が書く言葉が岡本その人との関係の練り直しという側面をもっていたかもしれぬということが想起されてくる。薬＝毒を摂取するという営みにおいて生き延びがはかられるとき、自己の心身のなかでどのような抗争と折り合いとが時を刻んでいくかということを思うことと、他者が生きた時間の痕跡を想起してこれを書くという行為が同時になされるとき、岡本の心身において様々な関係の練り直しと更新とが果たされようとしていたのではないかと、そう思われてくるのである。

私たちは、ここで、戦時中宮古島に連行されてきた日本軍軍属の朝鮮人にとっての日常というものを想像し回復することが極めて困難だという、記憶化に関わる条件をあらためて思い起こす必要があるだろう。とりわけ沖縄戦当時の朝鮮人軍属の人々あるいは日本軍従軍慰安婦とされた人々のその身体の様々ないとなみのうちに現れるはずの生の時間を復元し再現することほど困難なことが、ほかにあるだろうか。しかも、この困難を、時間の流れによる自然で必然的なものと考えてしまってはならないだろう。なぜなら、戦時の日常を想起し記録していくという大切な試みにおいて、とくに沖縄における重要な積み重ねのなかで、稀にではあるが戦争と戦後を生きた生存者の身体のいとなみ、そして死者たちのそれが克明に記録され記憶化されることがあるのに比して、朝鮮人軍属あるいは日本軍従軍慰安婦とされた人々のそれは絶望的に少ないという事実があるからである。考えられていいのは、戦争の記憶を身体において問うという構えのなかで、記憶の人種化あるいは記憶の民族化という局面のなか、感性そして情動のレベルにおける不均等な配分があるかもしれないということである。そして岡本における想起が、まさにこの配分の秩序そのものを瓦解させる契機を含んでいるということであり、加えて重要なのが、戦争の記憶を身体において再把握する試みのなか、他者の生の痕跡の体内化という課題が、岡本の言葉において示唆されているということである。

3 体内化

先の朝鮮人軍属に関わる記憶からの連想という流れにおいて、同じエッセイのなかで、岡本は、次のような別の記憶、というより記憶のなかを生き続ける他者の身体の痕跡を引き寄せている。

もう一つ、戦争の記憶よりも身に沁みる痛みを伴って記憶するものに、戦後復員した兄が戦争中に罹患した結核で数年も経たずに死亡したことがある。中国大陸を転戦した兄は敗戦によって生き延びて帰郷したものの、その身体は酷く痛めつけられていた。戦後の混乱の中にあって碌な食べ物もなく、特効薬も手に入らなかったから日に日に衰え苦しんでいるのを見守るだけであった。その頃の記憶として鮮明に残っているのに、毎朝薄暗い中を、兄に栄養をつけるために屠殺場から豚の生血を購って、それが固まらないように走って持ち帰り、飲ませるということがあった。そのように病に効くとなれば何でも試みたがしかし全ては空しかった。

今でもやせ衰えた身を横たえて、大きな眼でじっと表を見つめていた兄の様子を思い起こすことがあるが、そんなとき「戦争」を「戦闘状態」と捉えることの無意味であること、むしろその後に多くの悲劇があったことを思い起こす。そして戦争とは何時から何時までをさすのか、戦争の犠牲者とはどの範囲でいうべきなのか、改めて考えさせられるのである。（前掲書、二四九―二五〇頁）

朝鮮人軍属にとって呑み込んだ玄米がそうであったように、岡本の兄が岡本その人の手によって自らの身体に届けられた豚の生血を十全に消化できたかできなかったのか知ることは難しいが、少なくとも、この二つの身体をつなぐ連想あるいは想起を書く行為において、岡本その人は一連の出来事を消化しつくすことに失敗し、そして消化することに抗っているように思える。つまり、戦争のただなかで戦死者として数えられることなく死んでいった者たちを、自我の領域のどこに取り込み住まわせたらよいのかを知ることが困難という喪の宙吊りのような局面を、自らの身体に記憶として到来した他者の生の痕跡との遭遇という出来事において書いているのが岡本であると思えるのである。

朝鮮人軍属が垂れ流す糞のなか消化されないまま残存していた玄米に関わる記憶と、そして病をえて中国戦線から帰郷した兄が末期の床において開いていた「大きな眼」の想起とをつなぐ文章のなか、岡本は次のような言葉を記していた。「意味のわからぬままに肉体化される事によって、その後の生き方が無意識のうちに規制されることが多いに違いない」（前掲書、二四九頁）。

この言葉のなかに、私たちは、いかなる承認をも受けることなく引き伸ばされた戦争を生きて死んでいく者たちを、身体という戦場において再記憶化する試みを読み取っていく必要があるのではないか。岡本が示唆するこの試みにおいて、戦場を生きつづけるのは、「忍び込んで玄米を生のまま口にしておなかを壊したり、忍び込んだところを見つかって酷く殴られ」ていた朝鮮人軍属、そして「やせ衰えた身を横たえて、大きな眼でじっと表を見つめていた兄」だけではない。むしろ、その生の痕跡を六〇年近くの時を隔てて想起し今に呼び返しこの時間を体内化し自らの心身において反復再起させている岡本においてこそ、戦争は、自らの身体という戦場において生き直されているというべきだろう。

このとき身体は、自己という枠を到来する記憶において超えつつ、個々の身体を乗り継いでおり、この中継によって自己と他者をめぐる境界を書き換えている。とくに岡本が書く「食」という契機は、消化されないまま他者の生の痕跡が滞留する「体内化」(ジャック・デリダ「《Fors》」、ニコラ・アブラハム、マリア・トローク『狼男の言語標本──埋葬語法の精神分析』港道隆／森茂起／前田悠希／宮川貴美子訳、法政大学出版局、二〇〇六年)を示唆してもいるだろう。

生者は死者の身体の痕跡を呑み込むという形で他者が生きた時間に係留され、そして他者に孕まれていたかもしれぬ記憶に連結されているのであり、このとき、死者は、岡本の言葉を借用するならば「意味のわからぬままに肉体化」され、残存し、肉体と肉体の間で乗り継がれることを通して、今を生きる者を「規制」するものとなる。

ここで岡本が書いている身体たちは、みな、「意味のわからぬままに肉体化」されるモノを呑み込み、そして、呑み込んだモノを消化できずにいる存在者である。酷く殴られると知りながら、陸軍の保管庫に夜半忍び込み、生の玄米を口に押し込む朝鮮人軍属たちを思い出すとは、意味もわからぬまま、今がいつなのかも知ることもできないまま、どことも知れぬ小さな南の島の道端に夜分人目を避け痛む腹を抱えてしゃがみ込んでいる自分を想像することとの別だろうか。岡本の記憶のなかの人の身振りとは、そして、岡本の身振りとは、そのような、体内化の動きとはいえないだろうか。「意味のわからぬままに肉体化され」たモノたちが、私たちの生き方を、大切に「規制」してくれている。ある言葉を厳に慎むことと、ある組織に向かってある言葉を慎むことを自らに禁ずること。踏みとどまること。そうしたありうべき「規制」が体内化において実現される可能性を、岡本の思想は、思い出す身体の働きにおいて開いている。

排泄された糞のなかの玄米が、口に流し込まれる豚の生血が、身体そのものであり、いのちの滓であり、滓としての生であること。その再発見と再記憶化が、けっして消化されえない、消化されてはならない残りモノとなって、今に召還されている。飢餓というのとも少し違う、渇く身体とその残滓がここには在るが、この渇く身体は、歴史のなかで消化されることから身をかわしている。あらゆる「解決」を拒んでいる。

再記憶化されつづける限り戦死者たちは生きる死者となって不断の今に回帰するから、これを消化し尽くすことは不可能となる。岡本は書いている、「戦争とは何時から何時までをさすのか、戦争の犠牲者とはどの範囲でいうべきなのか」と。

おそらくは、小泉政権下での自衛隊イラク派遣にむけた新法制定過程での「戦争状態」の定義をめぐる議論を踏まえつつ書かれている文章となっているが、ここには戦場そして戦時が流動化し、生をめぐる全般のなかにこれらの力が侵入し、私たち自身の日常そのものを規制しつつある現在が批判的に感受され、政治的抗争点として開示されている。しかも、この政治化は、身体に孕まれた他者の生の痕跡の根源的な未消化という契機において歴史化されているのである。

医療の場にしろ、教育の場にしろ、あるいは消費や性や愛といった情動として思考されるような生の領域にしろ、身体を範疇化し、範囲のなかに捉える策動が止むことはおそらく無いが、同時に、身体は、その動きを常に裏切り、範囲から漏れ出る。漏れ出て、誰かの身体のなかに仮に宿る。このいのちの痕跡としての記憶の宿りにおいて、人は、私たち自身が今なお果たしえていない様々な生の共同化の試みの端緒につくことができる。岡本が書くように、人は自分で意味もわからぬうちに肉体化されたものとも知れず共に生き延びるとするならば、自らの生の痕跡もまた私たち自身に知られぬまま誰かの身体において生き延びていくこともありえるのではないか。

このとき、私たちの生き延びは、私たち自身を超えてなお他者の生のなかでこそ約束されているのかもしれない。岡本が、六〇年の時を経て、沖縄戦当時の宮古島で生きていた朝鮮人軍属の生を身体の働きにおいて再記憶し、あるいは、戦争に傷つけられて亡くなっていった兄のその眼にうつっていたであろう風景を想起しているように。岡本の言葉が示唆するのは、他者の生の痕跡を消化し尽くすことに知らず抵抗する身体こそが、生が共に生き延びていく可能性を体現しているという、そのことであると思われるのである。

第6章　水の記憶の断想

二〇一一年七月（『las barcas』1）

1　氾濫のなかで渇く

それが海岸線沿いの街であることを実況中継のテレビ解説者は言い募るのだが、凝視している画面を覆いつくすのは、ただ黙々とあらゆるものを呑み込んでいく水また水であって、不気味な静けさをも感じさせるその奔流は、陸地から海へ向けて粛然としかしあまりに速やかに還っていく様子だった。解説者は、この水はすぐ後に巨大な津波となってまた寄せ返し街を呑み込んでいくことが予測されるので、とにかく遠くへ、遠くへ行けない人はできるだけ高くへ避難するようにと震える声で語っている。震える声が聞こえてくる画面のなか、実際は大きいに違いないトラックが落ち葉か何かのように浮きそして沈みながら、水に揉まれ海へと攫われていくのが見えるし、どこか遠くで鳴り続けているクラクションのような音も聞こえる。奔流のなかから聞こえてくるこのクラクションの音だけが、いま目にしている光景のなかに人がいるということを感じさせてくれる唯一のよすがであったが、その音がいつ途切れたか、よく思い出せない。

その氾濫を画面に見てしまった翌日のことであったか、あるいは翌々日のことであったか。震災と津波とで潰滅的な災害がもたらされた東北のある岸壁に、二〇〇から三〇〇とみられる遺体が打ち寄せられているというニュースを聞いた。聞いてしまってから、その情景を想像することだけはすまいと思うのだが、ふとした時にその情景が蘇ってくる。むろん、その情景を見たのではないから、その情景が私のなかで蘇ることなどないはずなのに、水に攫われていった人たちが、絶望的なまでに曖昧な「数」となって、水の流れに促されるようにして岸辺に帰ってきたこと、そのことだけは、理解不可能なまま、私のもとに幾度も帰ってくる。

それからほどなくだったと思う。放射性物質の汚染の危機にさらされている首都圏の人々が、買占めで入手困難となったペットボトルの水を求めて、混乱に陥っているというニュースも伝わってきた。そして、こうした状況を創りだした福島第一原発は、水素爆発を起こしたのち、多量の海水の注入で究極的破滅を辛うじて回避しているものの、放射性物質は空に吹き上げられ、そして地下と海とに大量に漏れ出しつづけている。

二〇一一年三月一一日という日を境として、私たちは、やはり取り返しのつかぬ崩壊を、深く澱んだ不安のなかに生きることになったと言えるように思える。そして、この崩壊のなかをただ茫洋と不安なまま生きている私において、確かな感覚として感受されるのは、渇きだけだという気がしてくる。圧倒的な水の氾濫のなかで、渇きだけが確かな感覚であるというのは奇妙なようだが、しかし、皮膚という膜を介して浸透し漏出していく水に由来する渇きだけは、すべてのタガが外れてしまったとみえる社会の瓦解のなかで、ほとんど唯一、「私」が他者あるいは社会との関わりのなかにあることを私に感知させる結節となっているようにさえ思えるのである。心身は深く激しく水を求めているのだが、ほかならぬその心身が水を拒み水に拒まれていて、根源的な渇きを呼び覚ましてしまう。私の生命を基礎づけながら私の統御のもとにない私の身体を満たす水だけが、水への求めにおいて私が他者へと開かれているしかないことを教えている。渇くがゆえに水が求められているというより、水を求めざるをえないがゆえに生は何よりもまず渇きとして感覚されるようにも思えてくる。

震災と津波そして原発の危機のなかで、人は激しく渇き、ペットボトルがコンビニの棚に戻ってきてもなお、人がさらされている渇きはますます深まってはいないか。しかもその渇きは、被災地や福島から遠い沖縄に生きている者をも飲み込んでいる。私たちを満たしていたかに思われていた何かが忽然とどこかへか引いていき、涸れ涸れとして空ろな私たちの渇いた身体が、点在するミクロな被災地として残されてしまったのではないか。

岸壁に群れて漂い集ってきた「二〇〇から三〇〇とみられる遺体」は、そこに一〇〇という根源的に「不明」な何ものかを包み込みながら、私たちの生のもとに回帰しつづけ私たち自身の不明性を呼び覚ます。その何ものかは、その何ものかが生きてきた記憶の不明性を携えて、復興へと直走ろうとする流れとはまったく異なる流れを私たちの心身において創出し、水が水を呼ぶように、渇ききった私たちのもとに人との不測の遭遇をもたらす。

2 身体の水

震災が起こるほんの数日前、たまたま東京にいた私は、気になっていたアピチャッポン・ウィーラセタクン監督の映画『ブンミおじさんの森』を見ながら、どうしたことか眠気に襲われていたのは、映画がつまらなかったからなのではまったくない。むしろその映画があまりに親しく懐かしく、こんなに懐かしくてよいのだろうかという引っかかりを覚えつつも、心身がときほぐされていくのに逆らえなかったというのが実情であるらしかった。ただ、そうした陶然とした時間にあって、主人公のブンミおじさんが、腎臓の病のきわにあって「家族」(というには奇妙な繋がりのなかにある人あるいは獣たち)にともなわれ森の奥の広い洞窟に横たわっている姿が、異様に生々しいモノとなって現れてきて、眠気を払ってくれたのだった。死に際にあるブンミおじさんの姿がなぜ生々しく感じられたかといえば、理由はただひとつ。横たえられて動くことを止めたブンミおじさんの身体から水が滔滔と流れ出て筋をなし、スクリーン上に確かな斜線を引いていく運動に打ちのめされたからにほかならない。体液と見えるその水の流れは、死んでいくブンミおじさんから私のほうへ届きかねないほどの豊かさを湛えていて、それが私に追いつき私を呑み込んでいくような恐れを惹起したのではなかったかと、今にして思う。あるいは、私自身の身体もまた、あのように水を湛えつつ水を流し涸れていく媒体にほかならぬというごく当たり前の事実に向き合うことに、いいしれぬおののきを感じていたというほうが実情に近いかもしれない。ブンミおじさんの身体から流れ出る水は、その流れのなかに様々な記憶を呑み込みながら、まったく奇妙な遭遇と接触を生成させていく媒体となっている、そのことが静かな衝迫を私のなかで引き起こしていることは確かなようであった。

そして、そうしたブンミおじさんの身体に重ねて、私は、もう一人の老いた男のことを思い返していた。あるいは、連想から引き寄せられたその男の生のありようを通して、ブンミおじさんの生そしてその生に関わる人々の生が何ものかへと不断に変態化していくありようが、やはり水への求めと渇きに関わる記憶の運動を示唆する大切な契機として感覚しなおされてきたというほうがより精確かもしれない。

「徳正《とくしょう》」という名をもって小説のなかを生きているその男も、ただただ横臥し、「冬瓜《すぶい》」のように膨れ上がったみずからの足の先から水滴をたらしていた。しかし、その男が、ブンミおじさんと少し違うのは、端から見ると死に瀕していて意識を失っていると見えるこの男が、眠ることさえできず意識は冴え渡るばかりで、ただみずからの動かぬ身体のなかに監禁されているという点である。そして、もう一点、ブンミおじさんとこの男がほんの少しだけ異なるのは（あるいは異なるように見えるのは）、この男の身体から流れ出る水滴を求め、激しい渇きを癒すために、かつて沖縄戦の戦場を共に彷徨《さまよ》い死んでいった日本兵たちが夜な夜な現れて、足の指先に吸い付き、その先から零れる水を飲んでいくということである。そして、この無残な交接のなかで、徳正は、戦場で水を奪い飲み干してしまったがために渇きのなかで死んでいった親友の「石嶺」と五〇年ぶりの再会を果たしている。

徳正の足をいたわるように掌で足首を包み、石嶺は一心に水を飲んでいる。涼しい風が部屋に吹き込む。窓の外に海の彼方から生まれる光の気配がある。いつもなら、とっくに姿を消している時刻だった。はだけた寝間着の間から酒でぶよぶよになった腹が見える。臍《へそ》のまわりだけ毛の生えたその生白い腹と、冬瓜《すぶい》のように腫れた左足の醜さ。自分がこれから急速に老いていくのが分かった。ベッドに寝たまま、五十年余ごまかしてきた記憶と死ぬまで向かい合い続けねばならないことが恐かった。

「イシミネよ、赦してとらせ……」

土気色だった石嶺の顔に赤みが差し、唇にも艶が戻っている。怯えや自己嫌悪のなかでも茎は立ち、傷口をくじる舌の感触に徳正は小さな声を漏らして精を放った。

唇が離れた。人差し指で軽く口を拭い、立ち上がった石嶺は、十七歳のままだった。正面から見つめる睫の長い目にも、肉の薄い頬にも、朱色の唇にも微笑みが浮かんでいる。ふいに怒りが湧いた。

「この五十年の哀れ、お前が分かるか」

石嶺は笑みを浮かべて徳正を見つめるだけだった。起き上がろうともがく徳正に、石嶺は小さくうなずいた。

「ありがとう。やっと渇きがとれたよ」

きれいな標準語でそう言うと、石嶺は笑みを抑えて敬礼し、深々と頭を下げた。壁に消えるまで、石嶺は二度と徳正を見ようとはしなかった。薄汚れた壁にヤモリが這ってきて虫を捕らえた。

明け方の村に、徳正の号泣が響いた。


（目取真俊『水滴』文藝春秋、一九九七年、四三―四四頁）

幽霊となってようやく再会することのできた少年のままの石嶺の渇きは、ほかならぬ徳正の身体から吸い取られる水によって癒され、その刹那、徳正は「精を放った」。このとき、足先から零れ落ちる水は、徳正の身体を巡っていた別の水を引き寄せ、戦争の記憶の底に流れながら言葉とされてはならなかったはずのある欲望の水脈に寄り添う深い渇きを暴露するだろう。加えてここで重要なのは、小説『水滴』のなかを生きる徳正が、渇きが癒されるという事態にこそ抗うように、癒されようもなくただ石嶺の戦死の後に生き残り、聞き手の聞きたい物語を察してみずから語る戦争証言のなかに癒しを折り込みつつ、決して語ることのできない記憶の回帰にさらされてきたみずからの生の渇きをもって、渇きを癒して消え去って逝こうとする石嶺に、不意に湧き起こってきた怒りをぶつけ、そしてかけがえのない亡霊に呼びかけていることである。——「この五十年の哀れ、お前が分かるか」——。

渇きのなか死んでいった少年の石嶺は五〇年を経て、徳正のもとに徳正の身体が滴らす水を求めて帰ってきて、そして「一心に水を飲んだ」後、紅潮した頬のもとに開く「朱色」にぬめる唇をついて「ありがとう。やっと渇きがとれたよ」と「きれいな標準語」で老いさらばえた徳正に礼を言い、永遠に徳正のもとから消え去っていくだろう。なるほど石嶺の渇きは癒されたのかもしれない。だが、徳正はどうだろうか。石嶺との再会を果たし、そしてあまりなまでに不条理な交わりのなかで石嶺にみずからの身体から出る水を差し出すことのできた徳正は、このたち、どのような耐え難い渇きのなかを老い老いてなお生きていくことができるだろうか。徳正に残されたのは、記憶というにはあまりに生々しく身体において現在化されていく痛ましい快楽をもたらした触れ合いと、その触れ合いを介して行き交わされた水への求めなのであって、この決して充足されることのない求めのなかで、徳正はただただ渇きに囚われるしかないのではないか。

水の行き交いのなかで、水は人と人とを結びつけるだけではない。むしろ、水は、人と人との間にある埋めがたい断絶をこそ、その人と人との繋がりのなかで露わとしてしまう。水によって生き残った者と、水によって死んでいった者との埋めがたい距離を、ほかならぬ水が私たちの生のなかにまるで傷痕のように刻印し、言語化困難な記憶の闇のなかに私たちを拉致していく。生と死を隔てる水の記憶のなかで、私たちは、死者と共に生きてきた時間が今に折り返されていく自身の変容と、これから共に死者と生きていく私自身の生との予測不可能な交差を遂げてしまうのである。私たちの身体を流れる水が、私たち自身にとっての私たち自身が、不気味な他者であることを知らしめるだろう。

水は何ものをも流さない。水は、流れの無限の変容において、身体を包み身体に包み込まれながら、人と人との間を絶えることなく行き交う。この交わりのなかで、人は人とまったく予期できなかった遭遇を果たし、再会し、別れ、そして、人はそれぞれの「私」の変容の痛みのなかに拉致され、別のみずからの生に不意に遭遇してしまうのかもしれない。

3 水の器

なぜこうも、水は、人をして、かくも執拗に人への求めへと追い立てるのか。そして追い立てられた人は、水という媒介を介して、かくも奇妙な変容を遂げ、変態化していき、みずからを脱ぎ去っていこうとするのか。

そうした思いに囚われてしまったのは、二〇一一年四月二八日にイトー・ターリのパフォーマンス

『ひとつの応答――ペ・ポンギさんと数えきれない女たち』(南風原文化センター)を、そしてその翌日と翌々日の二九日と三〇日に川口隆夫のパフォーマンス『a perfect life』(那覇・Espace Creation de Uehara)に続けて接し、そこにあまりに偶然に、激しい渇きにさらされた者が水を求めながら水を弾き出してしまう、そのような身体の重なりに遭遇してしまったがゆえであった。

零れ落ちて溜りとなるか細い水の流れのなかに、歴史のなかで抹消されていこうとする人間の身体で生起され続ける戦争の記憶を手繰り寄せ、癒しがたい渇きのなかでこそ人が人を求め、人に求められてきた時間を、その取り戻しの困難ななかで出来事としていくのが、イトー・ターリのパフォーマンス『ひとつの応答』であり、そして川口隆夫のパフォーマンス『a perfect life』であった、と、そう感じられる。

テーブルに並べられたビール瓶の群れのなかに混在していた不思議な飴色をした瓶がぐにゃりと崩れ、そこから水が流れ落ちはじめたとき、瓶と見えていたその器が、使い古され伸びきってしまったコンドームであることに気づくのに時間はかからなかった。戦中、朝鮮から沖縄に連れてこられて戦中を「慰安婦」として生き、そして戦後の米軍占領下の沖縄を、米兵相手そして沖縄の人間相手の「水商売」のなかで生きたペ・ポンギさんの痛みの生に寄り添うようにして、ペ・ポンギさんのルポルタージュである川田文子『赤瓦の家――朝鮮から来た従軍慰安婦』のなかの言葉が読み上げられ声とされていく。そして、その声そのものに打ち据えられるようにして身体は捻じ曲げられ、震え、陵辱されてきた女たちの身体に加えられた暴力が繰り返し再現されていこうとする。

強迫的ですらあるその反復は、常に暴力にさらされてきた女たちの分身をそこに生成させないではおかないのだが、この分身化は、レイプの事件記録を読み上げる言葉の反復のなかの微妙な言葉のズレのなかで露わとされていく。パフォーマンス全体を通じて、「戦後」沖縄で生起してきた、数え切れぬほどのレイプ事件の記録が書き記された紙テープによって、会場のそこここが貼りとめられ、そして女たちの下着の一枚一枚が床に貼り付けられていく。そのとき、ふと、ひとつの事件の記録を読み上げていく言葉のなかに、変調がおこる。「○年○月○日、○歳の女性が、米兵三人に連れ去られて暴行される」……「○年○月○日、○歳の女性が、米兵三人を連れ出し、暴行する」……「○年○月○日、○歳の女性が、三人の女性に連れ出されて暴行される」……。おそらくここには、いまだかつて声に出されたことのない秘密、つまり「○年○月○日、私が三人の私に連れ出されて暴行される」という言葉までもが潜んでいるのであって、暴力を体内化してしまった私(たち)自身によるレイプの可能性を示唆してしまう時間が生まれる。

このときレイプによって引き裂かれ分身となって現れる身体たちは、イトー・ターリというアーティストが創り出した別の身体というより、イトー・ターリその人の身体を引き裂きながら、イトー・ターリその人のもとに帰ってきた他者の記憶の現れなのであって、その他者の記憶こそがイトー・ターリその人を不断の変容へと差し向けていくように思われる。そして私たちは、この他者の記憶の現れにおいてやはり水が求められ、歴史から遠ざけられてきた記憶の生き延びていく回路を水こそが生成していくことに注意深くあらねばならないだろう。ペ・ポンギさんの身体に注がれ、ペ・ポンギさんを苦しめ続けたであろう幾多の「水」の荒ぶる力は、このとき、滴りとなって歴史の枠の隙間から漏れ出て、レイプされてきた女たちの身体を今に呼び返し、その傷の癒しがたさをこそ私たちに刻印していく。

イトー・ターリのパフォーマンス『ひとつの応答』において、身体は、常に深い渇きとおののきのなかにあるが、その身体が負ってしまった傷の深さを知らしめるのが、先に述べた瓶と見えたコンドームに息を吹き込もうともがく身体に叩き返される水の力である。深く激しく渇いていると見える身体は、ほかならぬその渇きの深さゆえに、水を受け容れることができず、水を弾き水に弾かれてしまう。そして、この弾かれた水こそが、痛みに貫かれた身体の、深く激しい渇きの記憶の器となり、その言語化困難な記憶を今という時間に折り返していくのである。水だけが、歴史に抗いつつ歴史の影に身を潜める者の記憶の断片を引き寄せるのだ。

そして『a perfect life』——。その人もまた、水が引き寄せる記憶の回帰にさらされ、そして蘇ってきた記憶のなかを生きる懐かしい人を抱き、傷を生きる自身の身体を抱き、身体そのものを水の記憶の器としていった。川口隆夫のパフォーマンス『a perfect life』は、みずからの記憶をたぐり寄せてこれを生き直そうとする試みとなっているのだが、この生き直しという試みが垣間見せてしまうのは、懐かしい自分ではなく、他者のようによそよそしく時に不条理な暴力を携えてみずからの記憶のなかに現れてくる、どこまでも遠く自分から遠のいていこうとする別の自分である。

港に近い路地裏の雑居ビルの、通りに面したギャラリー・スペースに入るやいなや、ともかくもまず、その空間にうずたかく積み上げられた紙片の森に目を奪われてしまう。涸れ涸れとした情景のなか、よれたジャケットに包まれたひろやかな背と美しい首とに支えられた細い顔を俯けながら、一人の男が長い短冊を作るように新聞を切り裂いている。震災と原発危機ののち沖縄で報じられてきた大量の情報が、引き裂かれた新聞紙の森のなか切れ切れの文字となって見え隠れするのだが、この文字の渦に溺れかけているかに見えたその人は、紙片の森を這いめぐり、奥の壁に投射された、自転車で沖縄を走りつづける自身が映された画像と音そして変幻する光と共振しつつ、自身の日常を言葉としていく。このとき言葉は、情報化にこそ抗い、身体に訪れるおののきをまさぐる。

身体をなぞるようにしてうごめき、時に跳ね上がる紙片が、その人の息づかいを伝えるのだが、その息づかいはやがて、誰かを殺めたかもしれぬという茫漠とした記憶に苛まれる夢と、その夢のなかで気づけたはずの決定的な何かをほかならぬその夢の中で忘れてしまった事実におののく声へと変成していく。そして、その声によって、いくつもの記憶が折り重ねられ、そして、その人の、病に臥すみずからの「おばちゃん」への呼びかけが試みられていくのである。

はじめ、その人が、紙片を掻き集めはじめたとき、そこには紙片以外の何かがあるのではなかったし、誰かがいるのでもなかった。しかし、掻き集められた紙片に水が注がれ、それらが丹念に寄せ集められ練り上げられていくうちに、そこに、人が現れはじめるのである。いや、より正確に言うならば、その掻き集められたあまりに脆い塊に、その人が「おばちゃん、痛くないかね?」と呼びかけはじめたとき、そこに、ぼろぼろに凋れ果てながらなお生の終わりを生きようとし、その人のささやきに答えるようにその身をぎこちなくよじる「おばちゃん」が現れるのであった。おばちゃんの少し乱れた髪を丁寧になでつけながら節々の痛みを気遣うその人の言葉に、病み衰えた彼女は無言のまま微かに頷いて、むしろその人を気遣っている。その人は今にも崩れ落ちそうな「おばちゃん」を丁寧にサマー・ベッドに横たえると、紙の森を上って裏に控える山なみを仰げるところまでサマー・ベッドに包まれたまま彼女を抱き抱えて連れ出し、景色の広がりが見えるようにその身を翻しながら、彼女との記憶を慈しむように束の間のダンスを試みるのだった。

だが、この交感のなかで、二人は、衰弱と疲労を隠すことができず、それゆえに水が切に求められることになる。おばちゃんをベッドに横たえた一時をとらえ、その人はそここに置かれたボールに溜められて空間を潤しているかに見えた水を瓶にくみ上げ、それを文字通り喉をかき鳴らしながら呑み込もうとするのだが、疲労し激しく渇いた身体は、その水を弾き出してしまう。ここでもまた、深い求めのなかで、水は、容易には癒しをもたらしはしない。むしろ、水への求めが手繰り寄せてしまうのは、その人の心身において傷とならないではおかなかった水に関わる記憶であり、水への求めのなかで水において拒まれたその人の生＝性の傷ついた痕跡である。その人の声が、どこからかその人に届き、私たちにも届いてくる。

パフォーマンスは、唐突にひとつの光景を私たちのもとに届ける。ベルリンの公園でペットボトルの水を求めてきたホームレスの男が水を飲もうとしてボトルに口を寄せる手前で動きをとめてその人に向けて怪訝そうに語った「あれ」という言葉の切っ先。「あれって?」――「あれって……、エイズだよ」。――「ああそうさ、僕はエイズだよ」――。

免疫システムがみずからの身体を異物と認識してみずからの身体を攻撃しはじめるとき、人は、その体を満たす水が、みずからの身体の基盤でありながら同時にみずからの身体への侵入者を身体のすみずみへと運ぶ痛みの器、あるいは身体に折り込まれた破壊的にして変転しつづける他者の力として感じられるということがあるのではないか。こうして、エイズ／ＨＩＶ感染を生きる者の切実な生が、やはり水の行き交いを通して呼び招かれるとき、水は、痛みと求めの記憶の器以外ではない。

そして、この言葉の行き交いと記憶の回帰にさらされているその人を、後ろで横たわっている「おばちゃん」が最期の時のなかで見守っている。ベッドに横たえられるそのとき、その人から小さな管を通して水が紙片のなかに眠る彼女の身体に送り届けられるのだが、水を注入されていく彼女は、かえって静かに縮み崩れていく。水の湛えのなかで渇いていく身体がここにもまた現れ、水を求め水に弾かれながら、なお渇きのなかを生きて死んでいく彼女が現れ、彼女の体を通っていった水は滴り落ちてその人を浸し、私たちのもとに届き、他者の記憶が生き延びていく水脈を私たちの身体のなかに通す。

この水脈は、癒しであるよりは痛みであり、この痛みは、他者を恐れつつ他者を求め他者に求められることを深く激しく欲望しないでは生きられない私たちの渇きである。この渇きのなかでこそ、人は、人を求める。なぜなら、人こそが、私たちが深く求めつつそこに到ることのできない水の湛えであるかもしれないのだから。

たとえば私を浸し、ひととき私という渇きを潤してくれるかもしれぬあの人が、水でなくてなんだろうか。私が求めているのは、あの人の身体に湛えられあの人から漏れでていく水以外ではないのかもしれず、そんな求めが逃げ水を追うような徒労に終わるしかないと気づいたとしても、それは無駄なこと。人は、零れ落ち、離れて溜りとなった水が互いを引き寄せ互いを呑み込むように、互いへの求めのなかで互いを掻き寄せ、汚し、傷つけ、触れあう。しかし、そうであるがゆえに、深い渇きのただなかで人はかりそめの水となり、浸しあい弾きあう引き裂かれのなかで、記憶のなかで他者と遭遇しみずからの生＝性の変容の時を迎えることができるのではないか。
この痛ましく、けれど交歓に満ちた生＝性を無防備なままに抱き寄せる川口隆夫の『a perfect life』は、渇きにさらされ不安のなかに追い込まれつつある私たちの生を、雑居ビルの白塗りの閑寂とした空間に現出させ、身体という仮寓を介して、癒しがたい渇きのなかでこそ人が人を求め、人に求められて生きてきた記憶を、密やかに浸しあう水の流れのなかに放ち得るのだった。

私たちは、何事をもそして何者をも、水に流すことはできない。あるいは、流す、という行為の主体であることを誰にも許すことのないものが水なのだ、と、そう言うべきかもしれない。水の流れが流れとして感覚されるのは、その流れが私たちの統御のもとにない変容の運動そのものであって、その流れを我有化することが絶対に不可能であるという事実の前に、私たちが既に服従しているからであるに違いない。そして、この服従のもと、水の流れに促されて帰ってくる記憶のなかで、人は自分を含めた他者と遭遇してしまうだろう。この遭遇という出来事の到来を迎えるべく、水は、不穏な翳りを帯びた記憶とともに、私たちのもとに、常に回帰してくる。

第7章　喪失を取り戻すために

二〇一二年一〇月（『las barcas』2）

1　自殺していく風景

風景が自殺していく。

息をひそめているのにちがいないと見えていたのは錯覚であった。草木は息を止め、街角に身を潜めていると思われていた人々は、もうどこにもいない。在ること自体に耐えられなくなったものたちの消滅の場所が、いま「風景」となる。

そうした私の思いが、私自身の不安や鬱屈を、私をとりまく風景に投影した妄想にすぎないということは知っているつもりである。だが、それが妄想にすぎぬとみずからに言い聞かせ、いまいちど風景に目を凝らして見えてくるものといえば、やはり、壮麗な建築物の下に嵌め殺されてしまった風景の残骸でしかない。こうしたとき、私自身において感受されるのは、みずからが生きていく場所そのものの喪失に苛まれた風景が、無音の悲鳴をあげながらみずからの命を絶っていくような、そのような不在の風景が放つ濃厚な気配だけである。この感覚が妄想にすぎぬとしても、この妄想のリアルさだけはいよいよ確かな質感を湛えていくばかりであって、衰滅していく気配は微塵もない。つまり消え去り自殺していく風景は、聳え立つ現実の都市が現実感を喪失していくただなかに異様なほど色濃くその影を曳き、そして瞬時に消えていくと、そう感じられるのである。

風景を見る感性の枠組みそのものが、風景を表象する諸メディアの制度的な成立において「発見」されたといった、たとえば柄谷行人によって展開された指摘(『日本近代文学の起源』)について、私自身は今なお説得されているし、さしたる異論はない。しかし、それでもなお、風景にはそれを生きた人々の生の歴史が隠されつつなお在って、近代を成立させる「まなざし」から逃れうる、記憶の場の生成という働きがあったことを信じたいと願っているのも確かである。都市においてはなおさらのこと、人と人とが交差し別れ闘い安らい落ち合う時間と空間によって織り成される場こそが風景であり、潜在的にいえば常に革命へ向かう動きが準備されているような歴史的な層を、敷石やアスファルトの下に隠匿しつつ成りたっていたはずだ。風景には、常に、折り重なる生が息づく影があったのではないか。

その意味において、一人の人の生が終わりを迎えるとき、風景は、たんに一人の人の姿形を喪うというだけでなく、その人に連なる膨大な何かを喪失するという出来事性を孕んでいたということになるだろう。だからこそ、風景には、常に何ほどか喪の時間が貼りついている。たとえば、通りの名前や埋もれつつある石や朽ちつつある建物の落書きは、喪が生きられていることの何よりの証左であって、人はそうした風景の喪を通して、みずからが喪失した誰かとその風景を生きた時間あるいは生きられてよかったはずの時間を、取り返しがつかぬという確かな思いを持ちながら繰り返し生き返してきたはずである。あの人が、この風景のなかを生きた時間が今なお生きていることを、風景そのものが私(たち)に教えてくれた。あるいは、これから死んでいく自分がこうして風景のなかを生きたという秘密を、それを秘密のままに保護しみずからのうちにしまいこんでくれるのが、ほかならぬ風景であると信じようとしてきたのが私たちであるように思える。

ところが、今、喪失の喪失というべき事態が風景のただなかに現れてきている。喪われた人やものたちが、それらが生きた時間ごと喪われるとき、風景はもはや風景という場であることをやめ、賑やかな装いのなかで、ほとんど忽然とみずから死に絶えていく。

そのことをして、私は、風景の自殺と呼んでみる。しかし、自殺とは、いったいなんであろうか。自殺において、自殺する主体は、みずからを処すためにみずからを客体としなければならないが、この客体は、みずからを死に至らしめるだけの十分な体力と気力がみずからのなかに充実していなければならない。しかも同時に、このみずからは、着実にそしてできるだけ速やかにこの充実した命を絶たねばならないはずである。このとき、自殺は、みずからが十全に行為の主体「である」ことから離脱するのでなければ自殺の客体とはなりえず、それゆえ、自殺がその身において完遂される客体「である」ためには、みずからが客体になろうとするその瞬間にみずからを見失っているのでなければならない。

この背理において、風景が自殺するとは、風景が孕み持つ根源的な分裂あるいは二重化を意味するのであり、この分裂あるいは二重化は、可能でありながら絶対的に不可能のうちに止まる自殺において、みずからの生に絶望して死んでいこうとするその刹那、みずからが生きている地平を、死にゆく風景が無言のまま開示することを意味する。

そして、この自殺していこうとする風景のなかに、生きながら死に急ぎ、死に急ぎながらなお生にとどまろうとしてもがく私たちの生が二重化のなかに現れる。自殺は、自殺に抗い、みずからに死を強いるものの力の暴露を通じて、自殺が他殺にほかならぬことを告げる。

2 喪失を喪失すること

ここに一枚の写真がある（左頁）。私には、馴染みぶかいはずの那覇市安里《あさと》。ある日ある時刻のある瞬間。たしかに、その瞬間がここには写し撮られている。だが、その一瞬を湛えていたあの風景は、いつ消えたのであったか。いまそこに在るのは巨大なマンションであって、長いスロープを描くピカピカの道路に囲まれて建つショッピングモールが、氾濫を繰り返していた川を抑え込むかのように聳え、まばらに群れる人たちを収監する空間を統率している。

老舗の家具屋を曖昧な中心として、その周りには茫洋と広がる駐車場やゲーム喫茶店や何を商っているのかよくわからない小屋などがあった。ドブ川にはいつでもゴミや銀鱗が淀みつつ流れ、腐臭を漂わせ揺らめいていた。とくに懐かしいわけでもないそうした風景が、治水工事によってその相貌を剝ぎ取られはじめたのがいつのことだったか、すでに定かでない。風景が喪われたあととなってしまうと、そこに何があったかを思い出すことさえ難しい。ただ、その一角を、一人の女性が、膨らんだビニール袋を手に提げて工事の喧騒のなか渡り過ぎようとする一瞬があったことを、一枚の写真だけが今と未来に向けて証言しているだけである。このとき、写真は、那覇という都市に関わる記憶の一片を残し、この写真を見る私たちは、そこに消え去ってしまった安里という街の記憶を確かめ懐かしむことができるというべきだろうか。あるいは、このどこまでも切なく痛い写真が伝えてくれるのは、喪われた過去への

鷹野隆大「カスババ」より，“091125k2”（2009年，原画はカラー）

ノスタルジーというべきなのか。

おそらくは、そうではない。この写真に写っているのは、というより、この写真に写されたものたちにさらされているのは、この風景の崩壊を崩壊として生きることのできなかった私（たち）の現在というべきではないか。ここには、「かつてそこにあった」ものへの喪に還元できない現在の惨状が折り重ねられている。むろん、その現在は、この写真のどこにも写っていない。むしろ、この写真は、私たちがいま佇みつつそれと意識化できないでいる崩壊に浸された現在を未来として開示しているのであって、かつて存在していたはずのこの風景は、喪失されたことを喪失し、この風景とともに未来へ遺棄されている私たちの到達不可能な過去＝遺影を、生の剝奪の予兆として在らしめているというべきだろう。喪失と、喪失を喪失すること。その二つの出来事が、同時に二つながらにして共にこの写真のなかで起きている。これを沖縄の写真と呼ぶことが許されているのか或いは禁じられているか、それを知る者を私は知らないが、しかし、沖縄であることを何一つ明示することのないこの写真が、誰も見ようとしなかった風景の自殺を見取り、ひっそりと息を止めていく沖縄の、先取られた一瞬を盗みとって開示しているのは確かなことのように思える。ここには、喪失を喪失していく沖縄の身体がある。

都市が写真に撮られる際に、そこに何ほどか犯罪(写真)の徴候がとどめられることを指摘したのはベンヤミンであった。ベンヤミンはアジェが残した人影が全くない膨大なパリの写真に触れてこう書き記していた。「アジェの写真が犯行現場のそれに比せられたのは故なきことではない。だが、私たちの住む都市のどの一角も犯行現場なのではないか。都市のなかの通行人はみな犯人なのではないか」(ヴァルター・ベンヤミン『図説 写真小史』久保哲司編訳、ちくま学芸文庫、五四頁)。とするならば、鷹野隆大の写真が撮った犯行現場において行われている犯罪は、いかなる動機と凶器そして犯意において、誰が誰にあるいは何に対して発動するそれなのだろうか。

この問いが始動するとき、写真は、日常の川底の深くに沈められてきた犯罪をふいに水面へと浮き上がらせてしまう。風景ががれきとなって崩壊していくさなか、その悲鳴を掻き消すように人はみずからが生きる場所を資本に、行政に、そして私たち自身に、売り渡しそして転がしてきた。資本のなかを転がり続けていく風景から奪われるのは、生の歴史にほかならない。なぜなら、そこでは生の時間が奪われ、あらゆるものが資本に転化されていくからである。私たちは、私たちの時間を売り、私たちが共に生きていく場所を手放した。本来的に私たちのものであるはずのない土地を、囲い込み、開発し、投機し、そしてそこを生きる私たちを売った。その先取られた収奪によって切り刻まれた風景は、ただ喪失が喪われているというそのことを、見られることなくさらすよりほか為すすべがない。しかし、この写真以外の何が、この抹殺を、喪失の喪失を、光の粒子が影印されるその一瞬において形に留めえたか。崩壊あるいは被災を撮り収めてしまったこの写真は、永遠に喪われた一瞬のなかに風景の自殺をとらえ、自殺という名の他殺を来たるべき記憶として私たちの未来に送り返し、喪失された風景を奪われた未来へとずらし重ねながら、二重化された喪失、つまり、喪失の喪失を生きている私たちを、私たちのもとに送り返す。風景が風景を殺し、風景が風景に殺されていく、その分離の一瞬において、ようやく喪失は喪失として出現するのかもしれない。

3　喪失を手繰りよせる

それにしても、喪失は、なぜ分離のなかでそのプロセスを現そうとするのか。おそらくは、分離こそが、共に在るという私たちの生の条件を基礎づけるからであろうが、そのとき分離は、私たちが、ほかならぬ分離と隔たりにおいて別の誰かと接していることを明らかにする。喪失が喪失されるとき、そのとき喪失されるのは、死んでいく一つの存在であるのではない。そもそも、喪失が1のなかに完結されるのであるなら、喪失は誰によっても体験されえることがない。なぜなら、喪失は、私たちが共に何かを喪う時間を、私たちの分離と接触において保護するからである。

ここに二枚の写真がある。

仲宗根香織「Unknown」より（2012 年，las barcas 2）

まず、一枚目の写真（上）。そこに写っているのは、どこだろう。と問う前に、いったいここには、何が写っているのかと問うべきかもしれない。まばゆい光を背景にして身を寄せ合いつつ、組んだ脚を両の手で包み込んでいる二人の少女が座っている姿が仄暗く見えるのだが、この二人は影を持たないまま、背景へと遠ざかり消え去っていくようでもある。あるいは、既にして彼女たち自身が、影になってしまったかのようでもある。

仲宗根香織のこの写真は、何をも伝えようとはしていない。撮り手は二人のまなざしの前にさらされて孤立し、写真はただ伝わりの回路となり、それを見ようとする者の身体に、影がつたい影がつたわり、光がつたい光がつたわる。そして同時に、二人という存在は互いを互いとの距離のなかに留めつつ、触れることなく触れ、互いの身体の影が互いの身体を伝い伝わる。

無限に接しているこの二人はしかし、視線を交わすことなく、二人が二人であることに気づかぬとでもいうふうに、共にそれぞれ自身の孤独のなかにいる。そして孤独において共に在り、二人という在り方を隔たりのなかで生きて、それぞれがそれぞれの生をみずからの生に折り込んでいるかのようでもある。しかも、折り込まれた互いの共なる生は既に死に縁どられているから、二人は、所有することの不可能なみずからの死を死につつ、死に遅れ生き残る一瞬が二人のうちどちらかに確実に来ることを知っている。そして、死に遅れ生き残った者にしか死の到来が知られることがないことをも知っている。この確実な、そして遠くない喪失の未来が自分たちをとらえることについて、二人は沈黙と笑みをもって向き合うだけである。

この写真を見るとは、こうした二人を見守る第三者のまなざしを私たちが引き受け、写真という皮膜によってこの二人と接しつつ離れ、みずからの孤独に帰還することであるに違いない。視線を交わすことなく、触れることなく触れているこの二人のまなざしによって、「こちら」側が設立される。この二人のそれぞれ二つの眼は「こちら」を創設し、まなざしによって触れ合う者たちを「間化」(ジャン＝リュック・ナンシー『複数にして単数の存在』)し、私たちに接する。私たちは、彼女たちのまなざしによって触れられる。そして、この二人のまなざしに触れられることによってこそ、誰かに見られ触れられる私たちの生の場が与えられる。

彼女たちは、見ることなくこちらを見て、互いに触れることなく触れているが、この二人は、あふれる日光のなかで氷河に閉じ込められたように凍てつき、凍てつきながら移行としての死に接していこうとわずかに動き共振しているようにも見える。だが、この二人とは誰だろう。

この二人は、姉妹であろうか。友だちであろうか、恋人であろうか、他人であろうか。そもそも二人は、生きているのか。それら幾つもの関係が同時に生きられうる錯綜を開示しながら、彼女たちは意識することなく関係の変容を生きていると、そう見えもする。この変容を可能にしているものこそ、限りなく接しつつ同時に離れる二重化の運動とはいえないだろうか。分離が触れ合うことの条件を保護し、保護された接触は、分離において互いが互いの孤独を持ちこたえることを可能にする。仲宗根香織のこの写真が開示するのは、まさにこの可能性にほかならない。

そして、もう一枚の写真(左頁)。一つの手が一つの手の背を包み、一つの手から伸びる指は、もう一つの手の指をわずかに巻き込み、そして、肌理《きめ》と皮膚の色と体毛の流れにわずかの違いを持つこの二つの手は、触れながらぎこちなく互いを隔たりのなかに留めているかのようでもある。愛撫しつつ愛撫から離れ、組み敷く力を感じさせながら組み敷く力を拡散させていく二つの手。この二つの手が、男という同一の性に属するであろうことを、写真は隠していないが、さりとて、それを際立たせているわけでもない。見えるのは、ただ、二つの手がシーツに襞《ひだ》をつくるほどには絡まり合い、そして、そのシーツの下にわずかに濃い体毛を持つ身体があって、その身体を包む褥《しとね》のうえで二つの手が不自由に重ねられ奇妙な形で指を絡めつつ交差しているということだけである。実際のところ、この二つの手の重なりと隔たりは、二つの手の持ち主が二人であろうことを示唆することはあっても、その二人がその手の重なりにおいていかなる関係を生きているのかを明示することはない。

伝わってくるのは、ただ、手に手が重ねられるとき生起する接触が、触れ得ぬものを皮膚の下に遠く逃亡させてしまうということである。私たちは誰かに触れるとき、皮膚に触れる実感以上に、もっとも核心的なものに触れ得ることができないという現実にこそ触れる。誰かに触れるとき、そのとき、私たちはその誰かとの距離に差し戻されるのであり、喪失の手前に留められる経験のなかで自分の孤独にこ

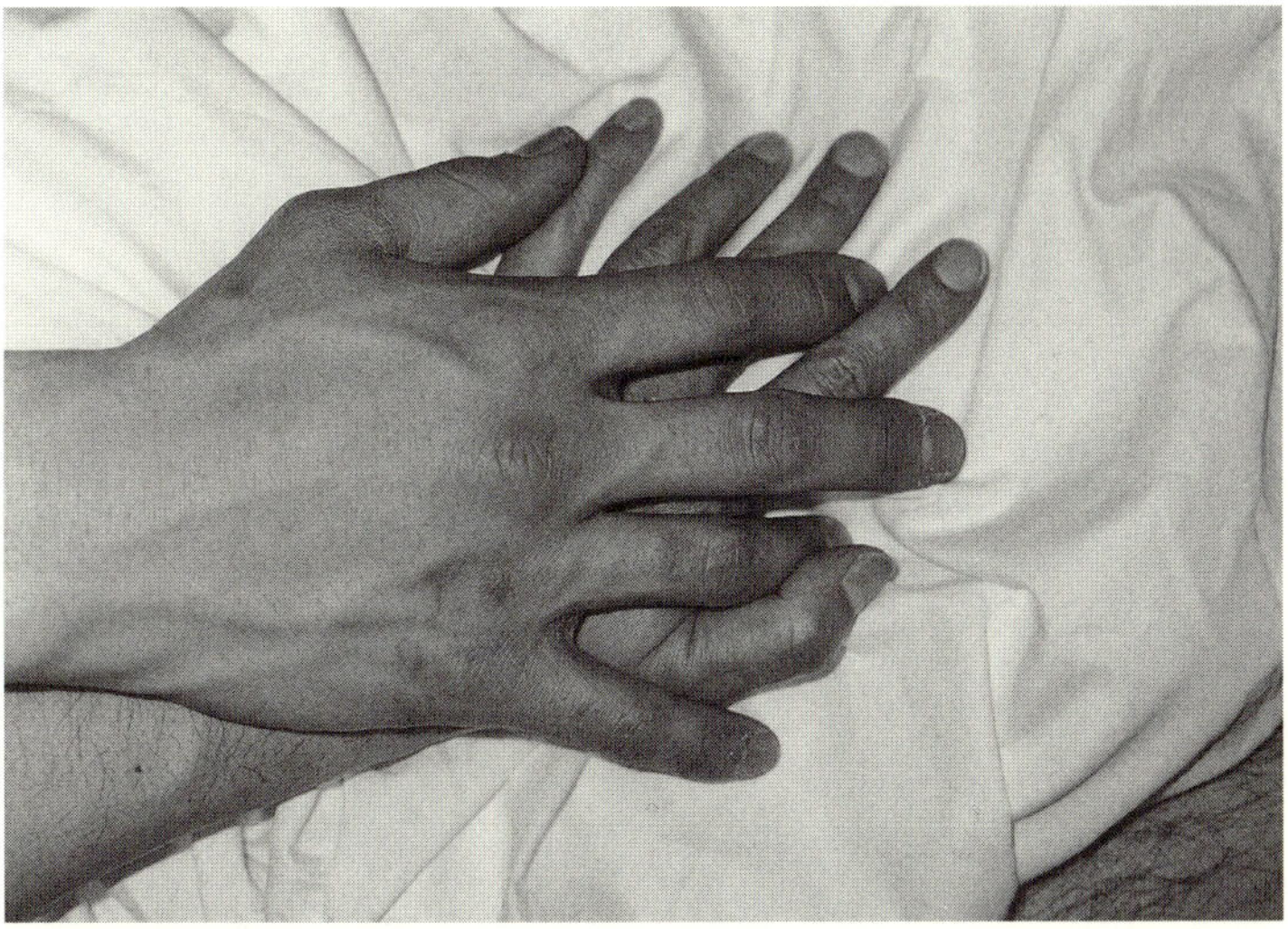

鷹野隆大「毎日写真」より，“070409”（2007年，原画はカラー）

そ帰るのではないか。手は手に触れるが、触れられている手はみずからに触れようとする手をその背に受けとめながら、合わされる手という形象に抗うように、シーツにみずからを逃がし、そこに皮膚を転写したような襞をつくるだけである。そして触れようとする手は、逃げていく手を追いつつ虚しく取り逃がし、背をむける手に掌を重ねて「こちら」側の私たちにみずからの背をむけるばかりである。この二つの手は互いを求め組み敷き組み敷かれながら、本当に恐る恐る、触れ合う瞬間に力が一点に集中しないことに神経を張り巡らせ、互いの手が触れ合うことの困難のなかで触れ合おうとしている。求めつつそこに至ることが決してかなわないという断念があり、そして、常に先取られている喪失を生きるしかない人と人との関係が、それこそ裸形のまま写し撮られてしまっているのが、この写真である。

鷹野隆大のこの写真には、私たちの共なる生の条件が過酷なまでに露呈されている。この写真を見るとは、私たちが、触れ合うという関係を生きるうえで、その触れ合った誰かとの分離を生き、別れを生き、不可避的にその誰かを喪失し、喪失を生きるしかない自分に差し戻されることを知ることの別ではないのではないか。

この二つの手は、全体性を喪った人間が、その断片を喪失のなかで生きる形において、分離として現れる他者そして自分自身の身体への隔たりを開く。そして、この隔たりにおいてこそ、人は人へ容赦ない求めのなかで、その求めているものを深く喪失する確かな未来の前に待機させられる。誰かをこれほど愛しいのは、理由も知り得ぬままその人が自分のもとから忽然と立ち去ることに、私たちが既に気づいているからなのではないのか。そして同時に、私たちがみずからの死を経験することができぬまま私たち自身を喪うことを確かに知っているからではないのか。この喪失の手前で待機しつづける私たちは、どこまでも無力である。ただこの無力においてこそ、私たちは、触れ触れられている互いがこの世界から消えていくことを予感しつつ、触れられることを互いに贈り返す生がありえたことを忘れないということを誓っている。そして、触れ合う者たちの誓いの傍らにあってこの誓いの証言者となる者のまなざしこそが、写真のまなざしとなる。

この写真は、重ねられた二つの手が、その写し撮られた二つの手とは別の、おそらくはいまだ重ねられていないもう二つの手の存在をフレームの外に不可視のまま示し、同時に、この二つの手を少し上部から写真に撮りうるもう一つのあるいは二つの手がそこに控えつつ在り、二人の手に注がれる別のまなざしがあることを示している。ここで2(分離)は1(接触)に対立せず、双数的な関係から2を離脱させ、これを外に開く3(者)という予測不可能な任意の点を創出する。

それにしても、二つの手の重なりとずれを、このような視線の下に撮りおおせることができる撮り手とは、どのような場と位置と関係を所有する者なのか。むしろ、この手たちとの親密な関係をひとたびは喪失した者だけが、こうした手の重なりを写すことができ、写し撮ったその手が具体化する親密さの閾《いき》からの撤退と疎外を生きうる者だけが、こうした二つの手の重なりを写しえるのではないか。ここで、喪失を喪失として生きうる私たちの生の可能性が、触れ合う時間の痕跡となって消失のなかで現れる。そして、その写真を見る私たちは、この写真に見られることで、みずからもまた喪失にさらされるほかない。

私たちは、いつ、なぜ、このようにして手を重ねるという一瞬から隔てられてしまったか。握手でも合掌でもなく、ましてなんらかの社会的絆を象徴するような形式でもなく、ただ手が手に触れること。そのことを、私たちはどのようにして忘れさせられたか。あなたの手と私の手あるいは彼/彼女の手というような誰かの所有のもとにあるのではない手を、ただ手として触れるということから、なぜかくも遠ざけられてしまったか。この写真を見て、ほかならぬ私がさらされるのは、この喪失の手前において、自分が何を喪ったかを確かには知りえぬ、私自身の曖昧な現在である。しかし、この曖昧な現在に振り向く瞬間に、私は、ようやく喪失の喪失に抗う始まりの地点につくことが可能となる。

喪失が喪失されることへ抗いのなか、喪失をふたたび私たちの喪失として生きようとする必死の願いが出現する。喪失の手前にあって、喪失に宙吊りにされつつ、喪失のなかに消えていったものたちの視線にさらされる私たちが現れる。喪失の喪失から逃れ去り、喪失の手前に戻って喪失を待ち、これを迎える。喪失に触れて喪失の手前に留まろうとするとき、私たちは私たちの傍らに置かれていた一枚の写真を発見するだろう。

私たちは、写真に触れて写真に触れられ、これを眼で愛撫しこれに愛撫され、指で唇で舌で影をなぞり、時に身体に刻印しそこに写されたものたちとの生きる時間を守る。感光体としての私たちの身体は、そこに写されたものたちの影を遺してこれを留め、閉じられることのない喪失を生きることができる。この可能性のなかでこそ、私たちの身体は、自分自身を含めた幾多の存在の遺影が重なり触れ合う場となる。

追記　一一九頁の写真についての文章に、鷹野隆大＋新城郁夫『まなざしに触れる』(水声社、二〇一四年)との重複があることをお断りします。

第8章　高嶺剛論のためのノート

二〇一四年一〇月（『las barcas』別冊）

1　綴じ目の生

長い槍に頭を刺し貫かれた男が、少し疲れたという様子で、よろめきながらも何故かそれなりに確かな足取りで、どこともしれない海辺を歩いている。夜が始まろうとしているのか。それとも、夜がひとたびはみずからを閉じて朝に世界を譲り渡そうと退きのきつつあるのか。判然とする影ひとつない沈んだ群青のしじまを縫い留めるように、とおくちかく、白塗りの男がひとり歩いている。歩いているというより、槍に貫通された身体に引きずられ、海と陸の隙間にみずからの影を刻印していると、そのようにも見えてくる。頭に刺さった槍をどうしたものかと思案して漂い歩くその動きに連れ添うように、遠浅の浜が、揺れるともなく揺れている。

高嶺剛の映画『ウンタマギルー』を見たのが、大学院に籍をおいた初めの年であったことは忘れようもなく覚えているから、それが一九八九年の秋の渋谷パルコ劇場であったことにおそらく間違いはないだろう。しかし、その映画をどのように見たのかをよく覚えていない。頭を槍に貫かれたまま汀を歩く薄暮のなかの男（小林薫）の美しさにただただ惹かれ呆けてしまって、筋など追いようがなかった。それは、この傑作を何度も見かえした今にいたって同じである。そこで何が物語られていたのか、テーマもプロットも登場人物の関係も、そのいずれもほとんど完全に頭に入っておらず、またそれらを丹念に把握しなければならぬという気も、たいへん失礼なことながら今なお起こってはこない。ただもう、途絶えた夢と夢との繋がりを摑めぬまま、その接合に身をゆだねているような、そうした感覚が私に憑りついているだけである。そして、その憑りつきの感覚は、今なお持続している。私のなかを、私に知られることなく、あの男がずっと漂い歩いているようなのである。

みずからの心身が、このシーンの何にそれほど惹かれているのか。今もなお、分明なことは一つとしてない。それでも、「日本復帰」を間近に控えた沖縄で、何するでもなくその日暮らしの仕事にありついては豚の化身らしい美しい女との交情を夢見ながら、村芝居の「義賊・運玉義留」の主役を演じることになる男「ギルー」が、劇中劇のさなか、観客席から盲目の「西原親方」(平良進)によって投げ放たれた槍に脳天を刺し貫かれ、二つあるいは二つの以上の幾多の界面が接する仮の綴じ目として、画面のなかに浮かび沈むそのありように、貫かれてしまったことは間違いないように思える。

思えば、高嶺映画に出てくる人や動物や置物や風景や言葉で、刺し貫かれ仮に綴じられていないものなど、ひとつとしてない。仮に綴じられているがゆえに歪《いびつ》な円環をなし、その環のなかで繋がっていないものなど、高嶺映画においては、絶えてない。高嶺映画におけるすべてのものは、他の人や動物の身体のなかにみずからのそれを滑り込ませ、そして他の心身を迎え入れてしまった痕跡以外ではないのであって、すべてのものが、唐突に投げ放たれた無数の「槍」に刺し貫かれ、少し疲れながらも貫かれたまま、あらゆるものたちが接する界面のほとりを、伝い歩くものたちなのである。

仮綴じのなかで重ね襲《かさ》ねられるものたちが集うのが高嶺映画であることを、たとえば、海辺が、小石が、身体たちが、私たちに教えてくれる。高嶺映画にあって特権的場所である海辺は、何より人々が文字通り映し出されるスクリーン以外ではなく、転がる石はいつともしれぬ家族の古い肖像写真たちが匿われつつ浮き出て沈んでいく記憶の器であり、そして、男たちの身体はみずからを貫くものを待ち受ける妖しい臥所《ふしど》である。

むろん、互いが互いに刺し抜かれることを通じて、綴じあわされているのは人だけではない。高嶺映画にあってこれまた特権的存在である動物たち、とりわけ蟻に山羊に豚たちは、何はともあれ人皆すべての欲望の宛先であり、見えない経済の「貨幣」であり、そして、時にひそかに時にあけすけに交接するパートナーである。むろん、当の蟻や豚や山羊たちが、みずからを思慕し「生きた貨幣」として欲望の交換財と化そうとしては失敗するものたちに関心を寄せたりすることは、絶対にない。ただ黙殺するのみである。だがこのまったき黙殺(――豚の横顔と繊細に組み直される足たち(てびち?)、山羊たちの寝息と何を見ているのかよくわからない潤んだ瞳、蟻たちの無償労働と唐突なゼネスト、そうした些細な運動が、この黙殺であるのだが――)こそ、人をたぶらかす当の欲望の宛先なのだから、人はただ狂わんばかりにというより確かに狂って、この欲望の宛先にみずからを近似させていくしかほか手だてはないようなのである。

たとえば、映画『ウンタマギルー』において、豚あるいは豚の化身への慕る思いに身をゆだねているのは、「ギルー」だけではない。占領地沖縄の超越的支配者である高等弁務官「ミスター・カマジサー」は、豚と添い寝しつつ当の豚からみずからの身体にチューブを通して輸血を施し生きており、ここでは同一化の運動が、ほとんど同一化の欲望の対象との同一性にまで近似してきている。そしてギルー＝ウンタマギルーに槍を放った「西原親方」は豚の化身である美しい女「マレー」の父親であるらしいが、恋に落ちてこれと交わり、映画の後半ではみずから「ニライカナイ」からやってきたと宣う神様らしい男から逢瀬を楽しみにしていたマレーをかすめとったことを叱責され、この後ヤンバルクイナとして生きていく訓戒を受けている。こうして、あらゆるものが、欲望の対象への同一化ではなく同一性へとにじり寄り、変成し変態していくばかりなのである。ここでは「類」が類としての排他性を保ち得ていない。危険といって、これほど危険な運動があるだろうか。

2　盗まれ流用されるのを待つものたち

ここで思考されるべきは、この同一性に限りなく近似していく同一化の運動において決定的な役割を果たすのが、夢そしてシナリオの盗みであるという点である。

同一化の運動において、欲望の対象の固有性を盗みとり、これを横領する働きはありふれた作用であろうが、それが他人の夢と物語の盗みとなると、ことは複雑である。というのも、盗みが盗みであるためには、盗まれるべき夢と劇中劇のシナリオが、盗みに先立って誰か特定の所有のもとになければならないが、高嶺映画において、その所有権を持つはずの所有者はついぞ現れることはないからである。

あられもないことを言ってしまえば、高嶺映画においては、欲望の源泉であり煽動者であり管理者たる「父」という所有者がいない。

たまたまいないのではない。絶対的にいない。この不在ゆえに、高嶺映画において、同一化(アイデンティファイ)の運動は、アナーキカルな欲望と快楽の再配置のなかに飲み込まれ消えていき、おのず、高嶺映画に見出される欲望と快楽は、所有と破壊という暴力の組織化への阻害の力となって身体化されることになる。そして、この脱暴力化された欲望と快楽の再配置は、人と動物と風景の綴じ目のなかに、何が何やらわからぬ新しい家族・親族語彙の流用となって現れるのである。象徴としての父がいないとき、「父」の所有のもとにあるはずの「母」への欲望を断念し、自己を確立していくという見慣れた「ファミリー・ロマンス」の抑圧劇を、「息子」は自己の心身において組織化することが困難となる。できることと言ったら、みずからにも知られぬまま「母」へと同一化していくくらいのことである。そうであるがゆえに、自己確立の契機を奪われたまま、そして、自己確立などということに無関心なまま、高嶺映画の主人公たちは、みずからも知りえぬ力に押し出されるようにして、他人の夢と他人の物語のシナリオを盗み横領していくしかないのである。

しかも、ここでさらに重要なのが、この主人公たちが、他人から盗み取った夢やシナリオの物語の力を制御できず、この力に一も二もなく屈服し、ただただボンヤリとそれらの増殖的運動に乗っ取られ、自己なるものから果てしなく遠ざかっていく点である。

『ウンタマギルー』にしても、『夢幻琉球　つるヘンリー』(一九九八年)にしても、これら類例のない傑作が、「自分探し」的な物語の枠におさまっているかのように感じられたとしても、それは、その予想の幸福な裏切られへの導きにすぎなくて、映画のどこをどう見ても、「自己」を探している人など見つけることなどできないのである。むしろ、私たちの前で開かれていくのは、自分を見失うための遁走につぐ遁走というか、みずからを見失いつづけるための知恵というか配慮というか、とにかくそうした情動の働きであって、そこで見出されるのは、自己を見失ったことに興味も関心もないといった者たちの、ドラマ構築作業のさなかで繰り広げられるサボタージュの連鎖ばかりなのである。

激しい車の往来の向こうの道端で座り込んでいる男を窃視するように撮り続けるどこまでも美しい超ロウ・アングルの長い長いワンカットや、死んだ牛あるいは馬の死体を迂回して走り抜けていく車たちのダンスのような流れ。あるいは、燃えさかる炎に身をつつみながら海に向かって歩いていく男とその炎をちゃっかり拝借してタバコに火をつけている青年や、そこここに寝転がっている山羊たちとそれらにかこまれながら動物占いに専念している「青山羊亭」の女とその兄のウンタマギルーへの変成。これらは、そのいずれもが、高嶺映画において色濃くその存在をスクリーンに刻印する者たちの影である。しかし、それらは役柄としてのアイデンティティを構築しないどころか、キャラクターであることからも遁走していくのである。こうした、存在論的な抵抗のラインとしてのみ存在するありようほど、アイデンティティなどという言葉から縁遠いものはない。危険といって、これほど危険な映画があるだろうか。たとえば、あの素晴らしい『テオレマ』(一九六八年)や『豚小屋』(一九六九年)を撮ったパゾリーニでさえ、それらの作品のなかで、登場人物たちを自己探求的な欲望の配置図のなかにひとたびは置いてみたはずではなかったか。

高嶺映画にあって、人は欲望の主体であることなど絶えてなく、ただただ欲望の濫喩的な運動のなかを浮き沈み流されていく小石であり一枚の葉にすぎない。そこでは、あらゆるものが、盗まれ流用され、そして即座に放棄されるがために、映画に招きいれられているのである。

言葉も、夢も、衣服も、食べ物も、役柄も、欲望も、快楽も、ルーツも、顕微鏡も、歌（独立党武装ゲリラたちによって歌われる琉球語のインターナショナル！）も、身体そのものも、高嶺映画におけるすべては、他から盗まれたものの横流し品であり、同時にまた、強引に譲り渡された何ものかであって、それらはすべて、アイデンティティの放棄としてしか高嶺映画のなかで存在することはない。そこでは、存在するという形ではない存在者の変異のみが、映画を満たす。そして、そうであるがゆえに、語弊を恐れず言えば、高嶺映画にあっては、みずからのアイデンティティを拠り所とするマイノリティがいない。徹底していない。それはメジャー（多数性を集権の要とする力）をマジョリティ化するためのメジャー（測定器）が、映画のすべての流れのなかで決定的に退けられているからである。マジョリティがメジャーであることを許されていない高嶺映画のなかでは、マイノリティという自己確定もまた、基本的には失効せざるをえない。ここでは、映画のなかを生きているものたちのみならず、それを見る私たちもまた、自己が自己「であること」という前提を、ひとたびは措き忘れることが要請されている。この要請に屈服することなく、槍で頭を刺し貫かれて海辺を漂う男の生を感受することは、映画という枠の外と内のいずれでも不可能となるほかないはずである。

では、マイノリティがいなくなるとき何が生まれるのか。それは、マイナーという小さく少ないものたちの、限りなく派生的な連なりと交わり、そして、あらゆるマイナーなものの混在と陥入である。

一人が限りない分裂と融合をはたして、別の何ものかとなったみずからと交わっていくのが高嶺映画を生きるものたちである。風景や音、あるいは風や記憶を含むこれらの生きものたちは、自分でないものをみずからのなかで生成させてこれに乗っ取られていく変成体である。そうである以上、それらが一つのポジションを占めるマイノリティとして存在するべくもない。あるのは、ポジショナリティの無限の転位であり、固有性と独立への求めのなかでマイナー化していくものたちの不可視の「連帯」への蠢《しゅん》動《どう》以外ではない。基本的にあらゆるものが円環的な鎖のなかで流れ去っていくだけなのである。そしていうまでもなく、映画『ウンタマギルー』のなかの、槍に頭を刺し貫かれたあの男こそ、この円環をただひたすらにぼんやりと生きている当のものであり、映画の仮の始まりと仮の終わりに、行方もしれずただ海辺をさまようことで、ただ反復と回帰として現れる高嶺映画の生そのものとなっている。この男には、帰るべき場所などないのである。

3 「今どこにいるのか、ここかあそこか」——メカスから『変魚路』へ

永遠に続くかと思われる反復と回帰。いま想起されていいのは、中編といっていい、これまたどこまでも切なく美しい『私的撮夢幻琉球　J・M』(一九九六年)である。よく似た二人の男が、浜辺ちかくの木陰で、帰郷することと帰属することとの困難を遠まわしに問わず語りのように本当にぼそぼそと語る姿がある。そこでは、沖縄がリトアニアに、リトアニアが沖縄に重ねられ、故郷あるいは独立という言葉がメカスから間歇的に発せられもするのだが、それを高嶺はただ聞いて、なにごとか語ろうとしては言葉を飲み込んでうつむくだけである。このシーンを、高嶺映画的「極私」性に倣いつつ、次のような「私的」な日記のなかの言葉へと繋いでみたい。そして、遠い時間差を経て響き合う映像と言葉が織りなす

回帰と反復あるいは盗みと流用の運動に触れてみよう。この回帰と反復のなかで、メカスはもはや高嶺であり、高嶺はメカスである。時間の錯綜のなかで、二人はもはやどちらが誰か判別つかぬよく似た別の何ものかへと変容していくが、この変容に触れるとき、私たちは、唐突に、未来へと先送られ続けてきた再会が、遠く昔から約束されていたことに、今の今、気づくことになる。

1950年　日付なし

(……)まったく行くあてはない、急いで行くところがない。つまり、リトアニアからはるばるここまでやってきた男が、急いで歩くなど、馬鹿げていないか? ここまでやってきて、ブロードウェイを急いで渡るなんて、滑稽ではないか? これだけの距離を移動してきてしまうと、今どこにいるのか、ここかあそこか、一ブロック先か一〇〇ブロック先かなど、まったくどうでもよくなってしまう。大した違いはない。それにこの道とあの道の、かかる時間の違い——そんなこともどうでもいい。一〇年もたてば、私はどこかまったく違う場所にいるかもしれない、どうなるかわかるものか、それでもたいして変わりはしないだろう、今だってたいして変わっていないのだから。

いちど故郷を出たら、故郷はない。

目の前に本屋がある。看板には「賢者のための釣り堀」。私はそこに足を向ける。

(ジョナス・メカス『メカスの難民日記』飯村昭子訳、みすず書房、二〇一一年、二八九頁)

リトアニアからの難民としてニューヨーク市に渡ってほどなく、詩作と映画製作と批評を展開しはじめる直前という時のなかで、すでに、メカスがこうした言葉を書いていたことを、高嶺剛その人とその映画を想起しつつ思い起こすとき、故郷というものの遠さが、急に私にも感知されてしまうようなおのきにとらえられてしまう。むろん、私はいま、故郷に住んでいるし生きているのだから、メカスと高嶺の共振に、自分を勝手に重ねるわけにはいかない。だがそれでも、問いは届く。「いちど故郷を出たら、故郷はない」。

はたして、故郷に生きていることは、ただちに故郷を離れていないことを意味するだろうか。故郷にありながら故郷を離れる無数のものたちがいるのではないか。そして、その無数のものたちこそ、私たちがまだそれと気づいていない、この私たち自身なのではないか。故郷にあって、人知れず時間の隙間を縫うようにして、薄暮のなか、槍に頭を刺し貫かれた男が海辺を漂いさまよいつづけるように、私たちもまた、この時この場所で、行くあてを見失いながらも、ひとまず目についた看板を頼りに、隠れ処のような場所を探し求めるような、そうした生を生きているのかもしれない。

そんなことを頭に思い浮かべながら、私は、まだ見ぬ映画を遠く思い出している。高嶺剛監督の次回作『変魚路』は、何ゆえか追われる男たちが、追っ手を見失いながらただひたすら島のなかを逃げて彷徨う映画と聞く。やはり、どうやら私たちは、高嶺映画に刺し貫かれる懐かしいあの未来を期待して待つ以外に手だてがないようである。

Ⅲ　伝播する運動

第9章
「掟の門前」に座り込む人々
――非暴力抵抗における「沖縄」という回路

二〇一四年一一月（『現代思想』vol. 42-15）

1　内戦について

「人種主義国家、殺人国家、絶対自殺国家」――生政治の要となる人口に関わる生物学的調整の規律が極めて高度な達成を遂げたナチス第三帝国の核心に、敵対的な「劣等」人種のみならずドイツ民族そのものの絶滅という政治的目標が駆動していることを指摘するフーコーが、こうした人種戦争をあらゆる近代国家の核心で常に作動する動きとして強調していたことを、沖縄から見えてくる日本という国家のありように重ね見ないでいることは、いま、絶望的に難しい。「人種主義国家、殺人国家、絶対自殺国家」、それが日本でないということなどない。

その事実を、痛感しているのは他でもない、「この法律のいかなる規定も海上保安庁又はその職員が軍隊として組織され、訓練され、又は軍隊の機能を営むことを認めるものとこれを解釈してはならない」という海上保安庁法第二五条の規定を自ら容易《たやす》く破り、無限に軍隊化していく海上保安庁隊員たちが、辺野古の海において、新基地建設に反対する市民にその力をほしいままに発動している事態が日々進行中であるからにほかならない。私たちがいま沖縄で目撃している出来事は、アジア諸国を広域覇権のなかに取り込む米軍再編の出先機関たる日本国家が、「人種主義国家、殺人国家、絶対自殺国家」として沖縄の人間にしかける内戦の光景である。

そしてこの内戦こそ、沖縄をめぐる米軍とその配下にある自衛隊とが産出する局地的戦争にほかならず、この内戦の背後においては、グローバル覇権の帝国主義的折り返しとしての米軍再編がドラスティックな展開をみせている。辺野古や高江といった沖縄県北部で生起している「内戦」は、ガザやウクライナやシリアそして「イスラム国」と呼ばれる摑みようのない組織との局地的戦争と直に連続しており、その事実こそが、沖縄に対する米軍と日本政府の場当たり的な動揺に示されている。そうであればこそ、いま辺野古や高江といった沖縄県北部の「局所」において顕現している「戦争」を、自らの枠組みを自ら突破していく日米安保体制の自己破壊的超越運動としての集団的自衛体制化による世界同時内戦化への批判において思考していく必要があると考えられるのである。

しかし、この小論で考えようとする「内戦」は、カール・シュミットを経由しつつアガンベンが指摘するような世界内戦化における主権の消滅あるいは脱領域化における「剝《む》き出しの生」をめぐる生政治的な動態とは少し異なる。むしろ、ここで試みてみたいのは、国家主権の自己擬態的な動きとして再起している、「人口」に対する、フーコーの言うところの国家人種戦争という、実に「古典的」な動きとしての内戦あるいは鎮圧を、沖縄の危機を介して批判的に検討してみることである。そうした検討をするさい私の念頭にある問いは、次のような単純なことに尽きる。それは、沖縄で生起しつつある事態は、沖縄戦当時に生起した日本軍による住民の人種化による虐殺の反復であり、そして、熾烈な軍事占領における米軍の沖縄全体のアパルトヘイト化の現在化なのではないか、ということである。そして同時に、この戦争の反復と現在化の折り返しに抗う、これまた「古典的」でそれでいて常に新しく更新し続けられていく非暴力不服従抵抗の運動が回帰してきているのではないかと、そのように思考してもいる。このいささか妄想的な考えに突き動かされつつ、まずは、この二〇年ほどの展開を概観してみよう。

いまに続く沖縄での反基地運動の高まりの契機が、一九九五年の米兵三人による少女暴行事件への全県的な怒りの集約であったことは多くの人の指摘するところであり、それはまた事実である。この反対運動の爆発に対する懐柔策として、一九九六年末ＳＡＣＯ(沖縄に関する特別行動委員会)最終合意による普天間基地の辺野古沖「移設」そして北部訓練場一部返還と東村高江地区へのヘリパッド基地建設という代案が提示されるが、当然のように、この合意直後の名護市住民投票で反対意思が明示される。ところがこの住民意思を圧殺する形で比嘉鉄也名護市長(当時)が辺野古海上ヘリポート基地案を受諾し長く続く抗争の始まりとなる。膠着状態が続くなか二〇〇四年八月には沖縄国際大学米軍ヘリ墜落炎上事件が起こり、辺野古反基地運動が再燃し、これを圧するように二〇〇五年「日米同盟　未来のための変革と再編」と二〇〇六年の「再編実施のための日米のロードマップ」が日米外務・国務、防衛大臣の2＋2《ツープラスツー》によって「合意」され、これを拒絶する抵抗運動は海上に至ることになる。二〇〇七年五月に政府は、辺野古沖に海上自衛隊掃海母艦「ぶんご」を派遣し大きな反発を呼ぶ。掃海母艦とはいえ速射砲と重機関銃を装備した実質的軍艦を、日本政府が沖縄の基地反対運動に出動させる行為が、いかなる意味を持つかは多言を要さない(この「ぶんご」派遣は、二〇一四年八月にも計画され、国の沖縄への姿勢はいよいよ明確になったと言える。先に内戦という言葉の、この小論における意味を確認したのもこうした背景による)。

そして二〇〇九年の政権交代で「最低でも普天間基地の県外移設」を掲げる鳩山内閣が誕生しながら結局は辺野古「移設」案へと回帰し、沖縄県内では基地反対の世論が強固となり自民党推薦の仲井眞弘《ひろ》多《かず》も二期目の知事選では「県外移設」に転じる。しかし、第二次安倍政権になって沖縄振興策を介した国と沖縄県の接近が急速となり、二〇一三年一二月二七日、日本政府の辺野古埋立申請に対する仲井眞知事の公約違反の基地「移設」承認に至る。こうした曲折を経て、現在、政府の辺野古基地着工へ向けた動きが、沖縄での圧倒的な反対の声を押し切って進められようとしている。

そして二〇一四年八月以降、辺野古沖へのブイの設置と杭打ち込み強行が本格化し、法的根拠のないまま工事のための制限水域が設定されたうえにこれが恣意的に拡大され、沖縄防衛局員や海上保安庁隊員そして工事作業船員たちによる、カヌー隊そしてプカプカ隊の抗議活動への暴力が組織化され、こうした凶行を受けて基地建設反対の数千人規模のデモが八、九、一〇月と相次いで開催され、参加者は確実に増えてきている。

こうした状況下一一月の沖縄知事選を控えて、この運動に対する国の暴力はタガが外れたとしかいいようのない苛烈さを見せてきている。ここに至って露呈されてきたのは、海上保安庁と沖縄防衛局そして沖縄県警の軍隊化である。「安全指導」「確保」という名目で、市民に暴力をふるう警察力を背景に、辺野古沖には戦場さながらに数十隻に及ぶ海上保安庁の艦船が出動して抗議のカヌーを囲い込んで市民を法的根拠もないまま拘束し、キャンプ・シュワブ前では私設警備員とそれを囲む沖縄県警がデモに常に脅しをかけている。まさに「警察は、法的状況がはっきりしないときにはいつでも介入し、安全を保障しようとする。法的状況がはっきりしないときとはつまり、今日ではほとんどいつでもということである。警察は、掟(法律)の力をもつ。警察が卑劣であるのは、その権威のもとで、「法/権利を基礎づける暴力と法/権利を維持する暴力との分離が宙吊りにされる(ないしは止揚される(aufgehoben))」からである」というデリダの指摘そのものである[1]。沖縄の反基地運動に向けられた暴力は、無限定に軍隊化している。こうした事態においては、法/権利が、特別措置によって宙吊りにされるのは必然であるし、いまの沖縄の現実的文脈でいえば、刑事特別法の恣意性が全面化し、無法な「掟」となって市民の抵抗への威圧となる。

2 危機の配分と人種主義

一九九六年末のSACO最終合意以後、現在に至る沖縄の特に北部地域で見られる状況は、米軍再編の下、法学者ブルース・アッカーマン等から「憲法クーデター」(constitutional coup)と指摘される第二次安倍政権による集団的自衛権容認閣議決定という、やはりナチスを想起させる無限定な戦争状態に突入するに至った日本という傀儡国家による国家テロリズム以外ではない。そこで生起しているのは、内戦の恒常化による政治の破壊である。この「戦争」においては、国家と国家の間の武力衝突といった主権論的な前提はありえない。グローバルな現象であるこの内戦化では、敵対性の瞬間瞬間の変容が起き、アメリカ軍への自衛隊と警察の統合が無限定に進行し、地域にはその内外にわたって、いくつもの分断線が引かれていく。そしてこの分断―境界化は、人種主義的な「分離壁」の構築となって、政治的過程そのものを破壊していくのである。

たとえば、このところ、沖縄の地元紙や政治家たちによってオール沖縄とオール日本といった対立構図が語られるようになっている。この認識布置において前提とされているのは、ファンタジーでしかない主権国家日本であり、その内部の対立項として自己画定に固着する限り、「オール沖縄」という部分は不可避的に「オール日本」という全体性のなかに提喩的に捕縛されるほかない。つまり、日本という枠に依拠したうえで自己決定権を打ち出しその主権性を主張したとしても、そこで日本から引き出しうるのは主権の分割に過ぎない。むろんのこと、日本から独立し琉球民族独立国家建設が果たされても同じことである。そのとき沖縄は、日本との相補性を強めつつ、不和と非同一性として現れるはずの政治的なるものの解消の地平に、自らの政治的主体化の契機を放擲するしかないと思われるのである。

こうした倒錯的な危険性を最も鮮明な形で示しているのが、沖縄内外における基地県外移設論である。この主張は、基地反対のように見えるが、内実は、基地反対という主張を政治的アリーナから抹消するための党派的粉飾というべきであり、この言葉が駆動させてしまうのは、基地を国民主義的な危機の配分手続きのなかで保護し、この論への賛否において人を民族化したうえで政治に人種主義的境界化を導入する流れである。たとえば、スローガン化した感のある「日本人は基地を引き取れ」「基地平等負担」等の主張が実現してしまうのは米軍基地への制度批判の抹消であり、そこでは、民族的枠組みを装う軸において国内的に配分され切り分け可能な実体的面積という形象化において、米軍基地が錯視されている。だが、米軍に限らずあらゆる軍隊と基地は、面的なものではなく機能であり装置性である。基地移設論が掻き消してしまうのは、軍隊と基地という装置が生み出す恒常的戦争の拡散化と局所化において重層化された動態なのである。

こうした危機の配分の国内的偏差への不満を梃にした対立によって、米軍軍事基地の国内分散化が「沖縄の基地負担軽減」という恩着せがましい言葉で党派的カードとなること自体が、アメリカ軍再編の産出する効果というべきではないか。こうした地域間の対立は、米軍にとって多くの場合、覇権拡大の手段であり目的でもある。そうであるがゆえに、軋みが地域的な対立として国内的な危機の配分のなかに枠づけられる過程で、アメリカ軍は自らへの批判を先回りして封じて、これを国内問題から地域問題へとシフトさせ、戦争を戦争として問わせない政治的経済的な布置を作ることが可能となるのである。

くわえて、ここで重要なのが、こうして基地あるいは軍隊の配分に主権者の関心を向けさせる動きの要で、人種主義が極めて周到に醸成されていくことである。日本人対沖縄人という対立は、いまや政治的暴力の根本を不問とする憎悪を生み出しているが、この憎悪によって抹消されるものこそ日本という国家制度への批判であり、国家暴力の源泉たる人種主義への批判である。

たとえば、尖閣領有権問題以降、日本―中国―台湾の間で対立が激化しているが、この過程で、沖縄で基地に反対する人々を「中国・韓国のスパイ」あるいは端的に「中国人」「朝鮮人」「在日」と名指す行為が増えてきている。このところ普天間基地ゲート前であれ、辺野古であれ、反基地座り込みの現場で必ず見聞させられる右翼のカウンター行動におけるこの手の「名指し」は、「本土から来たプロ市民」「動員された組合員」「共産主義者」「ヤマトンチュー」などと置き換え可能らしく、どうやら中傷を狙っているらしいこれらの言動は、はじめから意味するところの定義や呼びかけの対象者に関心はないようである。むしろ目的は、この不分明な名指しによって、国家内部に脅威として潜在する人種を創りだすことと言える。国家の内部において誰が誰をどのように名指し、排除して包摂し、どのように表象し現実化するかを、国家と国民から委任されているかのような言動を吐き出し言い募ること。この行為が狙うのは、人種主義的な言動が無傷のまま保護されるような反政治的空間の無限定な拡大と浸透である。

　憎悪が政治的表現となるとき、怒りと憤りという政治的表現の自由空間は反比例的に縮減していく。こうした人種主義は実際の人種と関わりがなく、自らを主権者の側に固定する人にとってすべての他者は人種化されうる。こうした呼びかけの暴力の機能を、「人種主義とは何なのでしょうか？　まず、それは権力が引き受けた生命の領域に切れ目を入れる方法なのです(2)」というフーコーの指摘とともに批判的に思考しつつ、戦争形態としての人種主義への批判を通して、非暴力不服従抵抗としての反基地平和運動を再構築していく必要がある。そのとき大切なのは、人種主義に抗して生命の領域の連続性を創造していく作業である。

3　暴力を限界づけることと連続性の回復

「権力が引き受けた生命の領域に切れ目を入れる方法」としての人種主義に抗して、生命の領域の連続性を、沖縄における非暴力抵抗運動とりわけ反基地反戦運動における核心として考えていこうとするとき、ある映画のなかのほんの短いシーンが思い返されてくる。それは、沖縄北部東村の高江でのヘリパッド建設反対運動とそこに生きる人々、そしてヴェトナム戦争当時に設定された「ベトナム村」の現在化としての高江の「標的」化、そして普天間基地ゲート前封鎖を撮ったドキュメンタリー『標的の村』（三上智恵監督、二〇一三年）のなかのあるシーンである。

高江ヘリパッド工事を強行しようとする沖縄防衛局員に雇われた工事業者と反対する人々の間で緊迫した衝突が展開されるなか、場を引き裂くようにある言葉が交差する。業者の一人が「お前は誰か?」と基地反対を訴える一人の青年に問い詰める。「僕は、ここに住んでいる人です」と青年は答えるのだが、業者の男は「ヤーは、ナイチャーだろ、帰れ」と恫喝する。業者が言っているのは、「お前は日本人だろ、帰れ」ということだが、この言葉がいかにして中傷性を帯びるのかは、重要な問題を孕んでいる。と同時に、この中傷的表現を引き出した「僕は、ここに住んでいる人です」という言葉の力もまた重要と感じられる。

基地をめぐる闘いの場において、お前は何者かと糺すことには明らかな暴力性があり、この暴力性において、反対する資格が出自に還元され運動への「切れ目」が入れられていることは確認しておいていいだろう。その恫喝に対して「住んでいる人」と答える行為は、その控えめさにもかかわらず、呼びかけが呼びかけにおいて設定しようとするコードを攪乱する転覆的な力がある。その力とは、応答し損なう行為を通じて、遂行的矛盾として業者との間に連続性が生み出される働きのことである。ここでは、「あなたもまた「ここ」に住んでいる人なのではないか」という言葉が、無言のまま、しかも出自も住んでいる「ここ」がどこなのかを棚上げにしたまま遍在性において呼びかけ直されている。おそらくは、この呼びかけの差し向け直しにおいて一瞬のうちに選び取られた「住んでいる」という言葉は、話す主体の意識をはるかに超える力動をもって、発話する主体と聞く主体とが国家や社会や資本において暴力的に条件づけられている、その条件の枠組みを変更させる契機を創りだす力を持っている。しかも、この根源的な力こそ、戦争に繋がるあらゆるものを退けていく、沖縄において練り上げられてきた非暴力抵抗運動の核心的な力と響きあうものである。そこには、生の領域における連続性の回復という次元が存在している。

沖縄では、住むこと居座ることが即ち抵抗そのものという歴史が存在したし、その歴史は現在化され更新され続けている(3)。基地がある社会とは、住むという日常の中心的な場に、あらゆる意味で超法規的でかつ絶対的に暴力的な「空白」を埋め込まれるということの別ではない。そして、その空白＝基地は、社会の諸規範を内在化させる形で自らを構成する主体が、その心身に軍事的暴力を体内化するという過酷な条件を作りだす。しかし、この過酷にして暴力的な条件を痛覚のなか認識してはじめて、この条件を変えていくための闘いが設定されるのである。

沖縄において非暴力抵抗が練り上げられていくとき重要なのは、沖縄を生きようとする私たちが、軍事的政治的覇権という暴力の構造を自らに既に深く取り込みつつ生きていることを認識することである。先に論じた人種主義はその典型であるが、ジェンダーや資本や階級といった軸においても、戦争は私たちの心身を貫く形で常に私たちの心身において生起しているのであり、このことは、私たちの生の条件をなしてさえいる。しかしこの暴力の構造のなかにある生こそが、非暴力の可能性の条件となる。この点に関わって、ジュディス・バトラーの次の指摘は極めて重要である。

人が暴力にまみれているまさにそれゆえに、葛藤が存在し、非暴力の可能性があらわれるのだ。暴力にまみれているということは、つまり、この葛藤が見通しのたたない、困難で、足かせとなるような、断続的でしかも必然的なものであるとしても、それは決定論とは違うということである——

暴力にまみれているというのは非暴力を求める葛藤の可能性の条件であり、そして同時に、だからこそ、この葛藤はこれほどにもしばしばうまくいかないのだ。もしそうでなければ、葛藤など存在せず、抑圧と偽りの超越への探求だけしかないだろう。

非暴力はまさしく美徳でもなければ立場でもなく、ましてや普遍的に適用されるべき一連の原則でもない。それは、傷つき、怒りくるい、暴力的な報復にむかいやすく、にもかかわらずそのような行動をするまいと葛藤する（そしてしばしばみずからに対する憤怒をつくりだす）ような、暴力にまみれ葛藤をかかえた主体の位置を示しているのだ。暴力に反対するたたかいは、暴力が自分自身の可能性だということを受け入れる。(4)

暴力と非暴力の分離が困難であることを説きつつ、なおバトラーは暴力を決定論とは見なさない。そのうえで「それは、傷つき、怒りくるい、暴力的な報復にむかいやすく、にもかかわらずそのような行動をするまいと葛藤する」ような主体の変成可能性のなかに非暴力の条件を見出そうとしている。ここで想起されるべきは、たとえば、一九七〇年、沖縄中部のコザ市(現・沖縄市)で起きた、米兵米軍属に対する民衆蜂起いわゆる「コザ暴動」であるが、この「暴動」において人身攻撃回避という「法」が瞬時のうちに生成されたことが示すのは、暴力的な条件のなかでこそ、「傷つき、怒りくるい、暴力的な報復にむかいやすく、にもかかわらずそのような行動をするまいと葛藤する」いわば主体間における生の領域の連続性の創造が遂行されるという事実である。一昼夜つづいた焼き打ちのなかで負傷者が少数に留まり死者はなく、また特に黒人への攻撃は明確に避けられ、そして「暴動」直後には、米軍基地内の反戦黒人米兵組織からの支持と連帯表明が出されたという出来事は、暴力にまみれた生のなかで作動する非暴力の可能性そのものと言えるだろう。ここでは、一九七〇年のコザをあるいは沖縄を生き、そして「住んでいる」という生の領域における連続性への不可視の相互肯定が働いており、友／敵モデルの不全化が生起していると考えうる。戦争のさなかに戦争忌避が生み出され、「暴力にまみれている」生こそが非暴力へと変成する可能性に開かれていることを「コザ暴動」は示していると言えるだろう。(5)

こうして沖縄の非暴力の可能性を模索していくとき、住んでいることそして生きようとする場に座り込むという集団的な身体の運動が、主権の論理から逸脱し人種主義的な論理を拒む人民の連帯の地平をおしひろげてきたことが理解されよう。むろんのこと、主権の論理から逸脱するとはいっても、それは、主権によって生の条件そのものを奪われた「剝き出しの生」が法の外部に廃棄されてしまうといった事態とは異なる。むしろ、バトラーが指摘するように、地位を奪われた地位という場が法の内部で設定され、その法の暴力の葛藤のなかから非暴力の可能性が創出されるという事態にこそ注意すべきである。特に沖縄の非暴力抵抗の流れを見ていくとき、法そのものを挑発する形で、無権利状態に置かれ軍事的政治的暴力にさらされた者たちが、法の根拠を問うためにこそ法の内部に法の他者として自らを投企していく歴史が再発見されてくる。米軍基地に侵入するという行為を裁判にあえて委ねることを通じて刑事特別法の法外なあり方が露わとなり、駐留軍用地特別措置法の手続き遅滞により在日米軍の法的根拠が空白となる四日間を生み出すといった例をここに想起してもいいだろう。

このとき、非暴力抵抗は、法のなかに自ら転がり込んで、法の臨界点を暴露し法の恣意的作用を限界づける。この方法は、古くさくて同時に常に新しい。なぜか。そうした抵抗自体が、法の理念を問い返すことを通じて、法における措定と維持という二つの暴力の交差する点を挑発してやまないからである。むろん、法はそれが作用する点において常に暴力的な恣意性をいかんなく発揮するだろうが、法は法そのものによって限界づけられてもいる。非暴力は法の暴力性と相渉る過程を通して、法のなかに非暴力抵抗の生成する場を創りだすのである。ここで、ガンディーが、「貴方は非暴力をもって統治なさるおつもりでしょうが、すべての法律は暴力なのです」という問いに、次のように答えていたことを想起しよう。「いいえ、法律はすべて暴力であるとはかぎりません。人民によって人民に課せられた法律は、社会的に可能なかぎり、非暴力です。が、完全な非暴力の基盤の上に組織され、動いてゆく社会は、最も純粋な無政府状態になることでしょう。」(6)

ここでのガンディーは、措定暴力そして維持暴力として自らそのものを超越化する国家の法の暴力とは異なる「人民によって人民に課せられた法」の非暴力の次元を示唆し、それが無支配としてのアナーキカルな秩序を形成する可能性を、まさに植民地の法という際立った暴力との具体的現実的な葛藤のなかで思考していると言えるだろう。そして、この思考のあり方は、阿波根昌鴻という媒介者を通して、沖縄の歴史的現在という文脈に、おそらくは直に接合されることになる。

4 「掟の門前」に集い、座り込むこと

いま現在の辺野古そして高江の反基地平和の闘いを含め、沖縄における非暴力反戦反基地運動のいわば拠り所として常に想起されるのは、伊江島土地闘争を展開した阿波根昌鴻である。その阿波根の言葉

を記録した『米軍と農民』のなかの次のようなエピソードには、非暴力抵抗運動のもつ徹底した不服従と、そして運動そのものを凝固させない脱臼的とでも言いたくなる運動方法における揺さぶりがある。集まること、直接行動によって人身を物理的に動かすこと、記録することと記録させること、そして掟を挑発しつつ、集団の「秘密」を生み出し、これを密かに漏らしていくこと。それらの過程が秘密のままに示されている。(7)

わしらは、爆音の録音をとって演習の中止と基地撤去を政府と軍に叩きつけることにしました(当時の琉球政府はアメリカの任命制)。

ヤス子(わたしの養女)が演習場へ録音をとりに行ったら、二回も米兵に追われました。翌日わたしと二人で、午前中かかってようやく録音をとりました。そして十一月二日(一九六七年)午前十時から午後五時十五分まで、伊江島から七、八人、支援団体もふくめて一二、三人が立法院の前で一日中録音のテープをスピーカーで叩きつけました。

そして農民は怒鳴りました。われわれは十二年間もこの爆音の下で生活してきたのだ。十日間はこの爆音を聞いてくれ。

立法院から、会議中だからやめてくれといってきました。しまいには、この場所は立法院に権利があって立法院の財産だから立退いてくれといってきました。

農民たちは、わたしたちの権利と財産を十二年間も無視していてそんなことがいえるか、そんな立法院だから米軍からバカにされるのだと怒鳴り、さんざんいい聞かせました。(中略)政府は爆音を測定する約束をしたので、その日の午後五時十五分、録音放送は中止しました。中央労働学院から贈ってもらったテープレコーダーはこんなに役に立ちました。(8)

阿波根昌鴻の非暴力抵抗には、ガンディーのそれが、そしマーティン・ルーサー・キング・ジュニアのそれがおそらくはそうであったような、苛烈な「怒り」とどこかヒューモラスな行動がある。もしかすると非暴力抵抗運動そのもののなかに、荒ぶる怒りと場違いなヒューモアとをいつも並存させておく何かしらの秘密があるのかもしれない。右に引用した直接行動にも、阿波根の魅惑的なパーソナリティが息づいているのは確かだろう。しかも、この部分を読むだけでも、阿波根たちの非暴力抵抗そして直接行動には、固定された場所に予め設定されている法的な閾と政治的社会的境界そのものを越境して侵犯し、自らの集団的行動で新しいルールを設定し、そのルールに則って既存の場を新しい政治的空間に変容させていく、そうした場の創出と組み替えを可能とする洗練された技法があることに気づかされる。しかも、その技法は、常に身体＝メディアにおいて駆動しているものであり、ここではテープレコーダーとスピーカーによって再現される伊江島の爆音が、米軍占領下の首都・那覇のその中心部にたつ立法院を、まったく違う空間に変えている。このとき「爆音」は、米軍から盗みとられ音の方向性を捻じ曲げられ複製拡散されることを通して、米軍基地がつくりだす地域社会の分断面にある連続性を生成させている。つまり、生命の領域に切れ目を入れるその方法たる米軍基地の「爆音」の機能が完全に反転させられ、都市空間のなかに導きいれた爆音によって「互いに区別されるこれらすべての場所の中に、絶対的に異なった場所が存在する」(9)ヘテロトピア(異在郷)空間(フーコー)が既存の空間のなかに出現させられているということである。その過程のなかでこそ、基地によって住む場所を奪われた難民たちによって、一時的に、都市が「占領」されている。しかも、その行為は、議会に向けてなされているだけではなく、街行く人たちやテレビや新聞そして他ならぬ新書版を読む未来の読者に向けて投げかけられているはずである。このとき、立法院という「掟の門」(カフカ)は、掟の無根拠さをこそ暴くべくそこに立つ、非暴力抵抗の舞台となる。阿波根昌鴻たち伊江島真謝地区の人々は、「掟の門」の自己神秘化と秘密化の解釈ゲームをすり抜けながら、掟の門の内部に爆音となって侵入してそこに伊江島飛行場という戦場を再現し、平和的な対抗的導きによって、「爆音を測定させる」という新しい統治の形を実現していると言うべきだろう。

そして、辺野古と高江での反基地運動が、国家からのあからさまな暴力にさらされ危機に直面しているこの時のいま、ガンディーの「スワ・ラージ(自己の統治)」とフーコー晩年の「自己の統治を通じた他者の統治」との不測の照応における主体の変容作用への思考の交差へ思いをはせつつ、阿波根昌鴻たちの立法院での抵抗が、約四〇年後の沖縄県庁ロビーに二〇〇〇人もの人々がなだれこんでそこを半日占拠し、仲井眞沖縄県知事の辺野古埋立承認への撤回を要求した、二〇一三年一二月二七日の出来事のなかに回帰していたことを想起してみよう。

あの日、仲井眞知事が辺野古埋立承認会見をするとの情報が流れ、多くの人が抗議のために県庁前に集い演説に耳を傾けていたのだが、そのとき、沖縄のいまの非暴力反基地平和運動をいつも柔軟にリードしてくれている山城博治さんが、ともかく県庁ロビーに流れようとみんなに呼びかけ、多くの人がそのまま大きな吹き抜けのロビーになだれこんだのだった。空疎に威容を誇るばかりでいつもは寒々しい県庁が、あのときは、まったく違う場への変成を遂げていた。言ってみれば、主権の論理による市民資格の差配を退けるような、そうした「人民」の生成がそこで新たな政治空間を創りだしたのだった。そこに集う人々は集うということそのものを目標とする政治による、「住んでいる」ことの遍在化と拡散化を、自らの身体に新しい統治性を導きいれるようにして実現したと言ってもいいだろう。このとき人民の集う県庁ロビーは、海上デモと座り込みがつづく辺野古の海辺となり、高江の森となる。

そこに集った人々は、歴史上はじめて沖縄県知事が新基地建設を自ら承認するにいたった決定的危機への切迫した憤怒のなかにあって、おそらくは誰もが、誰かとこうして集まっていることそのものを求め肯定する、そうした政治＝倫理的衝動が結びつける集団となっていた。ただ座り込み、話をし、話を聞く半日であったが、そのとき山城さんが、「ここは私たちの場所だ」とマイクを通して語ったことを記憶している。統治という言葉も、抵抗という言葉もなかったが、自治的な、自律的な空間ができ始めていることを誰もが無言のままに感受しているように思えた。ここで生じていたのは、「生命の領域に切れ目を入れる方法」としての人種主義的分割による生政治的管理への拒否を通じた、いわば自主管理による新たな地図作成法であり生の集団化である。むしろ、「切れ目を入れる方法」への潜在的にしてかつ強固な拒否が、そこに集う私たちの心身に、非暴力抵抗によって可能となる生命の連続性を生み出していたと言ってもいいだろう。この連続性を可能とする沖縄における非暴力抵抗が切り開く地平は、「人間の安全保障」(アマルティア・セン)とも異なる。ここには、国家主権を前提とする国防や安全保障に関する相対的あるいは相補的なオルタナティヴやグランドデザインを提示することへの慎重さがあるのであり、防衛や安全保障が、その実、安全性の不安定さを増幅させる逆説を内在させている以上[10]、沖縄における非暴力抵抗は、国防からこそ私たち自身を守るための闘いとなるのである。

そして言うまでもなく、その模索と実践は、辺野古そして高江そして普天間基地ゲート前で、今日もまた続けられ更新されている。まずは集える人が集い、ともかく座り込み、基地を見据える。そのとき、あらゆるゲートが「掟の門」の神秘性を引きはがされ、ただの通用口となる。人々が集い、基地と軍そして戦争につながるあらゆるものへの拒否を、それぞれの身体と言葉で、それぞれの場において可能な形でもって表現する時はじめて、私たちが、戦争のなかに囚われていることが明らかにされ、この囚われからの解放が開始される。

この数年の間の沖縄で、辺野古の浜辺へそして高江の森のなかに集まるための回路と媒体が、これまでとも違うあり方で生成されてきている。それを端的にいうなら、大型小型を問わぬバスの常時数十台に及ぶ離散的集合と自動車の乗り合いという事態において生起する、移動する社会体と政治体の自己組織化の運動である。しかもみんなで乗り物を共有して移動するというこの運動は、無数の生成の過程で必然的に集団性を帯びる。誰かと乗り合って数時間を共にすること自体が、たとえば那覇と辺野古と高江という空間を繋ぐ移動のなかで始まるのである。島そのものが移動のなかで動きはじめている。この人の移動は、これまで沖縄のなかにいながら共在性を切断されていた人たちの生の連続性と交通性の回復を可能としている。アメリカ公民権運動の画期となったバスボイコット運動が、アラバマ州モンゴメリーという小さな場所を人種主義戦争に対抗する新しい非暴力不服従抵抗による絶対平和的「戦争」の端緒の場へと変成させていったように、いまの沖縄で、分断の政治加担への留保なきボイコットという政治が、ほかならぬバスというあの小さな移動体において生成しはじめているのである。

今日も明日も、人々は少しのお金を出し合い、飲み物と日焼け止めクリームと飴玉と黒砂糖と水筒と折りたたみ椅子とビニール雨合羽を一人分余計に携えながら、ただ集まるために島のなかを移動しはじめている。そして、様々な事情から実際に座り込みデモに参加できない無数の人々が、言葉や身振りや沈黙を通して不可視の連続体に参加し続けている。キャンプ・シュワブゲート前の座り込みテントに、紙で包んだお金を投げて通りすぎていくタクシー運転手がいて、炊き込みご飯をそれこそ大釜いっぱいに詰め込んでくるおばあさんがいて、そこでしか会えない素敵な人に遭遇することを願って座り込みにくる「恋する虜」たちがいて、暇をやり過ごしつつ無言のままでいいから誰かといたいからというだけの理由で、誰ともしれない無数の誰かれが座り込みに参加している。ここで起きているのは反基地反戦の運動において不可視のまま共起する秘密の生の共振である。

反戦は、ここからしか始まらない。しかし同時に、非暴力抵抗による反戦は、いつでもどこでも、すぐに始められるのである。そしていま、沖縄は、この始まりのなかにこそ見出される。

（1） ジャック・デリダ『法の力』堅田研一訳、法政大学出版局、一九九九年、一三二頁、原著一九九四年。

（2） 『ミシェル・フーコー講義集成6　コレージュ・ド・フランス講義 1975-1976 年度　社会は防衛しなければならない』石田英敬・小野正嗣訳、筑摩書房、二〇〇七年、二五三頁。

（3） 高江を中心とする戦後沖縄における反基地運動への理論的考察として、阿部小涼「繰り返し変わる――沖縄における直接行動の現在進行形」（『政策科学・国際関係論集』一三号、琉球大学法文学部、二〇一一年）と森啓輔「沖縄社会運動を『聴く』ことによる多元的ナショナリズム批判へ向けて――沖縄県東村高江の米軍ヘリパッド建設に反対する座り込みを事例に」（『沖縄文化研究』三九号、法政大学沖縄文化研究所、二〇一三年)の二つの論考が示唆的である。

(4) ジュディス・バトラー『戦争の枠組——生はいつ嘆きうるものであるのか』清水晶子訳、筑摩書房、二〇一二年、二〇六—二〇七頁、原著二〇〇九年。

このバトラーの指摘と関連して参照されるべきは、暴力/非暴力という対立を問い直し、反暴力という視座から、主権的権力を目指さない人民の非暴力が敵対性を増大させる可能性と暴力の表象が非暴力の新しい地平を開くことを鋭く論ずる酒井隆史『暴力の哲学』河出書房新社、二〇〇四年と、「暴力批判、すなわち暴力に対して解釈によって意味のある評価を下すこと、が可能であるためには、何よりもまず暴力のなかに何がしかの意味を認めねばならない。ここで言う暴力とは、法/権利の外側から法/権利に降って湧いた偶発的事態ではない。法/権利を脅かすものはすでに法/権利に属している。すなわちそれは、法/権利への権利、法/権利の根源に属している」と指摘するジャック・デリダ前掲書、一〇九頁である。

(5) この点については、徳田匡「兵士たちの武装「放棄」——反戦兵士たちの沖縄」(田仲康博編『占領者のまなざし——沖縄/日本/米国の戦後』せりか書房、二〇一三年、一一〇—一三五頁)が示唆的である。

(6) マハトマ・ガンディー「ガンディー・セヴァー・サンガ(ガンディー主義奉仕団)に」『わたしの非暴力1』森本達雄訳、みすず書房、一九七〇年、一八八頁。原著一九四一年。

(7) 阿波根昌鴻の非暴力抵抗運動の可能性については、拙著『沖縄の傷という回路』岩波書店、二〇一四年の「序」で論じたので参照いただきたい。

(8) 阿波根昌鴻『米軍と農民——沖縄県伊江島』岩波新書、一九七三年、二〇二—二〇三頁。

(9) ミシェル・フーコー『ユートピア的身体/ヘテロトピア』佐藤嘉幸訳、水声社、二〇一三年、三四—三五頁。

(10) この点の議論に関して、土佐弘之による『安全保障という逆説』(青土社、二〇〇三年)と『野生のデモクラシー』(同、二〇一二年)の二冊の論述から多大な示唆を受けた。

第10章　倫理としての辺野古反基地運動

二〇一六年二月（『現代思想』vol. 44-2）

1　倫理的衝動について

非暴力抵抗が暴力組織化への容赦ない挑発であり、同時に、運動の硬直化への飽くなき挑戦でもあることを、辺野古の反基地運動以上の柔軟さと明晰さをもって具体化している闘いが他にあるだろうか。そう思われてくるほどに、洗練された身体技法の様式化において反戦平和への倫理的衝動が共同化されていく辺野古の闘いには、尊厳と悦びが感じられる。闘うことと憩うことが同じ営みとしてありえて、独りでいることと共にいることが全く矛盾せずむしろその二つのあり方を保護しあう、そうした空間の生成が辺野古においては実感される。

反基地運動あるいは平和運動という営みがいかなる意味でも特別な営みでないことが、極めて直截にしかも絶対的といいたくなる強度と繊細さにおいて顕現しているのが辺野古であるが、ここでは、運動が運動を手段とすることなく、目的として設定される反基地運動のさなかにおいてすらなお、運動の拡散と変容が遂げられ、沖縄をめぐる政治的動態に政局論とは次元を異にする生全般に関わる倫理的な問いが導きいれていくのである。ここでは、テント前スピーチや無数の談義や密談という形式をもって、基地に反対することが労働問題と繫がり、労働問題はジェンダー／セクシュアリティをめぐる政治的動態へと接続され、結果、政治が日常に引き戻され、個々人はそれぞれで辺野古における日常の制作を模索してこれを交差させ、「われわれ」というその都度ごとの新しい複数性を創りだすことになる。

しかも、辺野古の運動は、辺野古という局所に限られることなく、同じく沖縄県北部東村高江のヘリパッド基地反対運動や宮古・八重山周辺諸島での自衛隊配備強化への反対運動と深く連動し、韓国をはじめとするアジア地域やアメリカの反基地運動とも連携を深めている。加えて、辺野古の運動が、沖縄を生きる人々の圧倒的多数の支持と賛同を受けて展開されていることは、極めて重要な点といえる。過酷な運動が決して沖縄の日常と切り離されることなく、むしろ、沖縄の日常を変容させていく力を辺野古の運動は体現し、国家暴力と軍事同盟の暴力支配を一二年間にもわたり退けているのである。しかも、その反基地運動は、いまや嘉手納基地という最大級の米軍基地の撤去要求とも連動しつつあり、常に更新されていく辺野古の闘いは、平和運動を新しい段階へと押し上げていることが実感されてくる。

むろんのこと、国家暴力に対抗する運動は、辺野古に限らず各地に無数にある。ただ、歴史的にみて、少なからぬ運動が、対抗を目的とするあまり、敵対する国家や右派組織との補完的関係のなかに自らを捕縛してきたように思える。そこで繰り返し生起していたのは、闘いを手段の問題へと特化してしまい、結果、その攻撃性を内向させてしまう過ちであったとはいえないだろうか。闘うべき国家暴力が熾烈であればあるだけ、闘いは闘いそのものを手段＝目的化してきたといえるだろう。そして、暴力装置としての国家は、カウンター勢力の先鋭化を煽ることを通して、自らの暴力組織化を拡充してきたことは明白である。たとえば、第二次安倍極右政権による、パリ襲撃事件を口実とした対テロ対策名目の共謀罪検討の策動など、その典型といえるだろう。

そして、かかる策動において露出してきたのは、警察の軍隊への限りない接近である。この点、沖縄においても局所的な症候性が見て取れる。まず、沖縄県警と警視庁対ゲリラ機動隊との合同隊そして米軍と米軍警察の間に、明瞭な境を見出すことが極めて困難になってきているという事実がある。警察権のおよぶ範囲の境が積極的に融解させられ、警察は軍の一組織となり、軍が公安警察化しているのである。このとき沖縄県警そして警視庁機動隊と米軍は、単に相似しているのではない。その連携において、法の隙間を無限に拡大する複合増殖的暴力団と化してきており、この暴力組織は国家主権を超えつつ国際法にも縛られることのない曖昧な無法領域を恣意的に作り出し、そこを攻撃拠点として、市民生活全般から国際紛争に至るまで、全面的に介入しているのである。

そうした事態を辺野古という局所において考えるとき、運動の中心を担う山城博治さんへの二度にわたる米軍＝沖縄県警そして警視庁機動隊による不当な拘束は、それじたいが、戦争状態への煽りともいえる警察＝アメリカ軍の挑発であることが理解できる。しかも、その挑発は、刑事特別法という違憲性の濃い法外な法の適用をちらつかせる点で法権力の濫用となっており、ここにベンヤミンが指摘する「他者への恐怖と自己への不信とが、法の動揺をしめしている」(1)さまを見出すことになんの困難もない。

ただし、この点に関わって指摘しておきたいのは、辺野古においては、基地入口の境界線をめぐってその出入り管理の恣意性が運動によって絶えず審問され、結果、警察と軍との癒着による法の宙吊りが可視化されていることの意義である。この露呈を通じて、警察と米軍の「過剰警備」の無法性を沖縄住民の多くが感知するに至り、警察＝軍の過剰警備の暴力性が、辺野古のゲート前座り込みと海上カヌー隊デモという徹底した非暴力運動の秩序において反転的に可視化されている。その結果、沖縄住民が容易に警察＝軍の恣意的暴力を感知しこれを制限していく方法が実現されているのである。事実、呼びかけで数百人に及ぶ市民が座り込みに駆けつけるようになった水曜日は、機動隊出動もなくなり工事関係とおぼしき車両運搬も停止状態がつづいている。運動の中心を担う安次富浩《あしとみひろし》さんが語るように、「座り込みを早く終わらせたい、というのが誰しもの思いです。しかし、見誤ってはいけないのは、いま追いつめられているのは日本政府であって、沖縄のほうが攻勢をかけているということです。これだけの弾圧体勢を敷いておきながら、ボーリング調査はいまだに終了しておらず、政府の思惑通りには物事は全然進んでいない(2)」のである。

端的にいって、沖縄県警も、米軍も、私人も、座り込むだけの私たち市民をしょっぴいたところで刑事特別法では公判を維持できないし、道路交通法で海上カヌー隊デモを逮捕することもできないのである。これらの組織にできるのは、「保護」と称する一時監禁である。むろんこの事態への対応についても、即座に弁護士会といくつもの平和運動体が抗議と支援にまわる流れが沖縄の運動ではずっと展開されてきており、そこで名護署をはじめとする各警察署は、延々と、拘束理由の開示と法的根拠の開示を迫られることになる。

ここに見出されるべきは、運動のなかに、運動そのものを目的＝手段とせず、運動を個人単位の繋がりにおいて持続させていくための繊細きわまりない配慮が、国家暴力との対峙の際の絶対条件として機能している事態である。非暴力抵抗における暴力への挑発は、常に相手の暴力を相手が抑制せざるをえない空間を法の名において創りだしていくことと同時になされなくてはならず、また、運動そのものが、分裂した諸集団の内部闘争への暴力を内向させていくことを常にさき回りして封じていく作業と同時になされる必要がある。その要諦について、運動の中心を担う山城博治さんが、インタビューに応えて次のように語っている。

何回も目の前で運動が分裂するの見てきた。そりゃ、悔しいし悲しい。運動の論理や指導性をめぐって運動が萎ませてきたところがある。運動を分裂させないための要点は、「先鋭化」させないこと、運動をガチッと型にはめないこと。(中略)辺野古みたいに激しい運動ではつきものなんですよ。権力の暴力に始終さらされてるし、右翼も来るし、そういったら悪いけど、分裂する要素はいっぱいあっても団結できる要素は少ないんだよ、ほんとは。だから、その中でとにかくそれを食い止める術は、あまり個人にとかく言わない。(3)

個人に対して、綱領的な統一を強いないことにより、運動は常に流動性を保ち、様々な主張の差異が保護され黙認され居場所が創出される。そのことを運動の中心にいる人が語ることにおいて、運動は党規的縛りを持つことなく、求心性と遠心性を同じ言動の作用点で発揮しうるのである。先鋭化せず、互いを見過ごす技法、コアを固めないというコア、遂行的矛盾を露呈させること。それらの注意深い配慮によってこそ、辺野古の運動は成立していると見える。軍を拒否し基地に反対する力が、対抗的であるよりははるかに協働的なものであり、流動的なものであり、なにより日常的であるということが、辺野古で座り込んでいるだけで唐突なまでに体得される。むろんのこと、このような空間の生成を真に恐れているのが、軍であり警察であり、ひいては日米軍事同盟であり、さらにいえば、軍事システムであることはいうまでもない。

普天間基地撤去の口実として辺野古沖に巨大米軍新基地を二〇一四年までに建設するという日米合意が成立したのは二〇〇六年であるが、それを阻止したのが、山城氏が言う、運動をガチッと固めないという原則である。反基地という原則を手放さず、積極的な緩みのなかで運動そのものを変容に開き、自在な流れを生み出すことの意義は、いくら強調してもしすぎることはない。不当な国家間合意は、地域住民の持続的な抵抗において必ず阻止されることを、辺野古の運動は既に半ば以上証明している。日米合意を破綻に追い込んだこの運動の柔軟さこそが、反基地そして反戦という倫理的衝動の硬直を阻んで、戦争への抗いを非暴力抵抗のうちに実現していくのである。この抵抗に対して日本政府あるいは日米安保体制そして米軍ができることは、実のところ極めて限定的である。ほとんど無いといっていい。現在進行中の辺野古沖埋立に関する代執行をめぐる日本国と沖縄県の司法闘争では、国が勝っても負けても、いずれの場合でも運動の強化拡大への後押しにしかならない。裁判に訴えた時点で、国は辺野古から拡大進化していく運動の流れに憑りつかれてしまっている。おそらくはそのことを知悉するがゆえに、国家暴力は、自滅的な方向において破壊欲動にのめり込んでいる。そして、その事態をこそ、辺野古の闘いは、歴史的スパンにおいて逆照射しているのである。

2 戦争の手触り

「豚一名確保」――警備機動隊員が完全な非暴力による抗議活動をする市民を拘束する際に発した言葉が、聞き取られている。新聞報道その他でこの言葉に触れたとき感じたのは、戦争の手触りというしかないおぞましい感覚であったし、いまなおその言葉の響きは、私だけでなく多くの人たちを貫いている。敵対し標的とされる人間の「動物化」が、世界内戦化において常套化していることがしばしば指摘されるようになってきたが、おそらくは、日本政府及び警察＝軍は、辺野古において、その前線を着々と築いている。

海上保安庁が辺野古沖で恣意的に拡大設定される臨時制限海域の内外で繰り広げている暴力行為は、すでに組織的犯罪であり、その犯罪が警察＝軍の武装によるものである以上、それは限りなく戦争行為に近づいてきている。すくなくとも、内戦あるいはテロを誘発しかねない国家テロという様相を呈していることは火を見るより明らかである。加えて、陸上の辺野古キャンプ・シュワブ基地ゲート前では、対テロ精鋭部隊である警視庁機動隊と沖縄県警の合同部隊によって、連日、怪我人を出すまでの過剰警備体制が敷かれている。

しかし、この闘いの前線において、闘う人民の連帯とネットワークが、闘争を拡散し複数化する形で、戦争への抵抗を可視化していく過程が、明瞭になってきている。この可視化の力には重要な意味がある。戦争状態に対する抵抗においては、暴力の作用点を局所化しつつ、全面的組織化を隠そうとする暴力装置を可視化し、暴力を限界づける作業は、極めて有効な方法と思われるが、この方法に関わって、辺野古の闘いは、戦争に繫がる破壊欲動に基づく国家暴力を、感知可能な実体として浮き上がらせることに成功している。

死の政治（ネクロ・ポリティクス）として顕在化する軍事主義的支配の暴力は、生の地平を恐怖の力において領土化してこれを引き裂き、そこに生きるものを「人口」として統治しようとするが、反戦そして反基地は、この生の地平を身体表現において取り戻す運動である。つまり、非暴力の戦闘性は、戦争が確定しそして攪乱しようとする主権のラインそのものを失効させる倫理的かつ美学的な運動であり、この美学的な動力は心身における象徴の力の回復として、運動を、国家からの自律あるいは戦争への根源的拒否へと赴かせるのである。辺野古における戦争への抗い、反基地の闘争はまさにこの具体化であるが、この点に関わって、次のようなフロイトの指摘が重要な示唆を与えてくれる。

文化の発展に伴う心的な変化は顕著で、紛れもない事実です。この変化は、欲動の目的の遷移がどんどん進行していって、欲動の蠢きが制限されることにあります。私たちの祖先にとって快に満ちていた感覚は、私たちにはどうでもいいものか、ないしは耐え難いものにさえなりました。私たちの倫理的、ないし美的な理想要求が変化したのなら、それには器質面での根拠があるのです。文化の心理学的な性格のうち二つが最も重要であるように思われます。まず欲動の活動を支配し始める知性が強まること、それと攻撃的な傾向性の内面化です。後者には、有用な帰結も危険な帰結も多々伴います。さて、文化の過程が私たちに強いる心理的な態度に真っ向から楯突くのが戦争です。だからこそ私たちは戦争に憤慨せざるをえないのです。戦争に耐えることなど、私たちにはもはやそもそもできなくなっています。それは単に知的で情動的な拒否ではありません。それは私たち平和主義者にあっては、器質的な不寛容であって、ひとつの特異体質がいわば極端に肥大化したものなのです。また、残酷であるのに加えて、戦争が美的な観点からしてこき下ろされているのも、私たちが戦争に反発を覚える大きな理由のひとつではないかと思われます。(4)

死への欲動(タナトス)に集約される戦争への全面的傾斜への警告とともに、かすかな希望としてフロイトがここで語っていることの核心に、「文化の発展」による望ましい制限をうけて、戦争を徹底して拒否する倫理的かつ美的な「心的な変化」が、「私たち」のなかに作動していることを見出すことができるだろう。いうまでもなく、この「私たち」とは、第一次世界大戦に人類史上はじめて出現した総力戦体制下の大量殺戮の時代を生きているこの私たち以外ではない。戦争が、死への欲動(タナトス)に源泉を持つ、いわば心的な古層の「快楽」に依拠するものだとしても、その攻撃欲動は抑制されうるし、抑制されなければならない。その抑制の基盤に働く「文化」は、否応なく、私たちに戦争への生理的な嫌悪感を抱かせるとフロイトは指摘しているが、ここで戦争への「嫌悪感」は、理性や感情において自覚されうる拒否とも異なる心的機制として思考されており、これを、自我を超えた規範つまり倫理的かつ美的な「心理的な態度」から導きだされる力によるものと捉えることは、あながち誤読とはいえないように思える。

「快感原則の彼岸」(一九二〇年)に集約される、こうしたフロイトの思考の転回が第一次世界大戦を契機とする点はつとに指摘されるところだが、このことを、反戦を繋ぎ目として今の沖縄に引き寄せて考えてみたい。つまり、フロイトが、戦争を、死者からの審問というレベルの規範性において批判的検証に付していることを、いま現在の辺野古の反基地闘争が、沖縄戦の経験とりわけ死者たちからの審問への応答という位相を持つことに重ねつつ注目したいということである。「人間はほんとうに死ぬのであり、しかも個人としてではなく、多数の人々とともに死ぬ。一日だけで数万の人が死ぬことも珍しくないのである」というフロイトの言葉(5)は、沖縄戦において再起的に現実となってしまった。その現実が、過去として消え去らぬまま私たちの前に現実化の予感とともに現れるとき、いま沖縄を生きることとは、この言葉を反芻しつつ、この失われた死者たちからの問いを、戦争と戦争に繋がるいっさいの軍事的な動きへの根源的な拒否において受けとめる以外を意味しないように思われる。さらにまた「ここでわたしは古い格言を思いだす。「平和を保とうとすれば、戦にそなえよ」。／しかしここでこの格言を修正するのは時宜に適ったことだろう。「生に耐えようとすれば、死にそなえよ」」というやはりフロイトの言葉(6)をも重ねて想起するならば、死を忘れないことによって、私たちが過酷な国家暴力に曝されているこの生に耐えて克服を模索することが、即座に戦争への拒否となる道筋が見出されてくるようにも思われるのである。生に耐えるというあり方は、沖縄戦を想起しつつ、死を忘れず戦死者たちに問われつつ、反基地と反戦のいまを生き延びることにまっすぐ繋がる。そして、この生の再定義をいまの沖縄の闘争に重ねて思考する過程において、次のような目取真俊氏の言葉が、いま傾聴されるべき警句と感じられるのである。

自分の母親は戦争当時まだ一一歳でしたが、テレビで米軍によるアフガニスタンの空爆を見たら、すぐ自分の子どもの頃の体験を思い出して、絶対嫌だ、となるわけです。そして自分の孫のこれから先を心配するわけです。そのときに県外だ、国外だ、なんていう発想はないはずです。とにかく戦争は嫌だと。自分が味わったような経験はさせたくないと。それがあるだけだと思います。

そういう沖縄戦を体験した人たちの、戦争や軍隊に対する絶対的な否定感は、残念ながら沖縄でも風化している。そんなこともきちんと認識しないで、県外移設だと言えるようになったから、今までの運動を超えたような地点に自分がいるかのような気になっている。(7)

辺野古をはじめとする沖縄における反基地運動が、その根源において戦争への「絶対的な否定」であることを目取真氏は示唆するが、その否定が、沖縄戦の記憶に由来することを強調している点は重要である。基地を拒むことと戦争に反対することは不可分であり、しかも、戦争に反対するとは、こちらの戦争に反対であちらの戦争は仕方がないということでもない。なぜなら、「人間はほんとうに死ぬのであり、しかも個人としてではなく、多数の人々とともに死ぬ。一日だけで数万の人が死ぬことも珍しくないのである」からである。そうである以上、基地もまた、こちらからあちらに「移設」されれば問題が解決されるということもあり得ないのは必然である。そもそも米軍や自衛隊に限らず、軍および基地は面積ではなくグローバルに展開する機能性であり、ポール・ヴィリリオに倣えば速度そのものであって、占有面積の配分の駆け引きで「移設」できるものではない。そもそも「移設」いう用語は、日米合意において新基地拡充建設を粉飾するための虚言として提示された米軍再編推進のための罠であり、その認識を事実として後押しする沖縄の米軍基地「移設—引き取り」論は、沖縄の運動における倫理的衝動としての戦争への生理的嫌悪感と拒否を理解できておらず、この拒否が切り開く生の条件を変革していくための求めを感知できていない。

沖縄戦という経験、そして沖縄戦の死者たちからの審問を心身において受けとめるとき、辺野古の闘いは、常に沖縄を生きることとの根源にかかわる生の再定義となる。そうであるがゆえに、「とにかく戦争は嫌だと。自分が味わったような経験はさせたくない」(前出、目取真)という言葉は、戦争経験のある無しを越えて世代間を繋ぎとめ、そしてまた、沖縄の内外という境界をも越えて、人を確かにとらえるのである。私たちはその言葉をどんな力にも譲りわたすことなく、繰り返し語り続けていいはずである。とにかく戦争は嫌なのだ。

3　普遍的な平和と平等への求めについて

先に引いたインタビューのなかの山城博治さんの次のような言葉を、ここで想起したい。

具体としてね、基地をお互いのレベルで、市民レベルで、運動家レベルで、引き受けろよとか、それが理解できなければ差別だよって一人一人が告発していくようなそんな次元の話ではないんじゃないか、僕たちが提起する沖縄の基地問題はそんなレベルじゃない。いっちゃ悪いけど、そんな低次元な議論をしてるのではないんだ。僕たちはもっと普遍的で平和ってものは何かって考えている。それが沖縄の運動じゃないかな。(8)

「僕たちはもっと普遍的で平和ってものは何かって考えている。それが沖縄の運動じゃないかな」という言葉が語られるとき、辺野古の闘いが、普遍そして平和という、言い古されたかのようにして敬遠されがちな言葉に新しい意味と文脈を与えているように感じられる。しかも、この新しさには、常に歴史からの学びが息づいている。沖縄の反基地そして平和運動が普遍的であるとは、それがいかに実現困難かを知るがゆえに、その不可能性の限界においてなお普遍としての平和を求めざるをえないということであり、このことは、「それは単に知的で情動的な拒否ではありません」とフロイトが断言する、戦争へのどうしようもない嫌悪感と絶対的拒否において表明される、私たちの生そのものへの普遍的な要求として沖縄の運動があることを示すと思われるのである。普遍的な平和への求めに例外はない。あるのは、普遍的な平和への求めのなかに現れる平等の原則である。この点、山城さんの言葉は次のような阿波根昌鴻の言葉と確実に響きあっている。

マルクス主義者といわれる人たちには、マルクスがどういった、こういったといって、それを覚えているだけで、ともに平等に生きるという肝心の生き方を忘れている人がおるように思いますね。これではいかんと思います。

だから、平和運動でもですね、平和をのぞむ運動家は、生活の場でも平和でなければ本当の平和は実現しない、そういうふうにわしは考えております。何か特別なことをするのが平和運動ではない。悪いことだけはしない、生活の場から平和をつくりだしていく、これが基本であるとわしは考えておる。(9)

マルクスを学ぶことを釈迦やキリストに学ぶことと同じ歓びとして語った阿波根昌鴻の伊江島反基地土地闘争が今の辺野古に回帰しつづけていることは、非暴力による徹底抵抗を象徴する「陳情規定」のなかの「耳より上に手をあげてはいけない」という言葉が、いつのころからか辺野古のテント小屋前のプラカードに書かれ掲げられていることのなかにも穏やかに示されている。平等とは生き方そのものの問題であり、平和運動とは特別なことをすることではなく、生活から平和を創りだしていくことという基本を語る阿波根昌鴻の言葉は、辺野古の今の闘いのなかに確かに息づいている。

病を克服し元気に闘いの現場に戻ってこられてから、山城博治さんは「こうして生きて闘えて本当に幸せです」とたびたび語っているが、この言葉から感受されるべきは、生きることと闘いが不可分であり、闘いが生きることそのものを更新しその条件を作り変えていくという事実である。実際に、辺野古の闘いは、領土、領海、領空という自らを決して示すことのない国家(間)が幻出させる線を、厚みを持った動く線の群れとなって漕ぎ出で跨ぎ越える人々の生を、日々新しい政治的身体へと書き換えている。そして、海での抗議デモは、「海で暮らす抵抗」(阿部小涼『現代思想』二〇〇五年九月号)がきりひらく生活圏を、領土概念と国防妄想を退けつつ、流動するままに実質化している。ここにあるのは、国家暴力が法の暴力性において設定する制限区域という境界を、法の精神において書き換えていく法政治的実践の協働作業のたえざる発明といえるだろう。ここにこそ、辺野古から始まる普遍的な平和の運動の核心が見出されるのでなければならない。

おそらく、辺野古の闘いは、そして沖縄の闘いは、これから厳しい局面を迎えていくことは疑いようがない。しかし、なぜか辺野古の闘いに悲壮感を感じることはほとんどない。むしろ、いつも運動の現場でこぼれるような笑顔で闘いを楽しみつつ、私たちを励ましてくれている小橋川共行さんの次のような言葉に、ただただ共感するばかりなのである。「基地建設は確実に止めます。止める自信がある」(10)。

二〇一六年一月段階、日本政府の当初の予定を一年以上も遅れてなお海上ボーリング調査は終わっておらず、工事本体も事実上ストップしている。この間、国の工法と辺野古埋立に関する法行政上の問題について極めて詳細な考察と提言をウェブ上で公開している北上田毅さんは、本体工事が開始されていないままの政府のいわば着工偽装のフレームアップ性を指摘している(http://blog.goo.ne.jp/chuy/)。実状からして、作業ヤード整備のみに押しとどめられている今、辺野古埋立本体工事はストップしている。この後、法廷闘争のみならず、県知事と名護市長の権限における工事変更申請却下や文化財保護、土砂条例等の阻止手段は次々と控えており、闘いの方策は尽きることがない。

辺野古の非暴力による反基地抵抗運動は、私たちの生を、死の共同化から遠く遠く引き離し、戦争に繫がるいっさいの暴力への絶対的な拒否を、平和への普遍的な求めにおいて実現する。沖縄の今を生きることが、この求めへの絶対的な信頼でなくてなんだろうか。

(1) ヴァルター・ベンヤミン『暴力批判論』野村修編訳、岩波文庫、一九九四年、四八頁。原著一九二一年。
(2) 安次富浩「辺野古のたたかい・この一年を振り返って」季刊誌『けーし風』八七号(特集・未来につながるたたかいへ)、聞き手:岡本由希子、二〇一五年七月、八頁。
(3) 山城博治「わが原点、われらが現場、抗う沖縄の思想」『越境広場』第一号、聞き手:與儀武秀・親川裕子、二〇一五年一二月、一四頁。
(4) フロイト「戦争はなぜに」『フロイト全集』第二〇巻、高田珠樹訳、岩波書店、二〇一一年、二七二頁。

(5) フロイト「戦争と死に関する時評」『人はなぜ戦争をするのか――エロスとタナトス』中山元訳、光文社古典新訳文庫、二〇〇八年、七六頁。原著一九一五年。
(6) 注(5)前掲書、九六頁。
(7) 目取真俊「沖縄の戦後七〇年、続く「戦争」と「占領」」『神奈川大学評論』第八二号、聞き手：後田多敦、二〇一五年、一七頁。
(8) 注(3)前掲インタビュー、一七頁。
(9) 阿波根昌鴻『命こそ宝　沖縄反戦の心』岩波新書、一九九二年、一八七頁。
(10) 小橋川共行「子どもたちの未来のために座り込む」、注(2)前掲誌、一一頁。

第11章　運動体としての沖縄　2012-2018

1　関係性としての沖縄

那覇市が、市職員の採用試験に、「ウチナーグチ」面接を取り入れると決めたと報じられている。県条例により「しまくとぅばの日」が制定されたのは二〇〇六年であったが、同じ年、沖縄県小中教員採用試験で琉球芸能の実技試験を課すという案が、沖縄県教育委員会から提示される騒動もあった。どうやら沖縄において、言葉や芸能は、どれだけ沖縄的でありえるかを、個々人が労働市場において競い合うための、ある種の「文化資本」となりつつあるようである。つまり、沖縄の文化は、その文化を身につけた者に、経済的な恩恵をもたらす身振りとなり、社会的優位性をもたらすような力を持ちつつあるということにもなるだろう。

こうした流れのなかで私が感じているのは、沖縄を覆いつつある閉塞感である。文化は資本化され、アイデンティティは政治的カードとなり、人間はグローバル市場における商品となる。その閉じたサイクルの過熱のなかに沖縄の今があると感じられる。こうした流れは、今に始まったものではないだろうが、この七、八年のあいだに顕著となってきた沖縄ナショナリズムの高揚は、それが行政と民間の双方から打ち出され、民族的・性的・階層的な面での排除を隠さない危険性を帯びている点で、「戦後」沖縄の歴史のなかでも新しい現象と感じられる。そして同時に、この危険性は、日本全体の右傾化と重なっているというのが、私の率直な印象である。

しかし、大切なのは、こうした資本化とグローバル化に組み込まれた民族主義的な自己確定を批判しつつ、沖縄を生きる人々が、商品化とは異なる方向において共生の方法を見出そうと模索してきた歴史があるという事実である。その最良の例として、一九九八年から翌年にかけて『けーし風』(新沖縄フォーラム刊行会議)二〇・二二・二三号に掲載された岡本恵徳氏と屋嘉比収《やかびおさむ》氏の「沖縄人になる」ことをめぐる対論があると、私はそう思う。

対論は、「再定住」という、ゲーリー・スナイダーと山尾三省との地域環境の意義を語る対談本における言葉に触発された岡本が、「沖縄という言葉に特別な意味を持たせる考え方、人と場所と文化(言語)の同一性に疑いを持たず、そこにアイデンティティの根拠を見出す楽天性をどうしても持つことができなかった」自身のあり方をふまえて、「沖縄人《ウチナーンチュ》である」ことよりむしろ「沖縄人になる」ということのほうに意味があるのではないか」と問い直すことから始まっている。屋嘉比がこれを受けて、岡本の論では「「沖縄」「沖縄人」がある実感に基づき無前提に措定されているのではないか」と疑義を呈することになる。そして、岡本が提示した「再定住」という言葉のなかの、「定住」のほうではなく「再 re」に関わる思考の広がりを評価して、「生活実感に依拠したアイデンティティの枠組みそのものを問い返す」という方向へと議論を展開させていくのだった。

私などは、約一五年ほど前の二人の根源的な言葉が、あまりに生き生きと感じられて、そのことに撃たれずにはおられない。二人が亡くなった今となってはなおさらのことである。そして、屋嘉比の疑義を受けて再論する岡本の次のような言葉に触れるとき、感銘はいよいよ深くなる。大切な言葉だと思えるので、長い引用をお許しいただきたい。

人はスナイダーの言う「定住」を拒否してあくまで「流動」し「流転」することも可能である。そして、そのどちらを選ぶかが人が生きていく上で決定的な選択となるだろうけれど、問題はその際

「定住」を選ぶ場合のことだろう。「定住」するために、〝自分はどこで生きようとするのか〟という、その「プレイス（場所）」である。ということは、自分の生きる場所＝プレイスをどう認識し、それとどのように関わるか、という主体と対象との関係性こそが問題となるはずである。たとえば、「沖縄」を「沖縄」として認識することは、「沖縄」を他の「プレイス」との関係性のもとにおくことであり、さまざまな態様をみせる関係性のなかから何を「沖縄」として見出し、それと関係をつけるか、ということになる。そしてその場合、問われるのは「何が沖縄か」ではなく、自分が何を「沖縄」として措定し、それと関わろうとするか、という自らに対する絶えざる問いかけであろう。（岡本恵徳「偶感（一九）」『「沖縄」に生きる思想』未来社、二〇〇七年収録）

岡本と屋嘉比の対論において分かち持たれているのは、沖縄を「　」に入れて、これを関係性として捉え、沖縄を前提とせず「沖縄」を新たな関係の束として発見していこうとする姿勢である。であればこそ、二人の応答に触れて、私も「沖縄」を夢想しないではおられない。その夢想とは、定住している他ならぬその場所で流動を生きるということである。そして、一つの場所を、特定できない多数の生が寄り合う場所性の重なりあう場（プレイシズ）に常に変えていき、そこをとりあえず「沖縄」と呼んでみることである。そのプレイシズを行き交う人たちは、どのような文化資本を保持しているかを問われることはない。逆に、資本に転化しないような「文化」を、それぞれが共に創出していく無数のプレイスが出現していくとき、その無数の場所性において沖縄は見出されていくだろう。そして、実は、そのような沖縄が、歴史と現在のなかに無数に存在し、無数の人々の無数の生において生きられてきたし、今なお生きられつつあると、私にはそう思えるのである。

二〇一二年一二月（『けーし風』七七号）

2　分母を疑うこと

大学の卒業シーズンを迎え、卒業生たちの就職の困難に触れて、暗い思いになっている。低賃金や不払い労働あるいは雇用止めなどの働く場の凄まじい荒《すさ》みを棚上げにして、学生たちに歪んだ社会への順応を説く私たち大学教員の下劣さを省み、同時に、この困難を「率」で説明しようとする態度に強い不信を募らせている。

報道によれば、今年の大学卒業生の内定率は七五％だという。この数字は、大学で実感している感覚からあまりにズレている。私的な印象から言えば、四〇％前後というのが実状であり、「就活」に勤しむ学生たちにも冷めた表情さえ見える。私には、率を決める分母に嘘があるとしか思えない。一〇〇に設定される分母が、つねに何かを排除し何かを過剰に組みこんでいる。分母のこの恣意性が、あらゆる統計の核心にあり、社会の崩壊という現実を隠しているのではないか。あらゆる統計が、出したい率を出すために、分母＝一〇〇％という嘘の前提を作っていると、そう思えてしかたがない。

ちなみに、政府統計では、求職していないとみなされる人たちは「失業率」の分母から排除されている。つまり、求職していないとみなされたニートや、市場が労働人口とみなしていない人は、失業者でさえなく、統計上存在しない。失業の核心にいるこの人たちを加えたら、失業率は政府発表を大きく上回るはずである。逆に、どんな短期間のバイトでも働いて収入を少しでも得たら、有職者としてカウントされる。似たような操作は自殺率にも言えて、日本では、遺書などで自殺の意志が確認できたうえに、死後二四時間以内に発見された人のみを自殺者としている。ＷＨＯ世界基準の「変死者の半数」を加えると年間一〇万人を超すという説もある。貧困率、米軍犯罪率、税率……国勢調査に象徴されるすべての統計には、見たい数字をはじき出すからくりが働いていると見るべきだろう。

こうした文脈をふまえて、沖縄の今を見てみたい。

たとえば、沖縄への在日米軍基地の集中を示す指標として、「七四%」という比率がよく語られるのだが、この比率の全国的な平均化による負担平等が、基地問題の解決策であるとの言説によく接する。しかし、この考え方では、在日米軍は基地面積の問題となり、面積一〇〇%という分母の固定的な全体が疑われず、むしろ追認されている。こういう問題構成こそが、在日米軍という「分母」を不問にし、基地を「分子」の配分の手続きの問題に矮小化することを可能としているのではないか。

関連して、沖縄と日本の関係を端的に示す指標として一対一〇〇という数字がある。この人口比からして、沖縄への基地集中が差別だという批判に私は完全に賛同するし、この差別は人種主義的な暴力ととらえるべきだと考えている。しかし、ここから、九九%の多数者である日本人が一%のマイノリティの沖縄人に負担を押し付けていると短絡化するのは単純に間違いだとも思っている。なぜ間違いか。それは、人口比を出自にすり替えているからである。沖縄に住むのが沖縄人だけなどということはないし、あってもならない。同じく、日本に住む人々がみな日本人などということも絶対にないし、あってもならない。まして、言われるところの基地「負担」の内実は、沖縄人か日本人かなどという恣意的なカテゴリーに関係なく人々を呑み込む国家と国家間軍事同盟そして資本の暴力である。この暴力は、私たち一人一人の生存権に対する全面的な剝奪として生起しているのであって、出自や地域の応分負担で解決されるべき問題では決してない。むしろ、これを応分負担の論理で考えることは、国家と資本を支えるシステムのコマに自ら進んでなることを意味する。この悪循環を断つためには、負担そのものを拒むプロセスを連帯のなかで実現していくしかないと、私などは単純に思う。誰が、どこが、どれだけ在日米軍を「負担」するかではなく、一%であれ、どこでもこれを負担しないと主張していく必要がある。

そして、この拒否の連帯を夢想していくために、どうしても「分母」のあり方そのものを問うていく必要がある。あらかじめ切り分けられた「母」を統計の基礎とし、その上で切り分かたれた「息子」たちが分け前を争う構図が、政治的駆け引きの枠組みとなってはいないか。電力需要総量一〇〇％という嘘の前提が原発推進の根拠とされ、地方交付金一〇〇％の分配をめぐって地方がいがみあう。そして、少子化や未婚率が国家の脅威とされるなかで同性愛者は一〇〇％という数字のなかに包摂されつつ抹消され、企業が掲げる一〇〇％の達成率が働く人々を殺していく。

恣意的な分母＝一〇〇％を固定化して、応分負担の強迫によって社会そのものを全体化していく、こうした流れから離脱するためにはどうしたらよいだろうか。いま私が妄想しているのは、比較や分担を思考する際に、その思考の傍らで、分割を拒む一という分母がありえることを想像するという作業である。この一という絶対数は、私たち一人一人が多様な生の重なりを共に生きていく権利の別名であり、負担分配による全体化への拒否の表明である。

大学を卒業して、過酷な社会に出ていき、貧困や性差別あるいは強いられた孤独や深い疲れを生きていく彼女／彼が抱える困難が、分割しうるはずもない一つの心身で生きられることを思うとき、これを統計値のような割合で考えることが、彼女／彼たちにとっていかに失礼な態度かと気づかされる。そのことに気づくとき、応分負担ではなく、耐えるべき負担という前提そのものを批判しこれを解体していく試みが、沖縄を生きていくあらゆる局面において必要となることを感じないわけにはいかない。

二〇一三年三月（『けーし風』七八号）

3　橋下発言批判の更新にむけて

日本軍従軍慰安婦制度を歴史的必然として追認し、沖縄への配慮という名目で、在沖米軍司令官に「風俗」活用を提言した橋下徹大阪市長（二〇一五年一二月任期満了、政界から引退）の発言に接した際の深い憤りを今もって忘れない。人間への侮辱を、男の性欲は女によって慰撫されなければ爆発するといった妄想で必然化する橋下発言は、阿部小涼氏が新聞紙上で的確にコメントしていたように(『沖縄タイムス』二〇一三年五月一五日)、レイプ神話の典型である。これだけ愚かで恥知らずな言葉が、政局の中枢で何の制裁も受けずに流通する。それが現在という時代なのだと、あらためて痛感する。そして、この橋下発言に関する批判の言葉に新聞紙上等で接して共感を覚えると同時に、奇妙な違和を覚えたことをも書いておきたいと思う。どのような違和か。それは、橋下発言を批判するいくつかの言説において、橋下発言と同じ論理が反復され、強化されているのではないかという疑問である。

たとえば、佐藤優氏の沖縄地元紙での橋下批判の言葉には、強い疑問を感じないではおられなかった。佐藤優という人の沖縄に関する発言を読むたび、どこまでも国家主義的なその思考に呆れてきたが、今回は特にひどいと感じた。特に何がひどいのか。それは、佐藤氏の橋下批判が、米軍駐留を自明化して全く問わず(問わせず)、従軍慰安婦問題を「過去」のなかに封印しつつ、性差別を政局的な問題にすりかえている点に集約的に表れている。そうした転倒した論理を支えているのが、「同胞」という言葉である。

佐藤氏は橋下発言を批判して次のように述べている。「沖縄の住民が性犯罪の被害に遭いたくないならば現代版の慰安所をつくり、風俗という名の現代版慰安婦を用意しろと言ったということだ。慰安婦問題を過去の問題から二一世紀の沖縄に持って来た発言だ。／抜本的に沖縄の基地の過重負担を解消するという発想とは全く逆だ。被害は一定程度あるが、人間の生理だから仕方がない。ならば地元で態勢をつくれ、ということで、まさに沖縄への構造的な差別を固定化し拡大するものだ。沖縄人を同胞と思っていればこういう発想は出ない」(「識者評論」『琉球新報』二〇一三年五月一五日)。

橋下氏から「同胞」扱いされる筋合いはないと考える私などは、沖縄差別と日米安保という構造的暴力の問題を、佐藤優氏のように「同胞」という問題設定によって考えること自体が倒錯的だと考える。「同胞」意識で考えてしまうことによって、軍隊批判という軸が消えてしまう。そして何より、日本軍慰安婦制度を、沖縄の人間もそこに加担した日本の植民地主義暴力を歴史的反省のなかで問うていこうとするとき、「同胞」という言葉自体が暴力的と言わざるをえない。

同胞(はらから)とは、「同じ女の腹から生まれた者」という意味であって、民族の純粋性への志向を持つ言葉である。生まれを同じくする者(民族)の絆という概念は、女の腹＝胎を媒介として成り立ち、そして同時に、同胞ではない「女」を取り込みつつ排除することによって成り立つ、男性中心主義的な思考のあり方である。橋下発言において根源的に批判されていくべきは、ほかならぬ「同胞」的な思考の枠組みによってこそ、同胞の絆の維持のために収奪される性としての「女」が、今に続く「男たち」の歴史のなかで制度化され活用され破壊され抹消されてきた点であるだろう。つまり、日本の植民地主義の歴史と、日米軍事同盟の歴史が、性をめぐる政治的な暴力という視座から問われる必要があるということである。そして、この植民地主義暴力の歴史への責任を、私たち沖縄を生きる(生きた)人間もまた、負っている。沖縄を生きる私たちは、私たちの自身の反省として、沖縄の人間の植民地主義の責任を批判的に考える課題から逃れることはできない。慰安婦問題は、決して、「過去」の問題ではないのである。

戦時においてこの沖縄に一四〇カ所もの慰安所があったことを、私たち沖縄に生きる人間が、私たち自身に突きつけられた歴史の問いとしていかに受けとめることができるか。性産業と私たち自身の社会との関わりのありようを真摯に問うことなく、「街の浄化」などという、それ自体度し難く卑劣な言葉で「同胞」とは異なる「女」を活用しつつ排除し続ける沖縄社会のあり方そのものを、どのようにして批判的に問うていくことができるか。そうした問いかけが、橋下発言批判を更新していくなかで私たち自身に突きつけられていく必要がある。

そうした問いを、もっとも丁寧に、もっとも洗練された形で受け止め、応答し続けているのが、「基地・軍隊を許さない行動する女たちの会」である。軍隊そして軍事基地にこそ問題の根幹があること。そのことを揺るぎない行動と根源的な批判において開いてきた同会の活動にこそ、今こそ共有されるべき思考の拠り所がある。

従軍慰安婦問題も米兵によるレイプの問題も、暴力による人間の支配を構造化する基地と軍隊に問題の核心があるのであり、基地と軍隊の存在を前提しこれを問わないいかなる議論も、その議論の前提において、暴力の構造化に与している。「基地・軍隊を許さない行動する女たちの会」の方たちが参加して刊行された『軍隊は女性を守らない――沖縄の日本軍慰安所と米軍の性暴力』(ｗａｍ・女たちの戦争と平和資料館、二〇一二年一二月刊行)という大切な証言集を読みながら、そのことを思い返している。

二〇一三年七月(『けーし風』七九号)

4　新川明氏への疑問

新川明《あらかわあきら》氏の思想的な営みから私が受けた影響と恩恵の大きさは、はかりしれない。沖縄を考え生きようとするとき、常に立ち帰り学びなおすのは、今もなお新川氏の仕事である。

そうであるだけに、このところの新川氏の言動に疑問を感じることに、戸惑っていた。その戸惑いは、たとえば、「「尖閣」は沖縄に帰属する」という新川氏の論説(『情況』二〇一三年一・二月合併号)における、問題設定そのものへの違和となって私自身に折り返される。棚上げ論に戻るという正当な理路を踏まえながら、尖閣の帰属性を琉球・沖縄の名において主張するとき、氏の認識は、国家の論理に絡め取られてはいないか。そうした認識のあり方と、アナーキズムに拠りつつ鋭利な反国家論を展開してきた新川氏自身の思想的営為が、いかなる整合性を持つのか、私には理解しがたいのである。

そうした疑問を感じていたところ、今度は、新川明・大田昌秀・稲嶺惠一・新崎盛暉《あらさきもりてる》の四氏による新刊『沖縄の自立と日本――「復帰」四〇年の問いかけ』（岩波書店、二〇一三年）に接した。そして、新川氏への違和は深まるばかりであった。片言を捉えての批判は控えるが、それでも、次のような新川氏の言葉には躓《つまず》いてしまう。「周知のように琉球は、一八七九年に断行された武力による日本併合（「琉球処分」）以前は独立した王国であったわけだから、言葉の正しい意味で「祖国」が日本国であるはずがないことは、琉日関係史における初歩的な歴史的事実として明白である。さらに「復帰」の語義は、「もとの場所・地位・状態などに戻ること」（『広辞苑』）であるから、琉球・沖縄にとって「もとの場所・地位・状態などに戻ること」は、「祖国琉球国」の主権を取り戻すことを意味するわけで、日本国に帰属することでないことも自明である」（前掲書、四六―四七頁）。「復帰」批判の譬《たと》えという文脈はあるにせよ、「祖国琉球国への復帰」という言葉には奇妙なファンタジーしか感じられないし、「祖国琉球国の主権を取り戻す」という言葉には、一六―一九世紀東アジアの歴史的政治構造における「独立琉球国の国家主権」という設定自体に無理があると思える。まして、「問題は、日本がアメリカに追随してやっぱりモノ扱いをする、というところにある。だからといってアメリカがそう思うのは当然だとは言いませんが、一応彼らは血を流して取ったところだから、一定程度分かるわけですよ」（前掲書、一六六頁）という発言に至っては、アメリカ軍事覇権への批判的知性の欠落を見ないわけにはいかない。

むろん、復帰運動の陥穽や日本政府の沖縄差別に対する氏の批判に、私も強く共感する。そして拙著等で公言してきた通り、私は、沖縄は日本国家からの離脱という選択を実践していくべきだと考えている。しかし、私が考える離脱は国家システムからの離脱であって、独立論とは異なる。逆に私は、生存権の更新とその実践の場たる沖縄の変革のためには、琉球民族主体の国家独立という選択は、真っ先に排除されるべきと考える。新川氏と私はこの点で決定的に違うのだろう。私が考えたいと願っているのは、国家の揚棄を目指すという理念を共有する新川氏と私の違いがどこで生じるかを明らかにすること、その違いを見据えて沖縄の独立ならぬ自律を探っていくことである。

そこで、今回は、この書のなかの新川氏の言葉にいくつか疑問を提示しようと筆を執りはじめたところに、新川氏から、氏の論説が収録された『うるまネシア』一六号が届いた。

「「琉球独立」論をめぐる雑感」と題された新川氏の論説は、沖縄タイムスに紹介された、琉球ナショナリズムと琉球民族独立総合研究学会(以下、琉球独立学会と略記)に対する私の批判に対する反論からはじめられている。そこでは新川氏の独立に関する思考が、明晰に開示されている。これに接して、私の新川氏への漠とした疑問に、ようやく明確な輪郭が見えはじめてきた。民族主義(ナショナリズム)評価の違いが、私の新川氏への違和の核心にあると今思う。こうして真正面からの論を示していただいた新川氏に深謝し、私も率直に反論を提示したいと思う。

新川氏は、『沖縄タイムス』二〇一三年七月一一日に掲載された、「東アジア雑誌会議」(沖縄大学で六月二九・三〇日開催)での私の発表を紹介する記事のなかの、「過去投影的な沖縄ナショナリズムを動力とする独立構想の危険が、琉球民族独立総合研究学会にも待ち受けていないか」という言を踏まえ、「独立論が内在させるナショナリズムの限界を否定しない」としたうえで、次のように論じる。「しかし、いわゆる「独立」運動は、植民地支配下にある人間集団(民族)が、自らの人間的な解放を求める反植民地運動(闘争)、反帝国主義運動(闘争)として取り組まれてきたものであることは、近現代の世界史が示すところであり、その運動(闘争)が第一義的にはそれぞれのナショナリズムに根差していることも歴史的事実である。つまり、反植民地、反帝国主義の闘いの動力は、まずナショナリズムを起爆剤として始動する、ということである。問題とすべきは、その結果、獲得された「独立」をもって完結させるのではなく、その新たな地平に立って、地球規模における国家の揚棄を目指してどのような社会形態を「指標」として構想するか、ということではないか」(『うるまネシア』一六号、九一頁)。

つい納得しそうになるが、やはり私は、新川氏の論旨に同意できない。たしかに、アジア・アフリカをはじめとする世界各地の反帝国主義闘争あるいは反植民地闘争において、ナショナリズムが「起爆剤」となったことは事実である。しかし、反植民地、反帝国主義の戦いが、「第一義的にはそれぞれのナショナリズムに根差している」と断言するのは困難であり、危険であると私は考える。ナショナリズムは、他のナショナリズムへの対抗的依存において自らを構成する点で、「それぞれ」の地域に「根差した」民族的主体性では説明のつかない他律性を有している。同時に多くの場合、ナショナリズムは地域からの乖離のなかで生成し、地域を分断する。そして、ナショナリズムによってこそ、民族と領土が多く事後的に創られる(この点は、E・ホブズボーム『ナショナリズムの歴史と現在』(浜林正夫ほか訳、大月書店)と、G・C・スピヴァク『ナショナリズムと想像力』(鈴木英明訳、岩波書店)を参照)。そこで生み出された民族は、あたかも大昔から自然に存在していたかのように幻想されるが、その幻想を実体化するのがナショナリズムの魔術である。しかも、ナショナリズムは自らが外部からの力によって形づくられたことを隠して自らを自然化し純粋化するとき、排外主義的傾向を帯びる。この展開を背景に、新川氏が論考のなかで挙げているフィリピンのみならず幾多の民族独立過程で、反帝国主義的な装いのもと帝国主義的覇権が反復され、反植民地主義闘争のなかで新植民地体制の再編強化が組織化されてきた。しかも、そうした反動は、ナショナリズムを「起爆剤」とする独立運動のなかでの被植民者協力による資本形成、そして性と階級に関わる差別構造化、あるいは移住者への排外主義において、多く顕著となる。遠い時代の遠い地域の話ではない。この沖縄で今の今起きていることである。

こうした問題点について、新川氏が、独立を語るように積極的に語ることはほとんど無いが、今回は若干の留保をつけている。それが、地球規模の国家の揚棄という目的の設定である。新川氏は、琉球民族による「独立」を、地球規模での国家の揚棄に向けた「ステップ」と位置づけている。しかし、地球規模の国家の揚棄という目的のために、琉球民族独立がなぜ今必要かについて、新川氏は根拠を何も述べていない。しかも、この理路でいくと、琉球民族独立は、地球的な国家揚棄の過程で解消されるべき「ステップ」となるが、その思考と琉球民族独立学会の趣旨とは整合性を持たないのではないか。私は、民族主義独立がステップに留まることも、「ナショナリズムはインターナショナリズムと不可分」(B・アンダーソン)ということも、無いと考える。歴史的政治的に見て、ナショナリズムは、その起爆性において当の民族にさえ制御不可能な暴力となるからである。

たとえば論のなかで新川氏は、柄谷行人『世界共和国へ』(岩波新書、二〇〇六年)を参照しつつ、そこで提示されている「民衆のネットワーク」について「限界」を持つと指摘し、その証拠として、安倍政権の暴走を挙げている。しかし、これは、民衆のネットワークを阻止する要因こそが民族主義であることを示す例なのではないか。安倍極右政権は、この十数年のナショナリズムの暴発を背景としており、そこで謳われているのは日本の真の独立である。ここに、出自や性や階級を横断するネットワークを切断する、ナショナリズムの暴走を見る必要があると思える。

そしてこの切断は、排外主義となって現れる。民族的アイデンティティは、民族から逸脱するグループの創出とその排除において自己免疫的に構成される。この点、琉球民族独立学会が、その設立趣意書に「本学会の会員は琉球の島々に民族的ルーツを持つ琉球民族に限定する」と明記していることは、排外主義の公言として注目に値する。不可解なのは、学会運営者たちと新川氏が、この規定を排外主義ではないと強弁していることである。

新川氏は次のように書く。「学会員を「琉球にルーツを持つ琉球民族」に限定したことは、「琉球の地位や将来を決めることができるのは琉球民族のみであり、琉球民族があえて自ら難儀をし、それを乗り越えていくことが、自らを解放するプロセスに不可欠である」という理由からである、という(設立委員・友知政樹)。／非琉球人(主として日本人)の学会活動への参加など相互の関係については、学会とは別に交流や議論の場を設けて討議する方法を考えればよい、という(設立委員・照屋みどり)。いずれも納得できる説明である」(前掲誌、九六頁)。私には、新川氏が引用する二人の開き直りのような言葉のどこにも、学会が排外主義でない説明を見出せないし、新川氏がなんに「納得」しているのか見当もつかない。ここで引用されている設立委員二人の言辞は、何にもまして開かれてあるべき学会を民族で資格限定する点で、厳然たる排外主義である。それを否認するなら、在日の人々へのヘイトスピーチを繰り返しながら、「これは差別ではなく区別だ」と嘯《うそぶ》く右翼と何の違いがあるだろうか。私には、精神の自立を訴え、時に独立論に添いつつも国を再生産する愚に警鐘を鳴らしてきた新川氏の深い思索と琉球民族独立学会が、志向を異にしているとしか思えない。

最後に。私は、琉球民族独立学会と新川氏の言説は、区別されるべきと思っている。しかし、両者の認識に共通の問題点があるのも確かである。①帝国主義暴力を問うさいに、対日本(人)への糾弾は焦点化されるがアメリカを問う作業が絶望的に乏しい。②ポストコロニアル状況下における資本と国家と軍事覇権の重層的関係が全く問われていない。③階級が問題化されていない。④ジェンダー／セクシュアリティとりわけ異性愛主義体制が全く問題化されていない。⑤民族自決権をめぐる歴史的政治的文脈の批判的検証がなされていない。⑥主権概念が混乱を極めている。⑦琉球民族がなんであるかの規定が全く無い。ざっと挙げてもこれだけの問題があるが、これらを閑却したままで新川氏の論が停滞することはないと信じている。そして、開かれた議論の場が作り出されるためにも、私も今回の論点を深め、できるだけ早く論を提示したいと思う。

二〇一三年一〇月(『けーし風』八〇号)

5 阿波根昌鴻を想起する

自民党所属の沖縄の国会議員五人が、公約を破り、辺野古新基地建設という県内移設容認に転じた。しかしこの公約破棄は、かなり以前に定まっていたと感じる。落とし前をつけたかのように見える自民党県連会長の辞任も、「苦渋の選択」というお馴染みのシナリオ通りと私は見る。戯画的ですらある展開だが、しかし、事態は深刻であり、この事態が、来たる辺野古埋立申請に対する仲井眞沖縄県知事の態度表明、そして名護市長選へ大きな影響をもたらすことは間違いないだろう。私は、仲井眞知事の対応について何一つ楽観していない。なぜなら、基地県外移設の主張は、在日米軍と米軍再編を追認する点で辺野古新基地建設推進の論理と差異がほとんどない以上、基地県外移設論から県内移設容認への転換は、極めて容易になされ得るからである。

沖縄の主張は、ただ基地撤去と基地県内移設反対の主張しかない。今の日米安保体制は、もはや安保条約をすら空文化させる米軍再編の拡大進化の一角と見るべきであり、これを日本国内あるいは日米の枠内でとらえる基地県外移設論は、沖縄の自滅に直に繋がっていると言っていいと思う。

政治の濁流は、既にファシズムの段階に入っている。現安倍極右政権による政治的暴力は、沖縄に対して何の躊躇もない。オスプレイ配備から高江スラップ訴訟、特定秘密保護法や沖縄の農業を壊滅的な状況に追い込むであろうTPP、そして国による竹富町教育長に対する教科書採択をめぐる恫喝など、いずれも国家テロ以外の何ものでもない。今の状況は、一九二〇—三〇年代のファシズム体制化の流れと酷似していると見えるし、そこに歴史的反復を見ないわけにはいかない。対抗政党の不在と民意の受け皿がない状況下、得票率の低い第一党が議会を党の下に置き、政権による行政措置や下位法が憲法を凌駕していく。「ナチスの方法を学ぶべき」という麻生太郎大臣の発言は、まさに事の本質を露呈させたと言うべきだろう。

　こうした現状のなか私が考えているのは、抵抗もまた、歴史に学ぶ必要があるということである。この点で、学ぶ必要を遅まきながら私が痛感しているのは、ファシズムの時代、「真の独立（スワ・ラージ＝自己の統治）」を非暴力絶対不服従により実践＝理論化していたガンディーのことであり、そして、伊江島の土地闘争を展開していた阿波根昌鴻の抵抗の実践＝理論である。その阿波根の『米軍と農民』（岩波新書、一九七三年）のなかに次のような言葉があるが、未来の記憶に触れられる思いのなかで、私はこれを反芻している。

――たたかいというと組織と指導者と方針があるのが普通でありますが、その当時の伊江島にはとくべつな組織はありません。おのずからの指導や、いい意見をいうからその人の意見は尊重するというようなことはありましたが、特定の指導者や代表者はむしろ意識的につくりませんでした。／ではどこで方針が討議されたかといえば、それは区の常会でありました。そしてこの常会では、柵内耕作を強行するということは決めましたが、柵の鉄柱や金網を撤去したり、軍の看板をこわして取りはずすという「方針」を決めたことはありません。ですから、金網や米軍の看板の撤去は、自発的にだれかがやったのでありました。（中略）わたしは、撤去した鉄柱や看板は、証拠をつかまれないように海に捨てているのだろうと思っていました。ところが実際は、真謝の人たちはその鉄柱や金網はスクラップにして金に変えていたのでした。何しろ鉄柱は約二間間隔で、鉄線が張ってある長さが約四キロもあるのですから、それをスクラップにして売ればいい金になります。たたかいと実益が両立したわけであります。軍の看板もいい板が使ってありますから、カンナでペンキを削って、床などにしておりました。(同書、一三三―一三五頁)

ここに見いだせるのは、反組織論ではおそらくない。ここでの阿波根の言葉には、組織を、運動の組成論あるいは生成論として語り直す可能性が湛えられている。特定の指導者や代表者によって統率された組織ではなく、「自発的」な流動性と自律性において、抵抗が生活の糧として生きられ、「たたかい」のなかで生の新しい様式が生み出されていく瞬間が、どこかユーモラスな響きを持つ阿波根の言葉のなかに息づいていると感じられる。

このとき、反基地と反戦は、生きることそのものへの求めとなり、そして、土地闘争は「陳情」という形式のなかで妥協をどこまでも拒む生の再定義となる。軍事基地があることで生活が破壊され生が蹂躙されているならば、思いたった誰彼が自発的に金網や看板を撤去して、これを生活の道具に変えていけばいいいし、そうした抵抗の営みに代表も指導者もいらない。あるいは誰もが代表であり指導者となりえる。私たちが相互に支えあって暮らしを営んでいく行為自体が、臨機応変の抵抗となり、抵抗は、日常における「自己の統治」(スワ・ラージ)という「法」の実践となる。阿波根は、そのことをして「たたかいと実益の両立」と呼んでいるのではないか。

ファシズムの再来のなかで、沖縄を生きる私たちの一人一人が、これからほどなく苛烈な政治的暴力にさらされていくことになる。というより、その暴力は既に作動している。しかしこの過酷な時を生き延びていくための抗《あらが》いの方法を、私たちは歴史から贈られている。「阿波根昌鴻さんなら、こんな時どうしただろうか」、そうした想起が今私を支えてくれる。辺野古の反基地テント小屋に何気なく置かれていた阿波根さんの写真を思い出しつつ、悲観に溺れる一歩手前で踏みとどまろうと自分に言い聞かせている。

二〇一三年一二月(『けーし風』八一号)

6　いま私たちの「秘密」を創出していくこと

特定秘密保護法が参院で成立したのを見届けた直後のいま、この原稿を書いている。この法案の無法ぶりは、既に多くの人々によって指摘されておりここで繰り返さないが、この法案が、沖縄に関わるとき、絶大な「効力」を発揮するだろうことを、残念ながら疑うことができない。沖縄で生きる人間がさらされている政治的暴力が、この法案がターゲットとする「外交、防衛、テロ活動、スパイ活動」の恣意的適用に直接に関連してくる以上、基地に囲まれた沖縄は、まるごと「秘密」となる。となれば、これから起きうる事態を、沖縄に生きる私たちの生そのものが国家機密として封印され抹消される、そうしたファシズムの本格的始動ととらえる必要があると感じられる。つまるところ、沖縄で暮らして基地に反対し軍事主義に抵抗する者は、潜在的な犯罪者となり、石破茂自民党幹事長の言を借りれば、潜在的テロリストということになるだろう。

むろん、いかなる国家にとっても、全国民を含む領土に生きる者すべてが常に潜在的な国家反逆者であり、時をとらえてこれらを無差別に処すことは国家の常道である。この点、今回の法は、原発危機という決定的亀裂に陥って、自らがテロ組織であることを日本国家がようやく表明するに至った事態として見るべきだろう。今も昔も、テロは、「国家理性」の核心である。そして、沖縄に生きる者は、生ける「秘密」となり、国家主義的欲望の触媒として活用され、破棄され、バーゲニングされていくだろう。ここに、危機の創出にむけた、国家テロの新たな展開がある。

こうした絶望的な状況の進行のなかで、沖縄に生きる私たちは、沖縄を生きていくというその営みを、はたして、このファシズム体制への抗いへと変えていくことは可能なのだろうか。絶望だけが残された道だろうか。おそらくはそうではない。私には、抵抗だけが残された道と思えるし、そこにわずかな希望があると感じられる。

その抵抗の可能性を、私は、漠然と次のように想像している。つまり、国家によって捕縛されえぬ私たち自身の秘密の領域を国家機密のただなかに埋め込み、これを特定秘密保護法の域内で拡散しながら国家の法を無効化し、私たちの秘密を決して漏らすことなく「ほのめかし」ていく作業を重ねていくという作業のことである。

その作業の要点を言うとすれば、外交、防衛に関する秘密を国家が「保護」しようとするその同じ作用点で、私たち自身が、「外交、防衛」に関わる私たち自身の秘密を創りだし、これを私たちの隠された共同性のなかに隠匿し、拡散させ、掻き消していく作業である。この私たちの秘密保護のなかから、国家を引き裂く私たち自身の幾多の秘密が、国家を超えた多様な横断のなかでシェアされ匿われることになるだろう。この秘密の生成と拡散に、国家の法は、決して追いつくことができない。なぜなら、それらは、私たち自身にさえ気づかれることなく、私たちの間に匿われるからである。

この秘密の生成を考えようとするとき、私には、一つの光景と、一つの言葉が想起されてくる。

まず、一つの光景について。それは、二〇一三年八月の終わり、国際シンポジウムに参加するために訪れたソウルでの会議の合間、参加者全員で、漢江《ハンガン》と臨津江《イムジンガン》が合流する岸に建てられた鼇頭山《オドゥサン》統一展望台から、約一キロ先に広がる北朝鮮を望遠鏡で覗き見た、そのときの光景である。

とうとうと流れる大きな河を挟んで望遠鏡で覗き込んだ北朝鮮は、おどろくほど近く、おどろくほど「普通」だった。施設内のプロパガンダ・ビデオでは、北朝鮮の貧窮と軍事的脅威などの国家「秘密」が様々な視覚資料により露わとされていたのだが、その「秘密」を真に受けている人はほとんどいないようだった。むしろ興味深かったのは、両岸の互いが、互いに見られていることを強く意識しつつ、大切な「秘密」をそれぞれが育んでいるように見えたことである。どのような「秘密」なのか。それは、臨戦態勢という緊張の装いのもと、「敵」に対して敵意が無いことをほのめかすという所作である。そこでは、互いが日常を生きていることを互いに黙認しあい、互いが互いの生存への気遣いを寄せる秘密の交信があるように感じられたのである。この国境線において、国家の論理を裏切る、共生のための秘密の語らいが生成されているとしたら、国境線こそは、国境という神話が崩れ去る場となるはずである。こうした反＝国境線を思考することが、いま、尖閣＝釣魚台を、主権論とは異なる私たちの秘密を匿う場としていく夢想に繫がっていくことは言うまでもない。ここに、いま私たちが私たちの秘密を創出していくヒントがあることを夢想している。

そして、もう一つ。いま想起したい、ある言葉について。

一九五四年、沖縄北部の伊江島の真謝地区で、米軍の土地強制接収に対する抵抗運動のなかで、「陳情規定」という方針が立てられる。この規定は、「陳情」が非暴力絶対不服従の厳格な闘争であったことを伝えているが、一一項目のなかの次のような規定に注目したい。「一、必要なこと以外はみだりに米軍にしゃべらないこと。正しい行動をとること。ウソ偽りは絶対語らないこと」「一、耳より上に手を上げないこと。（米軍はわれわれが手をあげると暴力をふるったといって写真をとる。）」「一、人道、道徳、宗教の精神と態度で接衝し、布令・布告など誤った法規にとらわれず、道理を通して訴えること」「一、軍を恐れてはならない」。そして、この「陳情規定」の成り立ちについて、阿波根昌鴻は次のように書いている。「陳情規定はだれがつくったかということでありますが、だれがつくったかよくわかりません。それに真謝の人間はあまり程度の差はありません。農業をすると、ほとんど智恵や能力は変らなくなります」（『米軍と農民』岩波新書、五三頁）。

巨大な軍事組織と国家暴力への抵抗が、まずもって「みだりにしゃべらない」というふるまいのうちにはじめられていることに、私たちは注意深くあっていい。そして、この方針について「だれがつくったかわかりません」と明言することの遂行的矛盾の政治的可能性もまた、いま私たちが学ぶべき大切なふるまいと思える。「真謝の人間はあまり程度の差はありません。農業をすると、ほとんど智恵や能力は変らなくなります」という言葉に湛えられているのは、謙遜というより秘密の始まりであり、匿名性のなかで、占領下の超越的法規たる米軍布令布告への不服従が方針化されていたことを、いま私たちは、迫りくる未来の記憶として、私たちの間で「みだりにしゃべることなく」保護する必要がある。

私たちがいま感受していくべきは、秘密の言葉と所作を無数に生み出し、これを暗号のように縒《よ》り合わせ、伏流し分岐する共謀を生み出していく営みの蠢動《しゅんどう》である。年明けには、辺野古への新基地建設ににらんだ政治的暴力が猛威を振るい、これに抵抗する私たちに、無法な法がその効力を発揮してくるだろう。しかし、この決定的な時において、ある流れのさなかに逆行する流れを生成させていく「反操行」(ミシェル・フーコー)が始まるだろう。というより、それは既に始まっている。二〇一二年、普天間米軍基地ゲート前封鎖の座り込みが始まった時、私たちは、「真謝の人間はあまり程度の差はありません。農業をすると、ほとんど智恵や能力は変らなくなります」という状態に限りなく近似し、変態し、「みだりにしゃべる」ことなく、私たちの秘密の時間と場所を共に創りだしていたと思える。そして、私たちもまた「だれがつくったかわかりません」と、ウソ偽りなく語ったのである。間違いなく、こうした秘密へむけた協働作業が年明けから全面的に始まることになる。

特定秘密保護法案は、「秘密」の要に沖縄を据えて国家が自らを神秘化しようとするまさにその過程において、機能不全に陥るだろう。この法律は、沖縄に躓き、沖縄に浸食される。そのなかで、私たちはみな、日本という傀儡国家に隠すべき大した秘密などはじめからないことを知悉していくだろう。そして、安倍極右政権もまた、歴代内閣がそうであったように沖縄に躓き、倒れていく。なぜなら、国家が秘密にしようとするその域内でこそ、沖縄に生きる私たちは自らの秘密を生成してこれを保護し、非国民たる無数の共犯者たちに「ほのめかし」て、これを無限に転送の回路にすべり込ませていくからである。むろん、そうした作業をだれがいつはじめたのか、ついぞ私たちは知ることはない。だから、「だれがつくったかわかりません」とつぶやくだけでいいのである。

二〇一四年一月(『図書新聞』三一四〇号)

7　琉球独立論の陥穽

「備忘録4」(本書一七九頁「新川明氏への疑問」)で私が提示した琉球独立論への疑問について、『うるまネシア』一七号に新川明氏と松島泰勝氏の反論が掲載されている。しかし両氏とも私の批判した排外主義について確かな応答もなく、論点を逸らすのみである。これでは「論争」(新川氏)など望めない。そこで私の見解は両者との不毛な議論と切り離し、今回は新川氏と松島氏への再批判を提示するに留める。

まず新川氏の論について。拙論の七つの疑問について、氏は「性急な要求」と回避する。この回避は、新川氏が謳う琉球独立に、いかなる社会や国家を目指すかという基本理念が無く、何から「解放」される独立であるべきかという思想も無いことを示している。私が提示した七つの「疑問」は、琉球独立でいかなる社会が目指されるかを最低限の条件で問うものだが、それを「性急な要求」とする氏の論は、理念なき独立幻想という閉域を形成するだけである。しかも、この幻想を支えるのが、「祖国琉球国の主権回復」というさらなる幻想なのである(両属体制下にあった「琉球国」の主権とはいかなる主権か?この「主権」を独立論の前提とする新川氏と松島氏は、それを明確にする必要がある)。

新川氏の論のさらなる陥穽は、日本の植民地支配下で苦しむ沖縄の「マイノリティ」を、琉球「民族」としてのみ措定している点に見いだせる。この沖縄において、軍事植民地主義や家父長制と異性愛主義に基礎づけられた資本主義的植民地体制、そして自民族中心主義による排外の力に曝されている存在を、琉球人・沖縄人という恣意性で捉えることは完全な誤りである。植民地支配構造を沖縄もまた温存し再生産しているのであり(たとえば「琉球石油」や「琉球大学」における資本や知の権力化や、杣山《そまやま》訴訟にみる性差別と富の配分の結託など)、琉球民族の日本からの独立が脱植民地化への「当面の」早道といった短絡は、氏の独立論が、民族的他者を生み出しこれらの人々を排除する暴力となる危険を持つことを明らかにしている。沖縄への内在的批判抜きに沖縄の脱植民地化など絶対にない。新川氏はそれを知るべきである。

次に、松島氏の論であるが、これは論理以前である。松島氏は「琉球人の一人として」、「琉球人、被植民者であるかと思われる」「新城氏」にむけて書くと宣言する。こうして発信者と受信者の関係を画定しうると考えること自体に、氏の思考の歪みが露呈している。あらゆる問題を琉球民族中心に語り、この騙《かた》りにおいて、資本や国家やジェンダーといった基本的な問題を抹消していくのが氏の論理である。しかも松島氏は、陶酔的に琉球人という自己画定をするだけでなく、あらゆる他者を民族アイデンティティのなかに囲ってしまう。ここには、民族を持ち出せばあらゆることに批判的スタンスを持ちえるかのような錯誤がある。たとえば琉球人の定義について、「琉球の島々に民族的ルーツを持つ琉球民族」という学会設立趣意書のなかの片言がそれだと氏は断言するが、「島々」や「民族的ルーツ」に関して何ら明示できない以上、これは反規定である。そして同じ趣意書において、琉球民族の概念規定についてこれから詰めていくとその未定性を認めつつ、会員を琉球民族に限定し他を排除しているのである。学会の排外主義を批判する私に「謝罪要求」をする氏には、趣意書を一度読んでみることを勧める。加えて、琉球民族独立学会設立委員連名による、福島からの避難者を植民者と中傷し、受け入れ活動を非難する行為や、沖縄生物ネットワークへの根も葉もない公開批判とネットワークからの回答・質問への黙殺にも、この組織の排外性が示されている。

　私が提示した七つの疑問に対して松島氏は、矛盾を重ねた説明をしているが、その破綻は、階級やジェンダーという問題を、「新城氏の関心」と退ける点に露わとなる。これらは沖縄に関わる生政治の根幹的問題であり、沖縄が組み込まれているネオリベラリズムの核心である。「琉球民族」がこれらと無縁であるはずもない。この沖縄において、民族アイデンティティの前景化が資本や国家への問いの後景化と連動していることを松島氏が理解できていない点こそ致命的である。

　空疎にして偏狭な言葉で、「沖縄の声」が流通する現状にこそ沖縄の危機がある。こうしたとき想起すべきは、丁寧な言葉とふるまいによって、他者と共生・共棲していくための自律を求めてきた沖縄の運動の歴史ではないか。総じて今の琉球独立論には、沖縄の社会史や思想史への考察が欠如している。そして、対日本人への糾弾によって現状を乗り越えようと前のめりとなり、琉球人という主体を闇雲に画定しようとする硬直が見られる。独立の思考が持ちうる批判力を私も肯《うべな》うが、それは国家や資本そして民族というシステムへの内在的批判無しにはありえない。沖縄における独立論が可能性を持つのは、制度としての沖縄からの独立の思考が深められるときだろう。そのありうべき独立論は、国家の論理からの離脱を試みつつ、他者の権利への最大限の尊重と共生と共棲への情動によって構成される運動体でなければならない。いまの琉球民族独立論に欠けているのが、この基本的な理念である。その欠落は、無残であるばかりでなく危険である。高度な共生と共棲によって成り立つ沖縄という複雑な生活圏の問題を、民族を基とする分離独立で解決することは不可能であり、倫理に悖《もと》っている。いま私たち沖縄を生きる者が闘うべき相手は、独立論議の外にいるのである。

二〇一四年四月(『けーし風』八二号)

8　教育の場の再構築へ

教育という場が、壊されていく。いまに始まったことではないが、いまその危機は最悪の段階に近いのではないか。たとえば、八重山教科書問題で唯一正しい主張を展開し、唯一正しい道を選びとっている竹富町教育委員会と慶田《けだ》盛安三《もりあんぞう》教育長が、国から直接「是正」という無法な脅しを受けている。それに呼応して、石垣市教育行政の調整役にすぎぬ玉津博克教育長が、自民党文教部会最右翼のヤンキー先生こと義家弘之議員とつるんで、竹富町の孤立化を画策する。こうした事態が放置されるなら、教育は、あっという間に国家権力と市場主義の狩場となる。この点、竹富町教育委員会と慶田盛教育長の毅然とした姿勢は、希望そのものである。

こうした事情をふまえつつ、大学に目を転じてみると、その崩壊は、既に完成の段階に入ったとさえ感じられる。大学の自治という原則は既に崩壊しつつあり、大学教員の多くがその事実に無関心か無知かのいずれかである。そうしたなか、国連人権委員会からの長年にわたる是正勧告に背き続ける日本の大学授業料は高くなるばかりで、奨学金は高利貸業化している。「奨学金じゃなく、学生ローンと正確に言ってもらったほうがまし」とつぶやいた学生の言葉を忘れることができない。大学のブラック企業化のなか、学生たちは、貧困という社会的暴力にさらされている。そして、学校教育法「改正」への画策のなかで教授会の権限は奪われようとしている。

そうした教育の場の崩壊と軌を一にして、大学における右翼的言動が次第に目につくようになってきた。先の教科書問題で、竹富町教育長を「沖縄のヒットラー」と中傷した沖縄国際大学の芝田秀幹教授は、発言内容について確かな謝罪訂正もないまま政治学を担当しているようだし、琉球大学では工学部のある教授が宿泊集中講義に右翼活動家の恵隆之介拓殖大教授を招き育鵬社絡みと推定される「海の武士道」なる映像付き講演を催したことを学内ニュースで得々と喧伝している始末である。いまや、大学は、教員を筆頭に批判的知性を手放すなか、右翼の温床となりつつあると、私自身は痛感している。

こうした流れのなかで、度し難い人権侵害と学問の自由の侵害が、去年一二月と今年五月と立て続けに大学を舞台に起こっている。いずれも、いわゆる在日コリアンの大学教員の講義内容がネットを通じて歪めて伝えられ、右翼がこれをバッシングし、この虚言を梃に産経新聞など右翼メディアと維新の会議員がヘイトスピーチ的言動を展開するという事態である。

立命館大学と広島大学で起こったこの二つの出来事は、いずれも国会でも歪められて審議されているが、二つの出来事に共通しているのは、特に韓国・朝鮮に焦点化される「外国人」(とみなされる)教員への排除の力が働いているということである。二人の大学教員は、近現代日本の歴史や政治を考えるうえで絶対に欠かすことのできない、日本の植民地主義暴力の加害責任の問題を講義に組み入れただけである。朝鮮学校無償化を求める学生たちの訴えを聞く時間を、受講生に強制する形ではない形で講義のなかに組み入れることや(立命館大学)、演劇と映画というオムニバス講義で、日本軍従軍慰安婦とされた方のドキュメンタリー映像を学生たちにみてもらうこと(広島大学)が全く正当であることはいうまでもない。その当然の教育実践を反日というなら、政府や国家の暴力を検証するあらゆる知的営みは反日とならねばならなくなるし、その論理でいくなら、「反日」は、知性の必要条件となるほかないだろう。

むしろ今回の出来事を通じて問題として浮上したのは、このような右翼ネットワークの理不尽な攻撃に、大学がいかに毅然とした態度を示しうるかという課題である。立命館大学は、当の教員の行動に問題はなかったと判断しながら、問題を起こしたという理由で教員の側に「注意」という処分を与えている。これほど馬鹿げた話もない。受講生の一人が携帯電話を通じてネットに事実を歪めて投稿したことが引き金となり、際限ないヘイトスピーチが当教員と大学に投げかけられたことをこそ大学側は批判し、教員をバッシングから守るべきであった。それができない大学に大学を名乗る資格はない。一縷の希望は、立命館大学の有志の学生と教員たちが、大学批判と処分撤回要求の運動を始めたことである。おそらくこうした真っ当な批判を速やかに形にしていく訓練が、すべての大学教員と学生に求められる時代となったといえるだろう。世も末というのは、もはや比喩ではない。

そして広島大学での出来事に際しては、ヒロシマ・アクションという市民の運動が速やかに形成され、署名活動をはじめとする様々な試みが展開されている。大学が自ら閉塞していこうとする形勢のなか、市民が大学に大学たれと呼びかけている。これは、極めて重要なことであり、大学は、この呼びかけに応えていく必要がある。この呼応が始まるとき、教育は、ラディカルな民主主義を育成していく場として再定義されていくことになるだろう。その際、次のような、ヒロシマ・アクションの声明文の一節は、もっとも大切な拠り所となるに違いない。いま私たちが反芻すべき言葉が、ここにある。

――「他者への尊厳を！　そして、その尊厳を踏みにじる者へは、愛に満ちた厳格さを。自分にとって都合の悪い他者の声に耳を塞ぎ、保身のために他者を傷つけることでしか安心できない者たち。これ以上、そのような、人びとの尊厳を踏みにじる者たちの好き勝手にさせてはならない」――

二〇一四年六月（『けーし風』八三号）

9　琉球国の主権というお化け

琉球民族独立について、新川明氏との論争が成立しないことは、「問われなければならないのは、琉球・沖縄人のがわの「排外主義」ではなく、日本国（国民）のがわによる琉球・沖縄「排除」による植民地支配の構造である」（「「琉球独立論」をめぐる雑感　補遺」『うるまネシア』一八号、一六頁）等の、新川氏の排外主義的開き直りの愚に明らかである。故に論争もどきはしない。ただ新川氏の反論のなかの次のような論述は看過されえないと考える。

備忘録6「琉球独立論の陥穽」（本書一九二頁）での、新川氏の立論の要となる両属体制下の琉球国の国家主権とは何かという私の問いに、新川氏は、佐藤優氏の次のような文章に論拠を丸投げし、これを回答としている。琉球王国の「主権」を今日の沖縄の自己決定権の前提とするような論が、地元二紙やNHK歴史娯楽番組等で奇妙な盛り上がりを見せている昨今検討されてしかるべきであろう。まずは、新川氏が自らの論拠として引用する佐藤優氏の論を新川氏の文章のなかから再引用する。

> 沖縄は主権を獲得するのではなく、回復するのである。われわれは過去も沖縄人であったし、現在も沖縄人であるし、未来も沖縄人である。一八五四年の琉米修好条約、一八五五年の琉仏修好条約、一八五九年の琉蘭修好条約で、当時の帝国主義列強からも、琉球王国は、国際法の主体であると認められていたというのが客観的事実だ。／琉球処分以後、われわれの主権は潜在化していた。しかし、それは眠っていただけであり、死に絶えたのではない。今、その主権が顕在化しつつある。
> （二〇一三年九月二八日『琉球新報』連載「佐藤優のウチナー評論」）

日本の国益を最重視し国家主義者たる自らの立場を言明している佐藤氏であるから、右のような認識において氏の論には帝国主義的発想が通底している。佐藤氏の論において、沖縄人であることと日本人であることは矛盾せず補完的であり、日本国家枠内での琉球独立も連邦的選択肢となる。むしろ問題は、佐藤氏のエピゴーネンたちが、「琉球王国の国家主権」の物語を通して、琉球民族独立国家の現在の主権性を捏造しようとする流れである。

基本的に国家主権とは、一定の領土と人口に対する独占的な至高権力を指し、それは、他の国家のいかなる力をも排除する権力と私は理解している。だが、右の議論では、ヨーロッパ公法の決定的変容であるアメリカ帝国主義拡大に伴う(この点は、カール・シュミット『大地のノモス』第四部第六章を批判的に参照)、武力威嚇による領事裁判権を含む不平等条約を締結させられたことが琉球王国の国家主権の証とされている。これは、歴史認識的な倒錯と私は見る。この論でいくなら、植民地化や保護領そして委任・信託統治化された全地域は、帝国主義拡大としての国際法の「原初的汚点」(阿部浩己『国際法の暴力を超えて』岩波書店、二〇一〇年、六五頁)の力で「主権」を侵害されることを通して主権国家化されたことになる。この手の論は、日本の韓国併合合法論などに連動する可能性が大きく、ここから琉球処分の合法論を引き出すのもさほど困難ではなくなるのではないか(不当だが合法という国際法上の決まり文句で)。こうして国際法上の主権論に議論の台座を奪われると、サンフランシスコ条約第三条の日本の沖縄への潜在主権など、完璧となってしまいかねない。国際法、特に国家主権にかかわる国際法を、民族独立の道具として用いることには、極めて慎重であるべきと私が考えるゆえんである。

まず、主権者の概念と国家主権の概念とが、峻別される必要がある。少なくとも、琉球国の国家主権の有る無しと、「われわれは今も昔も未来も沖縄人であり琉球人である」といった物語は、およそ関係のない話である。いうまでもなく、琉米修好条約などは、「沖縄人・琉球人」の合意を経て締結されたものではない。人民主権不在の条約が、「われわれ琉球人・沖縄人」などといった存在の証となることなどない。人民主権あるいは主権者という概念は、国家主権を批判しこれを制限する概念=実践として育まれてきた運動体である。しかし、喧伝されている琉球国主権物語は、琉球国の主権とやらが、主権者である琉球住民の意思に基づいていたかのような歴史を捏造しかねない。沖縄の現在と未来の望ましいあり方を模索するとき、琉球王国の国家主権など、万が一それが想像され捏造されたとしても、決してモデルにしてはならないと私は考える。

大切なのは、国家主権論で沖縄のあるべき姿を語らない慎重さである。国家主権や民族自決は、大国の思惑でその有無や効力が配分される危険と常に隣り合わせである。もし主権にこだわるならば、人民や民衆という行為体を政治的に主体化し、その権利の拡大をはかっていくほうがずっと大事だろう。

この文章が活字化される頃は、すでに知事選が直前に迫っているはずである。ここで想起しなければならないのは、今の仲井眞知事を自らの代表として選んだのが、沖縄に生きている私たちだったという痛恨の事実である。仲井眞知事は、国が沖縄に押しつけた官僚ではない。私たちが私たちの選択と決定で「代表」としてしまった人である。自己決定というのは遠い未来に輝く何かではない。それは日常の実践において可能となる新しい生き方というべきだろう。その点でいえば、辺野古・高江への基地建設反対という原則を実践することは、おそらくはもっとも実質的な、私たち自身の主体化となる。この主体化の動きのなかでこそ、主権の論理とは異なる「私たち」という新しい共同性が創り出されていくはずである。

二〇一四年九月(『けーし風』八四号)

10 病院から見えてくるもの

去る九月、急遽入院治療することになった母の看護で、ほぼひと月のあいだ、病院に通っていた。そのうちの一〇日ほどは病室に寝泊りしたので、いつもは意識することのない、あるいは意識しようとしてこなかった病院の日常に触れることになった。

そのひと月ほどのあいだは、知事選を前にした慌ただしい社会の動きがあったわけで、おのずとそうした動きを、病院という窓から見るという、良くも悪くも稀な機会を持つことができた。幸いな経験とは決して言えないのだが、それでも、病院で日々を生きている多くの人たちが様々な形でおかれている状況を想像し身近に感じつつ、世の中の流れに交差するという時間を持ちえたことは貴重であった。

母の病は、帯状疱疹後神経痛というもので、激烈な痛みへの対処がともかくも急がれるものだった。
そうした病について完全に無知であった私は、最初、「発疹が出てから、足腰のどこかが痛んで、じっとしていることも眠ることもできない」という母の訴えを、「それはただの筋肉痛だよ」と笑って聞き流していた。しかし、何気なくネットで調べてみると、その病に対しては、「ペインクリニック」での「神経ブロック」という特別な療法ができるだけ早期に開始される必要があることが分かり、調べて専門クリニックが見つかったので診察後に即入院が決まり治療が始まったのだった。

入院が始まってすぐに気づいたのは、みずからを襲う痛みを、医師や家族をはじめとする他人に伝えるのが患者自身にとってとても難しいらしいということだった。まず、どこが痛んでいるかを明確には言えない。まして、痛みの強さを説明するのはとても難しそうである。にもかかわらず、痛みの訴えを聞く私自身が、母の言葉の不確かさにいらだって刺々しい言葉を発するということがたびたびあった。この伝達の難しさそのものが当人をさらに苦しめているということ。そうしたことを、首から下げた鎮痛薬の筒のボタンを押しては波のように襲ってくる痛みを凌いでいる母の様子が、無言のまま教えている。幸い、早期入院治療の効があって病そのものはほぼ完治し、まだ少しの痺れが残ってはいるものの日常の生活が戻ってきている。そうであるだけに、あのひと月のあいだの出来事が、奇妙な痛覚となって私自身の心身に滞留しているように感じられるのである。

他人の痛みについて自分がまったくの無知であり、そして想像してさえこなかったことを、痛んでいる母を通して教えられたのは大切な経験であった。そして、この経験を通して感じたことのひとつに、テレビや新聞をはじめとするメディアや私自身を含めた社会が、痛みあるいは病を生きている人について、ほとんど無関心ということがあった。

母の病を急いでなんとかしなければと思っていろいろ調べてみて知ったのは、痛みの医療へのアクセスがとても限られているということだった。ペインクリニックという専門医そして専門病院の存在を知ったのもこれが初めてであったし、私自身がネットや電話で調べた限りでは、県内での専門病院は、どうやら母が入院した医院しかないらしかった。先生のお話だと、何年も別の病院を回って痛みが慢性化したのち、何かのきっかけでペインクリニックを知り、ここにたどりつく患者さんも多いということだった。

そして、なんとかたどりついた病院で感じさせられたのは、病を生きている人が、孤立させられ社会から置き去りにされているのではないかという漠とした不安にさいなまれているということである。そして、この孤立感は、おそらくは、社会と患者をつなぐメディア上の言葉のなかにも、その原因の一端があると、私にはそう感じられた。

母の看護の合間に、借りてきた新聞を広げてみると、「自己決定権」という言葉が紙面のうえを強面で踊っている。「負担」という言葉もたびたび出てくる。「健康」については言わずもがなである。これらの言葉は、おそらくは多くの人にとって特に違和感をかきたてるようなものではないかもしれない。しかし、看護という比較的楽な立場で病室にいる私にさえ、これらの言葉は、少し怖いような響きをもって感じられた。少なくとも、病床にある母に見せたくなるような言葉ではなかった。

普段何気なく使っている言葉が、病院という空間にあっては、異なる感覚をもって受けとられうること。そのことをおぼろげながら感受していくうち、次のようなことが連想されてきた。何気ない言葉に誰かが痛みを感じつつ、それを人に伝えられず黙って耐えているかもしれないということ。あるいは、賑やかな飲み会や親密な語らいの場、あるいは職場や家庭のなかにあってさえ、ある言葉の力に傷つけられている誰かが、怯えや痛みを飲み込みながら何気ない表情の影にみずからを隠しているかもしれぬということ。そうしたことを想像するのをやめたとき、他者の痛みは、まっさきに社会から掻き消されてしまうのではないだろうか。

私自身が想像もしていないような環境や状況のなかで、この小コラムが読まれているかもしれない。そしてまた、何らかの事情でメディアで触れられなかったり、様々な理由から文字を読むことができない人たちを、この小コラム自体が初めから想定外としてどこかに置き去りにしているかもしれない。そうしたことを想像できるか否かで、言葉のあり方は変わってくるだろうし、また変わっていく必要があると、そう感じている。

二〇一四年一二月(『けーし風』八五号)

11　国家を包囲し、基地を包囲する声のこだま

去る(二〇一五年)一月下旬、用事の合間、辺野古基地建設反対の国会包囲デモに参加した。予告の時間前に友人と着いた時には、国会周辺は人の波で揺れていた。その波に乗るようにして国会を一巡りしたが、何人もの友人たちと出会い、反原発の人々や労働問題を訴える人々の群れと遭遇し、辺野古新基地建設反対デモのなかに多様な訴えが重ねられていることを体感でき、率直に嬉しかった。いまの政治に違和を感じ、その違和の発露として国会を包囲し手と手を繋ぐという営みが、強いられた孤立に風穴を開けていると感じた。

そうした思いを抱えてボンヤリ立っていたところ、後ろから「新城さん」と呼びとめられた。振り返ると笑顔の鹿野政直さんが立っておられる。お一人である。体調優れず千葉のご自宅で休まれているパートナーの堀場清子さんの分も、ということで、この寒風のなかを来られたとのこと。高名な歴史家としてではなく、一人の市民として辺野古新基地建設に反対して国会を包囲する人の輪のなかに何一つ構える様子なく加わる鹿野さんは、「いま阿波根昌鴻さんのことを書いています」と話された。その言葉の響きが胸にストンと落ちた。

人と人とが繋がるというのは、容易ではないかもしれないが困難でもない。異なる思いや事情を抱え

ながらも、ともかくも集うことで繋がりが生み出される。そして、この繋がりは、集う人々が抱える異なる文脈を縒り合わせ、表現の自由の場をそのつど創りだす。この時、沖縄は、生きられる多数の現場性として私たちのなかに常に現れる。

国会包囲デモから約ひと月後の二月二二日。三〇〇〇人近くの人が辺野古キャンプ・シュワブのゲート前に集まった。スペースのないあの場所に、何千人規模の人がいかにして集まれるかといつも心配になる。だが、人が集まると、なぜかそこにスペースが生まれる。そこで気づかされるのは、集まりが、波のうねりのような生きものということである。集いのなか、身の置き所が工夫して設えられシェアがはじまる。少し離れたトイレとゲート前を結ぶ車が走り出し、歌がはじまり、井戸端会議のような小さな集まりが無数にでき、多様なパンフレットや品々が交換され手渡されていく。さながら市場であるが、そこでは利潤を求める交換は見られない。それどころかカンパ袋を目がけて人が群がる（後の報告では、約一八〇〇万円になったとのこと）。ここにいれば生きていけるかな、と感じられるような動きができていく。しかも、そうした動きには絶妙な秩序があり、強制的には決して作れないリズムが生じてくる。

集いのなかに現れるこのリズムと波動こそ、国や軍あるいは警察が恐れる当のものではないか。二月二二日、集会直前に米軍によって全く不法に拘束された後に名護署によって逮捕された山城博治さんたち二人の即時解放を求めるシュプレヒコールの波に加わりながら、そうしたことを漠と思っていた。人々が集うなかで生み出される波は思いもよらぬ流れとなるが、その伝播にそって為る波紋は、人と人とを繋ぎ揺らしながら、同時に、無軌道な暴力を抑制する律動を生んでいく。しかも、この律動は非暴力という原則に基づく抵抗であるがゆえに、警察力が介入できない自律的なスペースを創りだす。こうした辺野古での闘いの実践に亀裂を入れる謀《はかりごと》として、運動の要となっている山城博治さんを後ろから羽交い絞めにして引き倒し、基地内に引きずり込み拘束するという無法な行為に米軍は出たのだろう。それを追認し逮捕を引き継いだ沖縄県警の違法性もまた疑う余地がない。

だが、この事件が証明したのは、法を逸脱する形でしか沖縄の人間に向き合うことができなくなった軍=警察の混乱と日米両政府の行き詰まりである。これらの暴力は極めて危険であるが、同時に、とても脆弱でもある。加えて決定的なことは、それらの力に正義がないことが暴露されている点である。権力は、形式的であれ合意を取りつけなければ、その力を保持できない。この点、反基地の民意が強固になっていく沖縄の現状は、米軍基地撤去への前進といえる。そしてまた、日本という国家の沖縄に対する構造的差別もまた無数の点における抵抗に直面している。たとえば、山城さんたちへの不当逮捕の後、沖縄総合事務局職員が辺野古反基地テント監視を「苦痛」として労務を解くよう求めたことや、基地従業員が新聞紙上で基地建設暴走への否の声を明らかにしたこと(『琉球新報』二〇一五年三月二日、安田衛記者記事「辺野古「沖縄同士がけんか、政府の責任」憤る基地従業員」)など、抵抗の繋がりに関して極めて重要で示唆的な動きといえる。

国家の暴力を包囲する声は、点と点を結びながら到来している。そして、歴史のなかからもまた、次のような声が届いている。

前略、はじめまして。/皆様の不屈な反CTS闘争に心から敬意を表し、連帯します。(中略)私は本年五月一日釜ケ崎メーデーに対する府警の弾圧で不当逮捕され、公妨・傷害をデッチあげられ大拘に拘束されている釜ケ崎の日雇い労働者です。(中略)お願いがあるのですが皆様で発行しているパンフ及びCTS関係のパンフがありましたら、郵送差し入れしていただきたいのですが。本来ならば当方から、カンパなどするなどあたり前なのですが、拘禁中の由御許し下さい。パンフは獄中での学習に活用させていただきます。(大前敏行・大阪拘置所)(『琉球弧の住民運動』六号、二一頁、一九七九年一〇月)

闘いは遍在し、抵抗の呼びかけとそれに応える営みは、止むことがない。

二〇一五年三月(『けーし風』八六号)

12 「在る」ことへの問い

私(たち)が発した言葉について、私(たち)は応答する責任を負っている。と同時に、私(たち)が発した言葉は、既に私(たち)の意図を越えて、私(たち)が予想もしなかった誰かに受け取られる可能性に開かれている。たとえば「私たち」という言葉は、私(たち)という枠を問い、私たち以外の誰かから差し戻されてくる可能性がある。この可能性は、私(たち)への批判となりえる。しかもこの批判は、罵倒や中傷から遠く、時に優しいがゆえに、厳しい反省へと私(たち)を導くことがある。

去る六月一四日、沖縄本島北部の名護市にある国立ハンセン病療養所・沖縄愛楽園の交流会館開館記念シンポジウムに参加し、資料館で貴重な資料に接し、シンポジウムでの発表と討議に触れつつ、言葉の力を感じていた。愛楽園で生きてこられた人々、そして支援に関わってこられた人々の丁寧な言葉に接して気づかされたのは、入園者の方たちが、沖縄の社会で行き交う言葉や出来事に極めて繊細な注意を払い、耳を傾けてこられてきた「歴史」があるということである。そしてこの生きられた「歴史」が、深く沖縄の歴史の総体を問うている。

シンポジウム進行をされた山城紀子さんが、嵐山事件について語られた。嵐山事件とは、一九三一年から翌年にかけて羽地村住民が中心となって起こしたハンセン病療養所設置反対運動で、「ライ患や村民か」と訴える二万人とも言われる地域住民が、暴力をともなう排斥を展開した出来事である。この事件が、一九九〇年代に至るまで、新聞等で抵抗運動や反権力闘争として語られたことを批判的に省みつつ、今に続くハンセン病差別と沖縄のなかの人権侵害への批判を通した尊厳への模索を、山城さんは語られたのだった。沖縄を生きる私たち自身が、私たち自身の負の歴史に向き合うことなしに、沖縄に関わる「構造的差別」を撤廃することはできない。そのことを、愛楽園のなかで育まれてきた言葉たちが教えてくれている。そして、この教えは、他者を排斥する歴史を沖縄に生きる私たちが今も反復しているかもしれないという反省を促してくれる。そしてまさにこの点において、次のような大切な言葉が想起され、私を、私自身との批判的関係に向けて導いてくれるのである。

> 権力者に対する抵抗の表現であったはずの言葉がぎゃくに他者を傷つけ、挙句に排除する、という事態を招いてしまうことがあり、また、過剰な自己防衛のための短絡な表現が横行するといった事態も散見され、それらの表現がかつて権力の政治がマイノリティの人々に対して行ってきた暴力にも似た形でひと括りにされた集団や個人に向けられる、という行為を誘い寄せてしまうことです。そのように無自覚な「正義」の言葉がまかり通る実態が、現在の沖縄の言説空間の複雑さや多様性を覆い隠し、単線的で一方的な表現の狭隘さを露呈しているようにも思われるのです。（崎山多美文責「創刊の辞　沖縄を交差点として」『越境広場』0号、二〇一五年三月、三頁）

一人の表現者が静かに語りだす言葉のなかに、他者が、暴力のさなかで身をかがめ口をつぐんでいる他者が、見える。この他者への想像力において、崎山多美さんの言葉は、無自覚にして短絡的な言葉の横行により、他者を傷つけその暴力に開き直る「沖縄の言説空間」に見られる一傾向に対する厳しい批判となっている。マイノリティで「ある」ということは、ただちにマジョリティへの抵抗となるわけではなく、抵抗と見える「マイノリティ」の言動が、その実、対抗しているはずの「マジョリティ」の言動と同じ構造を反復し、「ひと括りにされた集団や個人」に対する「排斥」的言説を共犯的に構築することがありえる。嵐山事件がそうであったように。

私たちは、嵐山事件を今また繰り返してはいないか。私は、今の沖縄に関わる少なくない言説が、この暴力の歴史を反復していることを、残念ながら疑うことができない。

では、どうすれば歴史化された過ちの構造を解体していけるのか。その契機を、「「在」を生きる――沖縄の朝鮮人に触れる」という、やはり『越境広場』0号収録の呉世宗《オセジョン》さんの論に見いだせると私は思っている。「沖縄においては、沖縄の中の他者、内なるアジアにはそれほど目を向けられなかったように思える」という言葉に続けて、呉世宗さんは言う。

> 二〇一三年に設立された『琉球民族独立総合研究学会』の会則第四条は、「本会の会員は琉球の島々に民族的ルーツを持つ琉球民族に限定する」と書かれてある。この一文を読むと、あたかも「琉球」にはアメリカ人、日本人、「琉球人」しかおらず、戦争や米軍、あるいは日本政府による被害や負担を被っているのは「琉球人」だけであるかのような印象を受ける。関連して日本本土に基地をお持ち帰りいただくという議論も、基地の移転先に日本人の他者たちがいないことを暗黙の前提にしている可能性があり、その点で独立学会の会則とどこか繋がってもいよう。（前掲書、五四―五五頁）

そして、こうした鋭い問いを踏まえつつ提示される次のような言葉が、ありうべき応答へと私を導いてくれるのである。「他者の経験を自らの経験とすること、傷としてであれ他者とともに在ろうとすることは、「在」の意味を双方向から捉えかえすことではないだろうか」（五五頁）。こうした言葉に触れて思うのは、「在る」ということが、はじめから共にあることであり、同時に、不在あるいは非在化された存在に触れられることかもしれぬ、ということである。沖縄に「在る」ことは自明なことではない。在ることそのものが自明ではない。在ることそのものを問う営みだけが、在ることを在らしめることができる。そう思うのである。

二〇一五年七月（『けーし風』八七号）

13　生の条件としての反戦

戦争は既に始まっている。だが、戦争から引き返す道は残されている。というより、私たちには、戦争から引き返す道しか残されていない。

戦争を、私たちが生きているこの今という時を規定する過酷な条件として感じ取り、この無残な条件が無限定な暴力の制度化であることを知ることが、いま喫緊の必要として私たちに迫られている。そして、この危機を生きる私たちには、自分と自分以外のすべての人を傷つけることなく徹底して戦争に反対し、戦争に繫がるあらゆることに抵抗することが求められている。この状況は、もはや生の条件となったと感じられる。

むろんのこと、私たちを死に束ねる戦争法は、とうの昔に成立していた。憲法違反が確定しているイラク派兵(二〇〇三―〇九年)はむろんのこと、核密約に基づく一九七二年「沖縄返還」によるアメリカ軍自由使用基地化と集団的安全保障体制への日本全体の包摂、ヴェトナム戦争参戦、サンフランシスコ条約時の日米安保条約と行政協定(日米協定)の締結など、それぞれの節目で、戦争法は着々と整備され拡充されてきた。欺瞞だらけの戦後日本という擬制の歴史を遡ってみると、それが戦争(法)への一直線の道だったことが明白となる。しかも、戦争(法)へひた走ってきた日本は、「戦後」の始まりから、国際法上新奇な概念たる集団的自衛権(国連憲章第五一条)行使の下、アメリカ軍の覇権拡大の駒でしかなかった。

しかし、こうした日本のアメリカ従属を嘆き、これを「日本の真の独立」で乗り越えようとする思考や行動もまた、アメリカ覇権の効果でしかない点を忘れてはならない。米軍覇権は、同盟国に「独立」を与えることで金と兵力を出させて、軍事展開を当の「独立国」の政治中枢に埋め込むことで自己増殖する運動である。私たちが目の当たりにしている集団的自衛権に関する安保法制化は、まさにこの展開を喜劇的なまでに忠実に演じてみせている。国会審議も始まらぬ前に、薬物で酔っているかのように嬉々としてアメリカ議会で安保法制化を約束する安倍首相の姿こそは、この悲喜劇の骨頂と言うべきだろう。恥という言葉でも追いつかぬ恥、憤りという言葉でも言い尽くせない怒り、そして絶望感。それらの負の情動をこそ、私たちは、深く私たち自身の胸の底に下ろしていく必要がある。なぜなら、この恥辱と怒りそして絶望感だけが、来たるべき政治を可能とするからである。

来たるべき政治とは何か。それは、国家の論理を留保なく拒否する政治である。それは、国家を前提として国家を考えることを一切やめ、国家に拠らない生存の道を、無条件の連帯のなかでいつでもどこでも模索していく営みである。このとき求められる連帯は、合意の取りつけとは異なるいわば不可知の生の連続性への信頼であって、はじめから私たちの意図を超えている。そして、この共に生きるという道への模索は、共に死ぬことを美化するあらゆる斉唱の輪に、無数の切れ目を入れていく営みとならねばならない。死に赴かず死に赴かせないための共同性こそが求められているが、この共同性は、ただ一つの原則によってのみ構成されている。反戦という原則である。この原則を前にして、いかなる付帯条件も例外もない。選択の余地なく反戦という原則に拠る以外、共に生きていく道などないのである。そうでなければ、私たちは、国家あるいは国家を超えた集団的安保体制によって殺されていくことになる。そしてこの殺害は、究極的には、私たち自身が私たちを殺すという地点に、必ず行き着く。

戦争法案という危機中の危機に臨んで、私が想起しているのは、一九四五年三月下旬、沖縄渡嘉敷島で「集団自決」に直面してしまった金城重明氏の証言のなかの次の一文である。——「小さな少年が後頭部をV字型にざっくり割られたまま歩いていた」(金城重明『「集団自決」を心に刻んで』高文研、一九九五年、五八頁)——。おそらくは、この少年はこの少年をもっとも深く愛する者によって愛するがゆえに後頭部を斧で叩き割られ、すぐに死ねずに逃げ場などないあの小さな島を、割られた頭を抱えながら彷徨っていたのだろう。金城氏が「戦後」ずっと戦争に追われつつ、戦争を追い、負って、「集団自決」の証言者となられていく生の過程のなか、この少年はほどなく来てくれるだろう死までの時を生きている。生き続けている。そしてまた、この少年が見ていた光景を私たちが思うとき、その想像力が、戦争(法)を阻止することを可能とするだろう。この少年が見ていたであろう光景を、私たちが今まさに見ている光景に重ねていく想像力だけが、戦争の時の今、戦争から引き返す闘いの道しるべとなる。戦争への闘いは始まったばかりだ。

二〇一五年八月(『図書新聞』三二一七号)

14　ゲート前でのお祝い

この夏は、昨年と同じく、母の入院介護で病院通いに明け暮れることになった。そして幸いにも去年と同じく、手術を経て母の病は癒え、退院がかない、日常が戻りつつある。ただ、戻ってきた日常が、安保関連法強行成立という最悪の状況に覆われているのは確かなので、なんとも気が重いままでいる。この間、辺野古や国会前あるいは那覇でのデモに参加したり、いくつか原稿を書いたりしたが、それで気が晴れることはない。憲法クーデター下の安倍極右政権への抵抗が、日常のなかでいかにして可能となるかを、ボンヤリ考えるともなく考える毎日である。

そんななか、「辺野古でお祝いを兼ねた集会があるよ」と友人に教えてもらい、九月二〇日に辺野古キャンプ・シュワブゲート前に出かけてみた。既に報道されているが、この日の未明に右翼二〇人ほどがテントを襲って破壊行為をし、テントの市民に暴行を加えるという事件が起きている。名護市警の動きも含め、非暴力抵抗運動の市民に向けられる右翼や国家・警察の攻撃は、そこに歪《いびつ》な連なりを感じさせるものになりつつあり、深い憤りを感じないではいられない。こうして襲撃の報に接したこともあって、辺野古に着くまで心身が変に波立っていた。

ところが、着いてみると辺野古のテントはいつも通りの穏やかさに満ちている。それればかりか、花々が飾られたテント周辺は、確かに祝いの準備で賑わっている。それもそのはず、運動に献身的に参加しておられる田港《たみなと》清治さんの数え八八歳誕生日と、病気治療でしばし運動を休まれていた山城博治さんの待ちに待った快癒を、お二人を迎えてみんなでお祝いする集いなのである。

一一時を過ぎた頃、五〇〇〇人ほどの集会参加者の歓声に包まれながら田港さんと山城さんが入ってきた。このとき抵抗の場はお祝いの場へと変容する。というより、厳しい抵抗がお祝いで揉みほぐされ、お祝いに参加する仲間たちへのねぎらいと感謝、そしてこれからの抵抗への希いが寄り集まってくる。ふだん自ら進んで見聞きすることのない「かぎやで風」や「かなーよー」といった琉球舞踊が演舞されるのを拍手しながら見ていると、なんとも良い気分が身体に満ちてくる。何が良いといって、山城博治さんの病気の快癒を待ち望みながら、数カ月前から三線《さんしん》や踊りを練習してきた方たちとそれを囲む参加者全員の、嬉しくてたまらない気持ちが身体からあふれ出て共に揺れる、そのありようくらい心地良いものはない。この暗い時代に、このような場が現れることが、ちょっとした奇跡と感じられる。この閉塞した時勢のなか人が集い、共に飲み食いし、語らい踊り歌い、休息をとるという日常が、抵抗そのものとして現れる。そのとき抵抗は、憎しみを抑え、怒りに形を与える生の技法そのものとなる。この生の技法が創りだすものこそ、襲撃によってテントが壊されたならば急ぎ破壊されたテントを組み立て直し、ついでに、襲撃前より心地よい空間を新たに創りだすような、そのような協働と共生の場と言えるだろう。私はここに、対抗運動とは少し異なる、抵抗の更新を感じる。

私は、抵抗と対抗は少し異なると思っている。対抗は、時として、と言うより多くの場合、対抗している相手に似てくるのではないか。それは、対抗する相手と同じ土俵に乗ってしまう危うさが対抗にはつきまとうがゆえと私は考えている。いっぽう抵抗は、同じ土俵という設定そのものに抗うのであり、「土俵」そのものを浸食し崩していく。あらかじめ設えられたステージやテーブルをいったんばらして、同じ場所に別の空間を創る。そうした営みが続けられている辺野古ゲート前は、厳しい座り込みの舞台であると同時に、別の舞台でもある。この「舞台」はおそらく傍目には舞台と見えない。たとえば、ゲートの内外で黒ずくめで武装し威嚇するように双眼鏡でこちらを監視している警察や軍隊は、いったい何を目にすることができるだろうか。もし何かが見えはじめるとき、武装監視する彼／彼女たちにも、何かが聞こえてくるのではないか。あるいは、すでに何かが伝わっているのではないか。抵抗には、つねに闘う相手への呼びかけが含まれている。今こうして対峙するこのような場ではない別の場が、私たちにはありえるはずという呼びかけが、である。

「お帰りなさい」という幾多の声が山城博治さんを包む。お帰りなさいという声が運動の現場で聞こえてくるこの時を、かけがえのないものと感じる。その声たちに促されて照れながらマイクを握った山城さんは、次のように語りはじめた。

「今度の病を通して、いのちの大切さをしみじみと感じました。いのちと健康あってです。みなさん、どうぞお大事にされてください。私も大事にします。そして帰ってきます。」

いのちが大事。沖縄の運動は、ここに帰ってくる。このとき「いのち」は、人を選別しない。「いのち」である以上、それは私を含む誰のものでもないし、はじめから所有したり処分したりできないものである。だからこそ、いのちが大事なのである。ここに帰ってこない運動があるとしたら、私は、そのような運動には信を置けない。極端なことを言えば、大事なのは運動そのものではないし、抵抗そのものでもない。まして対抗など、どうでもいい。運動や抵抗は、目的ではなく、いくつかの目的へ向かうための変幻する回路である。しかし、この回路において最も大事な「いのち」は目的以上の何かであるだろう。辺野古・高江の反基地運動は、この「いのち」に触れている、触れられていると、あらためて感じられて嬉しかった。

（二〇一五年一〇月『けーし風』八八号）

15 「闘いの出発点」へ

二〇一五年は、時代の曲がり角となるのではないかと思う。崩壊しつつある日本そして世界全体が、そして沖縄もまた、危険な曲がり角にさしかかっていると感じる。政治的かつ文化的なことはむろん、教育や経済における格差の拡大も急激で、言葉と身体のありようにも大きな変化が現れていると感じている。変化があまりに速く広範なだけに、私などはその変化の意味を理解できず、ただ右往左往するばかりである。その右往左往のなかで感受しているのは、日常の感覚が擦り切れていくような鈍痛であり、そうした感覚を言葉としていく回路が断ち切られつつあるような、どうにもならぬ閉塞感である。

たとえば「沖縄の自己決定権」という言葉の前に立ち止まってみたい。自己決定(権)に重要な意義があることに私も異論はないが、沖縄に関わって「自己」とは何かについての批判的思考がなければ、自己決定権が排他性を帯びてくるのは必然である。自己決定権とは既得権ではなく、未決性において求められる到来する何かであって、この場合「自己」は自己への批判的関係をふまえた変成体でなければならない。しかし、今の沖縄でインフレーション気味に流通する自己決定権という言葉は、省察を欠きメディア上を踊り狂っている。沖縄の新聞二紙など、その濫用のステージと化していて、奇妙な全能感しか感じられない。少なくとも私は、日常と切りむすぶ生きた感情をその言葉の流通に感じとれない。「主権」や「アイデンティティ」も然りである。また、基地県外移設＝引き取り論に見られる愚劣を極めた騒動を琉球新報と沖縄タイムス二紙から執拗に見せつけられるたび、浮わついた昂揚感のなか沖縄が足掻きつつ奈落に沈んでいくような、そんな気持ちに囚われている。

そんな気分のなかで原則に立ち返ろうとして私が読み返すのは、岡本恵徳と屋嘉比収である。岡本にしても、屋嘉比にしても、彼らの言葉からは、沖縄を生きる日常から発せられた確かな心身の働きが常に感じられる。岡本や屋嘉比がその時々の情勢に突き動かされつつ、時に抽象的なことを思考している場合でも、彼らの言葉には、身体の働きにおいて概念の構造をつかむ具体的な手触りがある。

そうした感を持っている人が少なくないと感じられる幸いな出来事が、最近あった。二〇一五年一二月五・六の両日、李静和《イジョンファ》さん(政治思想)の声掛けに応えて、「「沖縄」に生きる思想――岡本恵徳を想う」というワークショップが成蹊大学で開催された。特に宣伝はないのに、二日間とも終日参加者が多く詰めかけ充実した議論が交わされた。参加者たちの多くの発言に触発されたが、そのなかで田中康博さん(社会学)が次のように話されたのが印象に残った。「文学、思想、運動と多岐に渡って、まる二日間議論を詰めてなお尽くしがたいという人が、岡本さんの他にいるだろうか」。私など、田中さんに言われて、なるほどそれはそうだと、今頃気づくという体たらくである。そしてまた、参加された多くの方が話された次のような言葉にも深く共感するのである。「岡本さんの文章は、言葉が平易な感じがはじめあって、読んだ当初は印象が強烈ではないが、後からじわっと効いてきて考えこまざるをえない」。

たとえば、次のような岡本恵徳の言葉を想起するとき、この思考こそ今求められている当のものと思わずにはいられない。


今回のように、八万数千人の人々が結集する集会が実現するなど、県民規模で運動が盛りあがってしまうと、その闘いの原点をつくりだした人たちの存在がかすんでしまいがちになる、ということがあるからである。闘いが盛りあがれば盛りあがるほど、出発点がどこであったかはくり返し確認する必要があると思う。/今回の一連の経過をみてつくづく感ずるのは、たとえ少数であっても原則的な正しさを貫くことが歴史の上でいかに力となるか、という教訓を得た実感であった。(「偶感(五)」『けーし風』第九号、一九九五年一二月、岡本『「沖縄」に生きる思想』所収)

日付が示すように、岡本のこの文章は、一九九五年の米兵三人による少女レイプ事件への抗議の結集として県民大会が開かれた直後に書かれている。怒りに突き上げられ闘いが「盛りあがる」なか、岡本が書いているのは、闘いの出発点を繰りかえし確認しようということである。こうした思考がいかに大切で、いかに難しく、それを言明することに勇気が必要であったかを、二〇年を経た今、私は、ようやく気づくありさまである。

この文章のなかで岡本が闘いの出発点として明記しているのは、反戦地主の方たちの長く地道な闘いと先の事件を受けて設立された「基地・軍隊を許さない行動する女たちの会」である。一人の人に加えられた暴力を絶対に許さず、この暴力を自らもまたその構造のなかに包摂されている制度として日常の身体感覚において根源的に批判する岡本の言葉くらい、今あらためて嚙みしめることが求められている言葉もない。この二〇年で、闘いは進展したのか、後退したのか、あるいは停滞しているのか。そして、岡本が強調する「たとえ少数であっても原則的な正しさを貫く」力を歴史から学ぶことを私(たち)はなしえているか。私自身いま岡本に問われていることを実感する。そして岡本の言う「たとえ少数であっても」という条件は、少数者であることを求めているのではなく、数量化から離れた少数＝マイナー性に基づく動きが発揮しうる潜勢力への希望として読まれる必要があると感じる。「闘いが盛りあがれば盛りあがるほど、出発点がどこであったかはくり返し確認する必要がある」という岡本の言葉を自分に問いつつ、二〇一六年をはじめようと思っている。

(二〇一六年一月『けーし風』八九号)

16 「私たちは負け方を知らない」

辺野古・高江の非暴力による反基地運動に対する国家暴力は、もはや止まるところ無しという様相を呈している。このタガの外れた暴力の組織化は、内戦あるいはテロを期した動きのようにさえ見えてくる。自らが煽る危機を政治的日程に組み込み、これへの全面的介入を梃に、治安国家体制へと全面的に展開していく地ならしをしているのではないか。そう思えるほどの暴力の発動が、この沖縄で毎日毎日繰り広げられている。

海では、海上保安庁隊員たちが、カヌー隊の市民たちに対して命に関わるような暴力を振るい続け、陸のゲート前では、徹底した非暴力抵抗運動を続ける市民たちに、文字通り殴る蹴るの暴行が振るわれている。そしてこの組織化された暴力は、警視庁機動隊という名の組織暴力団の辺野古基地ゲート前配備を経てエスカレートするばかりである。肋骨を折られ、羽交い絞めにされ海中に沈められ、罵声を浴びせられ、性的嫌がらせを受ける市民たちの被害が後を絶たない。

この暴力装置としての警察が、もはや軍隊と自らを弁別しない動きに対して、私たちは絶対にこれに馴れてはならない。それが異常な動きであり、戦争の拡散あるいは例外の常態化であることを、次の警句とともにいつでもどこでも思い返す必要がある。

「警察の「法」が根本において表示しているのは、国家が、なんとかして押し通したい具体的目的を、無力からか、それともあらゆる法秩序に内在している因果関係のためか、もはや法秩序によっては保証しえなくなっているところ、まさにそのところにほかならない。だから警察は、明瞭な法的局面が存在しない無数のケースに「安全のために」介入して、生活の隅々までを法令によって規制し、なんらかの法的目的との関係をつけながら、血なまぐさい厄介者よろしく市民につきまとったり、あるいは、もっぱら市民を監視したりする」(W・ベンヤミン『暴力批判論』野村修編訳、岩波文庫、一九九四年、四四頁)。

辺野古で集約的に見られる警察＝米軍＝沖縄防衛局＝右翼による暴力の連携的組織化が示しているのは、「法秩序によっては保証しえなくなっているところ」を任意に設定する策動というべきだろう。これらは端的に無法である。そしてまた、日本政府が、沖縄の人間に対して「血なまぐさい厄介者」つまりはならず者として自らを提示していることも疑いようがない。沖縄において日本国家は自らが無法であることをなんら隠そうとしていない。ただここで同時に確認するべきは、この暴力の発動が、法的正当性を保持できない日本政府ひいては国家の沖縄に対する行き詰まりの証明になっていることである。逆ギレ的暴走しか、国家に残された手はない。むろんこうした国家の暴走は、国家の自滅へと必ず行き着く。これは必然であり不可避である。

では、こうした警察＝軍の暴力に対して、私たちにできることとして何があるのか。私などは無力感に溺れて茫然自失してしまいがちになるのだが、そんなとき辺野古に行くと、確かな答えが返ってくる。答えとは何か。暴力が組織化されるその局所において、暴力の組織化を解いていく日常を、共同的な意思において取り戻していくという原則である。あの厳しい闘いが続くゲート前の小さな空間の真ん中に、小さな花壇がいつの頃からか生まれている。そこに集う人々が、これを踏まないという無言のルールを創りそれを守ることを通じて、守るべき日常を創り上げていることが一目でわかるのである。互いの体調や生活を気遣い、主張や所属の違いから生まれる緊張をほぐすべく絶妙な距離を互いに黙認しあう。そうした配慮に満ちているのが辺野古ゲート前である。だからこそ、不当逮捕があったら、迷うことなくゲート前を離れ、仲間の釈放を訴え警察署にみんなで集まるのである。

これに関わって、病から恢復して現場に戻った山城博治さんが、多数の仲間たちに語った「健康あってです。みなさん、どうぞお大事にされてください。私も大事にします」という言葉くらい、辺野古の闘いのあり方をよく伝えるものもない。非暴力抵抗は、到来する倫理的衝動への切迫した服従であって、これは、市民的なものを根源的に問い返しつつ、警察と軍そして国家の暴力組織化を可視化し、それらを私たちが触れて拒めるモノと化すのである。

国の手触り、法の手触り、軍の手触り、書くだけでもおぞましいこうした感覚を受けとることは、あまりに過酷である。しかし、触れてくるものとしての暴力を把握できたとき、私たちは国家暴力の構造を指し示し、この範囲を規制し、これを包囲することが可能となる。暴力を分節化しこれを微分化することが可能となる。非暴力抵抗を通じて可触化された組織暴力に対して、私たちは「私たちに触れるな」という厳命を法の名において発することが可能となる。いま辺野古や高江あるいは宮古島や八重山の島々で起きている抵抗は、この厳命にほかならない。国は、そして警察＝軍は、退く以外の道はない。

この二〇一六年、沖縄県と日本国との辺野古埋立をめぐる法廷闘争が本格化し、遠からず司法決着が提示されるだろう。しかし、判決がどうあれ、司法判断が、闘いの決着を意味することはない。辺野古埋立代執行をめぐる争いの重要な意味については既に多くの指摘があるのでここでの言及は控えるが、一点だけ、辺野古に集約される沖縄の闘いが日本（人）の未来を変える契機となる、というような言辞への違和は書きとめておきたい。

辺野古・高江の反基地の闘いは、日本（人）を変える起爆剤でもなければ、米軍基地移設＝引き取りといった言動が垂れ流す「負担平等」の妄言とも関係が無いと私は考えている。それら横領的言辞は、基地と軍そのものに反対する広範にして流動的な闘いを、ナショナルな領域再編の道具として利用することはあっても、辺野古や高江の闘いが生成する、ナショナルな領土化への根源的にして柔軟な抗いの細部についてはこれを徹底して閑却している。そのうえで、米軍を不問として日本国内における主権の配分という鋳型に沖縄の闘いを矮小化していると感じられる。

階級やジェンダーあるいは資本や民族をめぐる境

界ラインを逆撫でして、時にこの境界を踏み越えつつ批判的に問う営みが、辺野古・高江で展開されていることを見ないで、どうして沖縄の運動の可能性を感受できるだろうか。

基地はどこにもいらないというのはお題目ではない。譲りようのない原則的理念であり、いまだ獲得しえていない未来である。この未来を実質化していくためにも、濫用の挙句その内実を失っている「沖縄の自己決定権」というスローガンを批判的に問い直し、これを米軍基地移設＝引き取りと切り離しつつ、国家暴力への拒否を模索していくことが喫緊の課題となる。

ただし、この課題が、既に辺野古・高江の闘いにおいて半ば以上実現されていることは想起されていいだろう。カヌーで海上デモを行い、米軍基地のゲート前に集まり座り込むというシンプルな営みによって、新たな政治的身体が生まれている。そして、この新たな政治的身体たちは、嘉手納基地を含む沖縄の全基地撤去を訴えはじめてもいる。基地全面撤去に向けた闘いは、沖縄においても未踏といえるかもしれないが、同時に、この闘いに向けて生成される新しい政治的身体は、辺野古・高江で沖縄の各所で、昨日も今日も明日も、次のような言葉を事実発し続けているのである。二〇一六年のはじまり、まずはその声に耳を澄まそう。

「私たちは負け方を知らない」。

二〇一六年一月(『図書新聞』三二三六号)

17　大学について

文系学部の解体を狙ったとも見える大学改革の動きが続いている。「一八歳人口の減少や人材需要、教育研究水準の確保、国立大学としての役割等を踏まえた組織見直し計画を策定し、組織の廃止や社会的要請の高い分野への転換に積極的に取り組むべきではないか」(「国立大学法人の組織及び業務全般の見直しに関する視点」文科省、二〇一四年八月四日)という方針のもと、その動きをまともにかぶる文学研究の専攻について感じていることを、率直に書いてみたいと思う。

まず、文学や社会学や歴史学や哲学といった文系の学問が、「社会的要請」に応えられているかという文科省の問いそのものが問われていいと、私などは考えてしまう。今の社会的ニーズに逆らってでも、まだ言葉とされていない社会そして社会的ニーズを「今」への問いを通して生み出すこと、そこに、大学の存在する意義を見出していきたいというのが、私自身の思いである。

社会的要請という考え方は、いかようにも使い分けができる便利にして危険な「要請」ともなりえる。この点、安全保障上の国際貢献、公共の利益などと同様である。こうした考え方に危険性を見るのは、そこで人ひとりひとりあるいは個々の組織が、「社会」のニーズに応えて存在するべきだという考えが無批判に前提とされているという、私自身の疑いがあるからである。しかもこうした考え方にあっては、「社会」が、国家とほぼ同じものとして幻想されてしまっているとも思える。さらに言えば、こうした思考が暗黙のうちに否定しているものの核心に、人ひとりひとりの自律性、社会や共同体の自律性があると、私はそう疑っている。社会に要請し、社会を要請する個々を要請することなしに、大学が、自らが存在する意義を発見できるとは、私には思えないのである。

私が大学にはじめて関わったのは、琉球大学の国文科に入学した一九八五年のことである。入学したものの大学になじめず辞めよう辞めようと思っていた。辞めなかったのはいくつかの講義が楽しかったからで、もう少し聞いてみてからとグズグズしているうちに四年間通ってしまった。講義が楽しかったと書いたが、実のところ理解できないことだらけだった。というより、理解できない講義がなぜか楽しかった。岡本恵徳という人は芥川や漱石の小説の全く簡単な(と当時は思っていた)数ページを読むのに半年呻吟していたし、仲程昌徳という人は二葉亭四迷『浮雲』冒頭の解釈だけで半年を費やし学生たちを深い眠りに誘っていた。湧上元雄先生の古事記、池宮正治先生のおもろさうし、関根賢司先生の源氏、玉城政美先生の歌謡、上里賢一先生の漢詩文の講義みな然りで、とにもかくにも一字一句に立ち止まる。はじめは呆れていたが、次第にマゾヒスティックな悦びを感じはじめた(ように思う)。文学だけではなく、哲学の米盛裕二先生の記号論や社会学の与那国暹先生の宗教社会論など、欠片《かけら》も分からず、嬉しく不可となり翌年も受講したように覚えている。

講義とは関係ないが、同じ学科の何年上級か分からない学生が、新聞や『新沖縄文学』といった媒体に、「魚群記」「平和通りと名付けられた街を歩いて」「風音」といった小説をぞくぞくと発表し、それらを追っかけるように読んでいた。とにかく考え表現することに打ち込む人たちがいて、その人たちが大学という場を守り大学に守られているという事実は、圧倒的であった。こうした大学生活が、「社会的要請」や「人材需要」といかに交差するのか、私など思考の糸口すら摑めずにいるが、この日常のおかげで大学を辞めないでいられたばかりか、その後三〇年間今にいたるまで大学に居続けるはめになった。感謝しないわけにはいかない。

大袈裟にいえば、大学という場で感じ取ったのは、先にあげた人々の姿勢のなかに息づく、思想信条の自由を守りぬくための自律そして自治の精神であったのではないかと、後付けに過ぎないが今そう思う。

一字一句に立ちどまり、吟味し、考え、そして新たな表現に繋げていくという作業には時間がかかる。手間がかかる。しかも、それらの時間や手間は、人目にはつきにくく、場合によっては終ぞ人目につかないままということもありうるだろう。そうであればこそ、「人目」が、それらの時間や手間の分厚くて、集積する過程を目の当たりにできる象徴的な場として、大学に重要な意味があると思えるのである。そして、この場の象徴性にとって何より大事なのは、そこで自治が生きているということである。

大学の自治は、戦争をはじめとする国家の暴力に大学が加担してきた過ちへの反省と自己批判を通じて闘いとられた原則であり、知の自律を大学の責任において実現していくという社会との約束でもある。あえて言えば、その約束は、社会的要請をも制限するものでなければならない。社会からの要請があったとしても、その要請に大学の自治という原則に反する何かがあったとき、その要請を退ける権限を大学が担保し続けることは、社会批判の営みの存続にとって、どうしても不可欠なことである。この原則が崩されていくとき、国家主義あるいはファシズムは、もうそこに来ている。

言うまでもなく、自治は大学の特権では全くない。自治は遍在し、拡散し、伝染する。大学はその伝播の媒介でありうるし、またそうでなければならない。座り込む人たちが自由大学を開設するように、大学は、自治の実現するところに出没する。そしてこの出没する大学は、社会にむけて自治の実現を要請していくはずである。

二〇一六年四月(『けーし風』九〇号)

18 「一緒に帰ろう」という言葉へ

五月末のこと。久々に家族全員そろって地元テレビニュース番組を見ているとき、若い女性の笑顔のスナップ写真が画面いっぱいに出てきて、みな驚いて会話が途切れてしまった。行方不明の公開捜査であることはすぐに分かったものの、ひどく異例のことだったので暗い予感を持ってしまった。後で大学のゼミ学生たちに聞くと、テレビ報道以前に、ソーシャルネットワーク上で顔写真を含め広範に報が伝わっていたということだった。

それから容疑者逮捕があり、多くの人がそうであるように、私自身もまた、心身のどこかが引き攣っているような感覚に囚われ続けている。言語を絶する残忍な事件が被害者の生活圏で起き、容疑者が元海兵隊の現軍属でその名に沖縄との関わりが刻まれていることにうろたえている間に、炎天下六万五〇〇〇人もの追悼抗議集会が持たれた。集会に参加した後、今もなお被害者を悼み得る言葉が見つからず、昏《くら》がりから抜け出せないでいる。

むろんのこと、集会や新聞などで接する多くの言葉や行動に私自身も共感し、ある意味救われてもいる。そして、基地移設をではなく基地撤去を求める声が高まり、県民単位の運動としてははじめて、「海兵隊全面撤退」の要求が掲げられたことに勇気づけられてもいる。

基地撤去へと向かうのはぎりぎりの選択であり、これは他に選択肢をもち得ないという必然性にも支えられた求めであり厳命である。右派の一部から「事件を政治利用している」との中傷があるようだが、「政治利用」どころか、ことは沖縄で生きることと全般に関わる極めて政治的な事件である。政治的想像力の根幹的なところに働く暴力への抗いにおいて、拒否と悼み、叫びと沈黙、悲しみと怒りは、すなわち政治的な表現となるはずであり、またならなければならないと思われる。悲憤を怒りに繫げ、政治的暴力に拒否を貫くのはそこに平和への切なる求めがあるからであり、「個人的なことは政治的なこと」というフェミニズム運動が体現した大事な原則に則っている点においても、哀しみと怒りに貫かれた人々の声が、私自身を含む多くの人に一つの救いとなって届いているのは、やはり大切なことである。

ただ、他ならぬ「救われる」という気持ちにすらみずからの何かが引っかかっているのも確かである。救われぬ何かが残存している。そういう気持ちから解放されることがない。あるいは、未来に向けて、救いきれぬ何かが送られた、送られてしまったという奇妙な感覚が、みずからにとりついてはなれない。そうした感情に囚われながら、おそらくは、誰もがそうしたやりきれなさに囚われているに違いないとも感じている。そして誰もがまた、そうした感情に囚われながら、レイプされ殺害され遺棄された一人のいのちをまえにして、どうしたらこの底知れない傷みの思いを言葉にできるかという困難に直面していることも確かなように思えるのである。

事件後、何人かのコメントのなかに聞き届けられた「私だったかもしれない」という思いは、どこかで私のなかの何かが犯され殺され遺棄されてしまったという、得体のしれない感情と相渉っていると感じられて仕方がない。こうした感情を受けとることで傷つく可能性にさらされているのは、おそらくは若い女性ばかりではないだろう。男であろうが年長者であろうが子供であろうが被害者になりうるし、沖縄を生きる限り、既に程度の差こそあれ基地と軍の被害者でもある。そしてまた、大事なこととして、この被害性は、沖縄という場所にも限定されていない。なぜなら基地機能をはじめとする軍システムは、グローバルに繋がってしまっているからである。沖縄で起きることは日本本土でも外国でもどこでも起きうる。そしてまた同時に忘れてならないのは、沖縄の被害性のなかに既にして加害性も織り込まれているという点である。

加害(者)を生み出す社会に責任を負っている点で、沖縄に生きる私(たち)は、被害性と加害性との交差する場としてのみずからの心身を振り返り検証する必要があるし、おそらくそのような形でしか被害者に向き合うことができない。このような社会ではない社会をどう作り上げていくか。このような被害あるいは加害が重ねられないために、基地そして軍そのものを退けていく生活空間をいかにして発明していけるか。問われているのはそのことである。そしてまた、その問いへの応答を試みるのでなければ、「私だったかもしれない」という言葉は、「あなた」あるいは「彼ら」という敵=脅威を外部に作りだし、それからの防衛としての社会構成を呼び込む危うさをともなっていると言えるだろう。警察庁による一〇〇人増員などという対策は、つまるところ警察=軍の支配強化でしかない。大切なのは、暴力によらない社会、軍から自律した人と人との繋がりを模索していく作業であるはずである。

その意味で、被害者の父親が遺棄現場で語った「一緒に帰ろう」という言葉こそは、もっとも深いところでのいのちへの切なる呼びかけとして、多くの人の心に届いたのではないかと思われる。私自身、この言葉に深く強くとらえられ、ゆさぶられ、問われ続けている。

一緒に帰ろうという言葉だけがある。私たちは、一緒に帰らねばならぬ。どこに帰らねばならないのか。暴力に拠ることのない人間に、である。むろんそれはとても難しいに違いない。でも、その道よりほかに帰っていくべきあてはない。

二〇一六年七月(『けーし風』九一号)

19 警察について

高江のヘリパッド建設工事反対の市民運動に対する警察の暴力が、日々過酷さを増し、不法性を露わとしていることを幾多のメディアが伝えている。警察の市民に対する監視と規制の過剰は、常日頃から批判され問題とされてきたところだが、このところの沖縄における反基地平和運動そして報道に対するそれは、時として犯罪的行為となっていないかと懸念される。実際のところ、辺野古でも高江でも、警察は自衛隊や米軍と一体化し、極めて恣意的な暴力を市民に行使しているように思われるのである。

警察に対しては、市民生活の安全を目的とする非軍事的で極めて消極的な活動に限定されるべきことが、警察法において定められている。戦前の特高に見られるような監視や拷問に対する厳密な禁止が警察の存在要件であり、公安警察の突出はいかなる形であれ許されていないはずである。けれども、ここ沖縄で見られる警察の力は、いまや無法の日常化とでも言えるような暴力の行使と化している。この警察力が及ばないのは、ただ米軍とその関係者そして警察そのものだけである。つまるところ、警察は、米軍を治外法権化するためにこそ、市民を公安という名目だけで威嚇し排除していると、そのように言うことも可能とさえ思えてくる。この状況は、戦前警察のあり方の継続という以上に、さらに悪質な組織暴力団化の証とも言い得るだろう。ありていに言えば、このとき警察は、組織暴力団と原理的には区別がなく、軍とも区別がつかなくなってしまうほかない。こうして警察が恣意的暴力をほしいままにするならば、社会そのものが警察国家にのっとられ、法治の原則は、軍＝警察行為の恣意性によって破壊されることになる。

　こうした警察のあり方を問おうとするとき、今から一〇〇年近くも前に、鋭く根源的な批判的考察を展開した人のことが繰り返し思い返されてくる。ドイツの思想家ベンヤミンのことである。『暴力批判論』(一九二一年)という短く重要なテクストのなかに、次のような言葉がある。

> 警察は、明瞭な法的局面が存在しない無数のケースに「安全のために」介入して、生活の隅々までを法令によって規制し、なんらかの法的目的との関係をつけながら、血なまぐさい厄介者よろしく市民につきまとったり、あるいは、もっぱら市民を監視したりする。法は、時と場所とがはっきりした「決定」のかたちをとれば、形而上の範疇《カテゴリー》では批判がなされることを認めるが、これに反して、警察制度を考察してみても、なんら実体らしいものにめぐりあわない。文明国家の生活における警察という現象は、どこにも捉えどころがなく、いたるところに遍在する化けものであって、その暴力も無定型である。(W・ベンヤミン『暴力批判論』野村修編訳、岩波文庫、四四―四五頁)

「もっとも歪んだ暴力の証示」のなかに警察の本質を見出すベンヤミンの思考は、沖縄の今において、残念ながら精確極まりないものと言わねばならないだろう。では、こうした「なんら実体らしいもの」をもたず「捉えどころがない」制度としての警察を、市民生活において限定するために必要な手段はないのだろうか。

　ヒントは、ベンヤミンが分析する警察組織の捉えどころのなさにあるように思われる。「時と場所とがはっきりした「決定」のかたち」をとらないところに警察の歪んだ「化けもの」性があるのならば、この制度の動きを「決定」する時と場所を特定し、そこを腑分けすれば良いということになるだろう。私が漠然と思っているのは、予算のことである。予算こそ、警察という制度の「時と場所」の核心であって、そこに介入してはじめて、警察を市民がコントロールできるのではないか。そして加えてさらに学ぶべきは、警察による組織暴力団解体の方法であり、やはりここでも金の流れを押さえるだけで様子は一変してくるだろう。

いかなる公的機関も、その予算決済は議会の承認を必要とする。各自治体の議会の予算審議の場こそ、警察の化けの皮がはがれる急所といえよう。平和運動を含む市民生活を脅かし民意を蹂躙するいかなる警察の予算も承認する必要がないことを議会に働きかけること。そのことが明らかにするのは、警察の根っこを私たち市民が握っているという本質的な事実(国民一人につき年間約三万円を警察予算として支払っている)であるに違いない。これは大袈裟でもなんでもなく、来たるべき自治の有効な練習になる。

関連して、不当逮捕があいつぐ以上、その逮捕の不当性の検証と報告を警察に義務付け、公安委員長に議会でその報告をさせる、といったことを政治日程にのせることも重要な過程となるだろう。これは司法とも行政とも異なる、議会の権限であり義務である。

常日頃から、県警本部長と公安委員長を議会に呼んで公聴の機会を作り、現場の警察官には警察手帳と法的根拠(令状)の提示の義務を徹底して履行させ、これを記録すること。そして、市民が記録する主体であることを、警察に記録させることもまた重要な運動となるだろう。森川恭剛琉球大学教授(刑法)が指摘するように、運動において「人は道路に座り込む権利があり、それは表現の自由という憲法上の基本的人権の行使」であって、「車両交通のために、この自由や権利を軽視し、さらに警察が暴行を加えてよいとはいえない」(「辺野古座り込み強制排除への疑問」『沖縄タイムス』二〇一六年二月一日)のである。反戦反基地の運動は生存権と基本的人権の行使であって、警察はこの権利を尊重し保障する義務を負う。この原則が揺るがないことを、まさに今強く再確認したい。

二〇一六年一〇月(『けーし風』九二号)

20　日本との別れ

二〇一六年六月一九日、那覇市の奥武山《おうのやま》公園陸上競技場を埋めつくした六万五〇〇〇もの人々の集いのなかにいて、長く深い黙禱の間、一人の女性が強姦されて殺され遺棄されるという時間を想像しようとしては、その想像から逃れようとする引き裂かれを感じていた。

心身の奥の暗がりから、もう耐えられない、という声が聞こえてくるような気がしてならない。耐えてはいけない。そのような声もまたやはり聞こえてくる気がする。けれど、誰が、何に耐えられず、耐えてはならないのか。「犠牲」という言葉を深く警戒しつつ悼みを傷みとし、怒りを向けなければならないのはどこへなのか。日本か、アメリカか、あるいは沖縄そのものへなのか。私(たち)の怒りは、私(たち)に向かわなくていいのか。声とならないそうした問いが自らのなかに沈殿していくのだが、そうしたなかにあって、被害者の父親が集会に寄せた次のような言葉にこそ、いま聞かれなければならないぎりぎりの願いが込められていると感じられた。

> 「米軍人・軍属による事件、事故が多い中、私の娘も被害者の一人となりました。
>
> なぜ娘なのか、なぜ殺されなければならなかったのか。今まで被害に遭った遺族の思いも同じだと思います。
>
> 被害者の無念は、計り知れない悲しみ、苦しみ、怒りとなっていくのです。
>
> それでも、遺族は、安らかに成仏してくれることだけを願っているのです。
>
> 次の被害者を出さないためにも「全基地撤去」「辺野古新基地建設に反対」。県民が一つになれば、可能だと思っています。
>
> 県民、名護市民として強く願っています。」

沖縄における米兵米軍属によるレイプ殺人事件あるいは無数の事件は、日米安保と日米地位協定によって構造化された暴力であり、構造化されている以上、構造そのものを解体する以外には防ぎようがない。基地と軍隊の廃絶という理念を現実化する以外には、被害は犠牲の名のもとに日常のなかに制度として折り込み済みの出来事となってしまうほかない。そうした意識の集約が、今回の追悼抗議県民大会における「海兵隊撤退要求」というアピールのなかに示されている。県民および県レベルでの海兵隊即時撤退要求ははじめてのことである。基地「移設」ではなく、基地撤去、海兵隊撤去という要求あるいは厳命へと結実した民意の意義は、重く深い。同時に、沖縄のこの民意は、レイプや殺人をはじめとする、米軍基地があるゆえの暴力の反復を断ち切れずにここまで来てしまった、そうした沖縄の戦後史そのものに対する痛覚と反省に貫かれてもいる。

この痛覚と反省を証し立てるように、二〇一六年七月の参院選では、辺野古基地建設反対を公約の筆頭にかかげる伊波洋一氏が、現職沖縄担当大臣であった自民党公認の島尻安伊子氏に一〇万票以上の大差をつけて選ばれた。自公民大勝という流れのなか、自民党は、沖縄選挙区国会議員はすべてを失う結果となったということである。つまり、沖縄においては、自公民政権の政治的意思と手法は、強く拒否されているのである。

地方自治という基本に則るならば、国がなすべきは、辺野古新基地建設の即時中止、そして高江の米軍ヘリパッド訓練施設建設の即時中止しかない。それ以外は、ゆるされていない。けれど、国がしたことは真逆のことであった。しかも、この真逆の展開は、日に日に過酷さと不法性を明らかにしていくばかりである。

まず、国は、レイプ殺人事件を受け、米兵たちのパトロールを強化するためという説明のもと、警視庁や大阪府警をはじめとする五〇〇人に及ぶ警官を全国から沖縄に派遣させ駐屯させるという手をうつ。この警官たちが、辺野古や高江における反基地運動の市民たち排除の機動隊としてまるごと立ちはだかるのに、何ほどの時間もかからなかった。示威という言葉では到底追いつかぬような、あからさまな威嚇と排除が、沖縄住民から米軍基地を防衛する形勢において暴力的に発動されるにいたっている。このとき、沖縄において警察は、組織暴力団たる自らのあり方を隠そうとはしていない。むしろ暴力装置としてのその本質を剝き出しにして軍と一体化し、内戦的な状況を積極的に生み出していると、そう見えるのである。

公安警察や沖縄防衛局あるいは米軍による住民監視と情報収集という明確な違法行為の日常化や、嫌がらせと運動分裂を狙ったあいつぐ不当逮捕。あるいは、自衛隊機をつかったヘリパッド工事資材の米軍基地内への不法な移送作業や市民への暴行など、タガの外れたとしか言いようのない警察の言動はエスカレートするばかりである。こうした警察の暴走が、反基地運動を展開する市民に対する大阪府警機動隊員による「土人」発言に連なっていくことは言うまでもない。

この言葉は、警察が沖縄住民そして基地に反対する市民をいかに認識し、いかに対処し、これから何をしようとしているかについて、何よりも雄弁に語り明かしていると言えるだろう。「土人」は、日本の歴史において、保護という名の空間的監禁と人種的淘汰をへて制圧されるべき対象として生み出されてきたと言えるだろうが、この「土人」は、今や、制圧の現場において、警察＝軍が敷く境界線の向こう側に産出される、人間とも異なる何かでしかない。

その意味で、鶴保庸介沖縄担当相の「差別とは断定できない」という国会発言、そして、松井一郎大阪府知事の「機動隊員は一所懸命命令に従い、職務を遂行しただけ」等の発言は、この国の行政の根幹にはたらく人種主義の根の深さを明示するものとなっていると言えるだろう。この点をふまえていえば、警察＝軍による人種主義的差別そして人権蹂躙は、行政の領域において、あるいは立法の場において、そしてさらには司法の現場において、黙認され是認されていると言うべきだろう。

静かで安全な環境のなかで生きたいという願いをもって基地建設に反対し、絶対的非暴力の抗議運動をするだけの人々が、警察によって「ボケ、土人」と罵倒されるとき、すでに沖縄における公共空間は、警察＝軍による人種的境界化の実験場へと変容させられている。このとき政治は、ヘイトという原理のもとに収縮させられるほかない。こうした場において、はたして、民主主義や自治は、いかにして可能となるだろうか？　いかにしたら、警察国家の制圧から逃れうる平和と反戦の運動は生き延びられるだろうか？

日本との別れ。その道が残されていると私は考えている。この別れには様々な方法が思考されうるだろうし、それはまた非暴力の原則と実践において多種多様に思考され模索されなければならないが、それでも、日本という国家が、沖縄への構造的暴力を解体することをなしえず、差別を解消することができないのであれば、沖縄に生きるものは、国家としての日本から離脱していくことを様々な領域において試行していくしかないと思われる。その実現には時間がかかるだろうし大きな困難もともなうだろうが、自治という原則の実現に徹するならば、不可能と言い切れないと思える。

ただそのとき大切なのは、沖縄が、そして沖縄を生きる私たちが、分離主義的で排他的で民族主義的国家独立という隘路に赴かぬことである。この隘路に赴くとき、沖縄は決して日本との別れを実現することはできない。なぜなら、その隘路こそが日本だからである。民族自決や自己決定権といった自己領有的な言葉で思考される決断主義とも異なる、日常生活における相互扶助と共生の理念に則った自治の模索こそが、沖縄に生きる私たち、そして沖縄を生きようとする私たちの喫緊の課題となってくる。この夢想のような課題が、単なる夢想ではなく、沖縄の社会運動が歴史においていくたびも実現させてきた現実態であることを、たとえば伊江島の反基地土地闘争が、金武《きん》湾を守る会の運動が、そして何より、この二〇年間基地建設を阻止している辺野古・高江の運動が、私たちに教えてくれている。沖縄は、沖縄を生きる私たちは、ここに帰るしかないのではないか。

警察国家あるいは戦争国家に向かうためのありとあらゆる試行が、法を解体する形において司法・行政・立法いずれの領域においても重層的に進められていくのが、沖縄をとりまく現在である。辺野古基地建設に関する埋立承認取り消しをめぐる国と沖縄県とが争う地裁・高裁裁判において、国策誘導的な訴訟指揮がなされ国の全面勝訴となり、最高裁は、審理を行わずに沖縄県敗訴の決定を導いている。そして、国は辺野古新基地建設工事再開を急いでいる。

この状況下、沖縄では、今日も明日も、基地に反対し軍そのものに抗する無数の運動が続けられている。そして、おそらくは、この運動にこそ沖縄の自治の未来が先取りされている。この運動においては、反基地そして軍隊に抗するというにとどまらない、沖縄における生の再定義という極めて重要な課題が実現されていると感じられる。辺野古そして高江に基地を建設させないという運動は、沖縄を生きようとする私たちを、自治という古くさくて同時に新しい課題に向き合わせてくれる。自衛隊を含むあらゆる軍隊と基地に反対して平和な共生社会を生活のレベルから実現していくという日常に帰るとき、日本との別れが、この沖縄において可能となる。

二〇一七年一月(『図書新聞』三二八五号)

21 言い換えに抗する

オスプレイが辺野古近海に墜落するという事件(二〇一六年一二月一三日)を受けて、まず問題とされたのが、その出来事を「墜落」と呼ぶのか、それとも「不時着」あるいは「着水」と呼ぶのかという点であったことに、驚き呆れさせられた。軍用機が操縦不可能となり海上に叩きつけられ機体そのものが大破したのだから、「墜落」という以外ないのに、日本政府は「不時着」という言葉に執着し、アメリカを含むどの諸外国とも異なる姿勢をとっている。このことが明らかにするのは、言葉の言い換えにおいて現実を糊塗していく日本という国のあり方そのものである。

こうした言葉の粉飾が、たんなる言い換えに留まらない甚大な影響を生み出すのは、その言い換えじたいに政治的機能があるからであり、この機能において現実は作り変えられてしまうからである。私には、こうした意図的な言い換えによって政治の場が乗っ取られていると感じられる。そうであるがゆえに、とくに基地問題あるいは政治問題に関わる言葉については、その語法と歴史性とが常に批判的に問われる必要があると考えずにはいられない。

たとえば「移設」という言葉がそう。沖縄における米軍基地に関わって、「移設」という言葉が使われはじめたのはいつの頃であったろうか。その言葉が、現在のように官民あげて頻繁に使われるようになったのは、それほど昔ではないのではないか。一九九〇年代も半ば、それこそ、SACO合意の頃が画期であったと私自身は記憶している。その言葉は、辺野古新基地建設という現実を糊塗するための代替的用語として提示された、政策誘導的意図を背景に持つ政府作成の「符牒」であったと言っていいだろう。それだけに沖縄においては、少なくない人たちが「移設」という用語への警戒を怠らず、代替施設という言葉と同じように使用を回避し、新基地建設と正しく言い直していたように覚えている。

それから約二〇年がたつ。この間、「移設」という言動をめぐる状況はずいぶん変わった。ありていに言うなら、その言葉への警戒感がまったく薄れてしまったように感じられる。そして、「移設」という語の恣意的な使用によって、基地が、移設し引き取り可能な面積という短絡的イメージに置換されてしまうに至ったと思えるのである。そもそも、「移設」という言葉あるいはその言葉に呼応する「引き取り」という言葉が現実化させてしまうのは、取り引き可能な面積の配分の問題への基地問題のすり替えである。そこでは、軍事基地とはなんであり、軍や基地のどのような機能により被害が政治的社会的に構造化され、そして加害が歴史構造化されてしまうかについての思考が、度外視されてしまうほかない。「移設」という認識においては、基地や軍そのものの根本を批判的に問うことはできないのである。基地ができるとき、それは常に格段に機能強化された新基地建設以外ではないのであって、基地に「移設」などありえない。その事実を「移設」という言葉が隠蔽し歪めてしまう。こうした原則的な議論の場が急速に失われていったのが、この二〇年ほどの新聞メディアをはじめとする沖縄の言説状況であると思われる。この間、私自身そうした傾向への批判を展開し基地撤去という言葉にしがみついてきたが、その必要をますます痛感する以外に為す術もないというのが正直な感想なのである。

以上の点をふまえて考えるとき、二〇一六年六月一九日奥武山公園での追悼抗議県民集会に被害者のお父さんが寄せられた言葉のなかにこそ、私たちが帰るべき原則が示されていたことを、痛覚をもって思い返さずにはいられない(本書二二九頁)。

ここには、基地と軍隊があるがゆえの被害を、何ものにも対置させせず言い換えさせない、強く深い平和への思いがあると私にはそう感じられる。「私の娘も被害者の一人となりました」という言葉を受けて、いかなる応答が可能で、同時に、いかなる言葉を厳に慎まなければならないか。私たちは、そのことを真に考える必要があるのではないか。そして同時に、「次の被害者を出さないためにも「全基地撤去」「辺野古新基地建設に反対」」という言葉に湛えられた、人としてのぎりぎりの尊厳にこそ、私たちの今後への指針を見出す必要があるのではないか。いかなる形であれ、基地を誰かが「負担」せねばならないものとして認識してしまうとき、「次の被害者」が私たちによって作りだされているはずである。

警戒しなければならないのは、言葉の言い換えによる現実の糊塗という政治的粉飾であり、被害の抹消である。「負担」なる政策用語に基地被害が乗っ取られてしまうとき、「負担」が必然化され、政治が解決すべき数値的「目標」となってしまう。基地負担は、必然でもなければ「移設」されて済むような数値的目標でもない。それは拒絶されなければならない被害である。その認識をとり戻す必要を痛感し、基地撤去という言葉そして反戦平和と自治という言葉を再獲得することを心に刻みつつ、二〇一七年を迎えようと思っている。

二〇一七年一月(『けーし風』九三号)

22 「返せ」というコールと不服従

山城博治さんが釈放となって大きな喜びと安堵を感じながら、それでもすぐさま、五カ月に及ぶ不当拘留の異常さと、なお釈放されないで拘束されている人がいることへの憤りが新たに湧き起こってきて仕方がなかった。検察そして行政の追認機関に堕してしまっている今の司法のあり方は、何をどう言い繕っても市民運動への弾圧であり、人権を根本から侵害していることは明らかである。そのことを、ここ沖縄で生きていると、いやおうなく痛感させられる。沖縄を生きる者の圧倒的多数の声に支持された反基地・平和運動が、警察の恣意的暴力にさらされ、司法の場では、証拠の認定もあやふやなままの検察の訴追に市民がさらされている。

いったい法は私たちの権利の何を保障してくれているのか。司法は、政治的道具にすぎなくて、国家の意思のいかんでいかようにも使用できるものなのか。そんな疑問が心身の奥からたちのぼってくる。そうしたとき、法の運用のされ方そのものを批判的に問いかえしていく、私たちの心身のはたらきについて考えていく必要を感じないではいられない。私たちの心身のはたらきなどと言うと漠然とした物言いになってしまうが、要は、どのようにして、法の限界を挑発する政治的要求を、私たちという共同性あるいは協働性において形にしていくかということである。このとき、非暴力不服従という抵抗の形式の意義が、再発見されてくるように思える。

自分の思想信条に反する行為を強いられそうになったとき、私たちには、強制を拒む権利がある。たとえば、意に沿わない形での君が代の斉唱や日の丸の掲揚に際して席から立ち上がらず座ったままでいるということは、私たちの侵されざる権利である。むろん、教職員や学生が卒業式その他の場でこれを行うことには勇気がいるに違いない。また、こうした積極的な抵抗には少なくない反動もあるだろう。だが、思想信条の自由の権利に基づき一人の人が不服従をはじめるとき、傍らには既にもう一人の人がいてくれるだろうし、起立しないという心身のはたらきにおいて、「私たち」という単位は、新たな政治的意味を生み出していくだろう。少なくとも、拒んで良いのだという意思表示の空間は開かれる。しかも、そこで生み出される不服従の表現は、積極的なものだけでなく消極的なものにも連動するということが大切なように思える。たとえば、日の丸掲揚と君が代斉唱の場に「たまたま」いないということがあるかもしれない。「たまたま」歌詞を間違いつづけてしまうことだってあるだろう。「たまたま」その場でのみ眠りこけてしまうことなんかきっとあるに違いない。消極的な心身のはたらきはコントロールが難しくその運用には際限がない。そして際限なく抵抗が繋がっていく可能性が秘められている。そうであるがゆえに、法の精神に従いつつ、法の不正な濫用に対して不服従をつきつけることは、それが積極的な形であれ消極的な形であれ、法を正すことに繋がると思えるのである。

最近のことだが、こうした不服従の発露を目の当たりにすることがあった。

山城博治さんたちの即時解放を求める集会が、那覇地方裁判所前の小さな公園で催されたときのこと。二〇〇〇人近くと思われる人たちがひしめきあって、それぞれの思いをスピーカーを通して話していた。事細かな刑事訴訟法の話から、今後の運動の話、山城博治さんその人のエピソードや国会での論戦の模様など、話は多岐に渡るが、検察による不当拘束とそれを追認する裁判所に対する苛烈な批判はいずれにおいても共通していた。人権の視点からして、何が不正かは明らかなのである。

集会から国際通りでのデモに移る合間、集まった人々はおのず裁判所正門前に集い、精一杯の声でそれぞれ山城博治さんたち不当拘束されている仲間たちへのエールを発した。そのうち流れは、制止を振り切ってごく自然に裁判所構内へと至り、子供連れの方たちを含む数百人もの人が那覇地方裁判所正門に集いシュプレヒコールを重ね、何曲もの歌を歌い、「か・え・せ」というコールを何度も繰り返した。数十分まえには想像もしていなかった空間の現れである。

この間、裁判所職員は構内に入るなとかプラカードを下ろすことを求めていたが、デモ参加者から「なぜ入ってはいけないのか?」と尋ねられても答えられない様子だった。こうした空間においてすみやかに生成するのは、非暴力不服従の力が切りひらく話し合いの場である。デモ参加者の何人かと職員を束ねているらしい人とが喧騒のなかで短いやりとりをしているのが分かる。正門前で集まるが建物内には入らないこと、限られた時間の集会となることなどが協議のなかで決められた様子で、そのことはすぐにデモ参加者にも告げられる。非暴力不服従が切りひらくのは抗争の場であるが、この抗争は、これまで話し合うことのなかった者たちを協議の場に招き入れることになる。この話し合いの設定のなかに非暴力不服従の力の作用をみることができるように思う。暴力を排した場においては、人は話し合うしかないという条件への服従が課されていることが具体的に分かるのである。おそらくは沖縄の運動が実現してきたもっとも重要な価値が、ここにはある。

山城博治さんたち不当拘束された仲間たちの解放を求める「返せ」というコールに参加しながら、その唱和のなかに、民主主義を返せ、人権を返せ、生活と尊厳を返せ、そして平和を返せといったいくつもの声が折り重ねられていることが感じとられた。不服従の抵抗はとうに始まっている。

二〇一七年四月(『けーし風』九四号)

23 広場へ

前号の『けーし風』(第九四号、二〇一七年四月)は、示唆に満ちたインタビュー記事や論考の束となって、一読者として強く惹きつけられた。「弾圧をこえて、さらに先へ」という特集タイトルに明示されているように、今の沖縄における、国家暴力への抵抗の諸形態が、現場に息づく言葉で語られ、生活に支えられた具体的な身振りのうちに開示された特集号となっていると感じられる。

沖縄平和運動センターの事務局長をつとめ、辺野古・高江での運動の中心を担うお一人である大城悟さんの言葉に見いだせる、運動をまとめることにまつわる配慮の細やかさ、あるいは、不当に逮捕・拘束されていた佐々木弘文さんや、稲葉博さん、山城博治さんそれぞれの思いと裁判所そして検察への正義を求める訴えなど、今まさに聞かれなければならない声に溢れたものとなっている。と同時に、これら不当に逮捕拘束された人たちの、非暴力不服従運動に支えられたしなやかにして強靭な言動には、今後の運動への具体的かつ有効な教えが湛えられている。軍＝警察という暴力装置に抵抗するための論理と倫理を語る声が、こうして不当に逮捕拘束された当事者の方たちから私たちのもとに迅速に伝えられることが意義深く、この紙面づくりのなかに、不当逮捕された人たちへの支持と救援を最優先とする沖縄の運動の厚みが感じられる。これは心強いことである。このように、不当逮捕を契機として逆に運動する人々の連携が強くなっていくありようこそ、抵抗運動の分断と疲弊を狙う国の方策への、何よりの応答となっている。

そしてまた、アジア各地の運動の交差が歴史的スパンをもって思考された論が載っているのも、この号の特徴ともなっている。とくに池上善彦さんの「クアラルンプールの邂逅」という文章からは、多くのことを教えてもらった。戦後日本の反戦平和運動を世界に向けて開き続けてきた武藤一羊さんと、戦後シンガポール左派運動を担ってきたポー・スーカイさんと戦後マレーシアの左派運動を担ってきたサイード・フセイン・アリさんとの「邂逅」、そして、やはり武藤さんと現代マレーシアを代表する批判的知識人ジョモ・クワメ・スンダラムさんとの「邂逅」（二つとも、今年二月クアラルンプールでの亞際書院MATシンガポール主催シンポジウムでのこと）の現代史的意義を明らかにする池上さんの文章は、東南アジアの現代史と沖縄の交差を考えさせてくれる大切な契機となっている。戦後沖縄の企業資本の形成とASEAN（東南アジア諸国連合）の繋がりといった例に限らず、沖縄と東南アジアの関係は密接なはずである。しかし、今の沖縄にあっては東南アジアとの関係が意識されることが少なくなっているように思える。そうした現況への反省を促すものとしても、池上さんの論考は意義深く感じられた。

そうした『けーし風』九四号の文章のなかにあって、私自身に強く響いてきたのが、呉世宗《オセジョン》さんの論考「私のソウル」であった。その理由は、そこに記されている言葉が、抵抗運動における身体のあり方をめぐって、あらたな共同性あるいは協働性を創っていく示唆に満ちているためであった。韓国の民衆運動そして生活の機微といった日常が、急に近しい感覚をもって、沖縄の今を生きようとして右往左往している私の心身において感受されたことに、われながら驚くほどであった。

昨年度一年間、琉球大学在外研究という形で韓国の延世《ヨンセ》大学に滞在していた呉世宗さんの文章は、「祖国」や「母国」という言葉、さらには「国民」という言葉の枠組みそのものを問い直すようにして、韓国籍を持つ在日朝鮮人にとっての韓国の、この一年の変革を生きた断想を綴っていく。そのなかでも特に、韓国の朴槿恵《パククネ》前大統領弾劾に向けた市民の連日のデモの動きを記す次のような言葉が印象深い。

一九八七年の民主化宣言から三〇年ぶりの今回の大きなデモでは、デモ主催の技術的な側面や、政権に向かって恐れずに主張・要求をしていく姿勢、個々の社会的問題を広く政治的に見る見方、また埋もれている問題への対応の仕方など、経験や認識の引き継ぎが世代間で大々的に、そして平和的に行われたと見てよい。また引き継ぎだけでなく、社会は変えうるという経験を若い人たち（そして私）に与えたのは大きい。さらに言えば、デモを媒介にして新たな文化や言葉が、まさに広場で創出されたことも重要だろう。詩人たちがいち早く詩集を編み、現地で格安で販売していたことなどはその一例である。（中略）私は、国家としての韓国に自らを同一化させるのではなく、光化門前の広場に集まった多様な人々への信頼のもと、時が来れば「解体」していくであろう「共同体」の一員となっていこうとしたのである。（「私のソウル」『けーし風』九四号）

「社会は変えうる」という希望を持つ人々が集まることによって、社会は変わる。事実、韓国は、大きな変革を遂げていると見える。翻って沖縄はどうだろうか。日本の政局に見られる総崩れのなか、確かに苦しい闘いが続いている。しかしその闘いからは、声高ではないが社会は変えうるという声が、やはり聞こえてくるように思う。劇的な変化ではないかもしれないが、辺野古新基地建設を阻む動きは、工事進捗を印象づけて抵抗を減じさせようとする政府の工作を確かに押しとどめてきている。新基地を作らせないという沖縄における大きな動きは、それじたい戦後沖縄史上の新たな変革であり、社会は変わりつつある。そして、集い解散し、そしてまた集う営みは新たな共同性を各所に生成しつつある。そのことへの信頼に突き動かされつつ、広場へ、と、自分にそう言い聞かせている。

二〇一七年七月（『けーし風』九五号）

24 チビチリガマの破壊に思う

チビチリガマが破壊されたというニュースに接した際の動揺が、どうにも奇妙な感覚となって私自身のなかで消化できず滞留している。あるいは、出来事に対する感じ方が、刻々と変わりつづけているといったほうが実情に近いかもしれない。破壊した者たちへの憤りが消えることは無いが、憤りとともに、破壊しえないものが私たちのもとに帰ってきたという気持ちが、次第に強くなってきているようなのである。

忘れかけていたこと、忘れることに馴染もうとしてきたこと、そうしたことがチビチリガマの破壊という出来事において問われている。そして、この問いにさらされているのは、破壊者たちを含めた、沖縄を生きる私たちそのものだと言えるように感じられる。決定的に大切なことを忘れつつあったという点で、少なくとも私と破壊者たちの間には、さしたる違いはないとさえ思えてくるのである。

チビチリガマを訪ねたのは十何年も前のことである。屋嘉比収さんの案内で、中国・台湾の思想文学を専門とされている松永正義さんと丸川哲史さんとご一緒した。あまりなまでの平穏な光景のなか、大きな窪みの底にひろがるガマ(洞)の暗さが、とても印象深かった。同時に、ガマが集落に接していることに気づいて、他ならぬこの場所にあって、集団自決という出来事に向き合いながら生活を営んでおられる地域の方たちの日常にほんの少し触れられたような、そんな感じを持てたことを覚えている。

そのとき屋嘉比収さんは、戦前の移民の歴史のこと、それから、戦後育ちの知花昌一《ちばなしょういち》さんのことを話してくださった。地域の歴史を伝える営みのなか、チビチリガマで起こったことを語る知花昌一さんの言葉が、歴史を生き直すようにして一人称(複数)の語り方のほうに揺れることの意義を、丁寧に説いてくれる屋嘉比さんの話が記憶に残っている(屋嘉比収さんと浦島悦子さんによる知花昌一さんへのインタビュー「土地が支える思想　読谷波平への愛着」が、一九九五年一二月発刊の『けーし風』九号に掲載されている)。

当事者性を問い直すようにして集団自決という出来事を考え、この痛苦に満ちた出来事と自らの今との交差を問いながら生きていくということが、たやすいことであろうはずがない。まして、地域という具体的な関係性の束のなかで、そうした営みを持続していくことが、言いしれぬ困難と痛みをともなうであろうことは疑う余地がない。チビチリガマに関わる地域の人々は、その困難を普段の生活のなかで引き受け、戦争の記憶を今に繋ぎ、語り継いできた。

そのことを端的に示しているのが、一九八七年の沖縄国体の際の掲揚強制への抗議として、知花昌一さんが日の丸焼却を実践した際の地域の人々の対応のあり方である。この出来事への報復として、右翼による知花さん経営商店への放火、そしてチビチリガマの平和の像の破壊という事件が起きたが、地域の人々は知花さんを孤立させず一家を支え、そして平和の像を再建しガマを修復した。おそらくは、こうした細やかな日常の実践のなかにこそ、生の再定義としての集団自決の再記憶化のはたらきがあると思える。

今回のチビチリガマの破壊という出来事に対して、遺族の方から「死者たちは三度殺された」という言葉が発せられた。この言葉には、戦争の記憶を攻撃してこれを歪曲し、戦死者たちの死そのものを抹殺しようとしてきた動きへの憤りがたたえられているに違いない。集団自決を忘れないことを、地域という具体的な場所と時間のなかで共生あるいは共棲していくための約束としてきた人々の戦争への拒否を、この発言に聞くことができるようにも思える。

それだけに、今回の事件の容疑者として、沖縄県内の少年たちが取り調べを受けているという続報があったときには、なんとも言い難い思いがした。「なぜこんなことを」と暗澹たる気持ちになったが、報道によると、少年たちは、チビチリガマに関する歴史を知らずに、「肝試し」で事を起こしたと供述しているという。

少年たちのこの言葉を知った当初、正直のところ、疑心暗鬼になってしまった。そんなことがありえるのだろうか？と思ったのだった。しかし、この言葉からいくつかの情景が想像されてきて、少しずつ別の思いにとらわれてくるようになってきた。この少年たちは、チビチリガマの歴史に試されているのではないか、という思いにである。

あの暗いガマのなかで、「肝試し」に、遺骨をおさめた壺をはじめとする記憶の器を叩き割りながら、少年たちは何に怯え、いったい何を怖いと感じていたのだろうか。自分たちの行いが「肝試し」として意識されていたとするなら、少年たちは、他ならぬチビチリガマのなかで何かを壊すことが「肝試し」となるということを、いついかにして暗黙の共通理解としえていたのだろうか。そもそも、どのようにして少年たちはガマまで来たのか。

チビチリガマの歴史的背景を知らなかったという供述が嘘か実《まこと》かという問題以上に、少年たちが、チビチリガマを破壊するという行為を通じて、破壊しえない何かにぶつかっているかもしれない、ということが大切なように思われる。

少年たちが感じたかもしれない恐れは、畏れの感情と重なっているかもしれない。願いともつかないそのような想像をしてみるとき、「肝試し」という、あまりに粗雑な言葉に別の意味が見出されてくるようにも感じられる。忘却の支配を切り裂くように、破壊を越えて、記憶が戻ってくる。そのとき、少年たちの行為を通して、私(たち)そのものが歴史から試されている。今回のチビチリガマの破壊という出来事は、そのことを私たちに教えてくれているように思えるのである。

二〇一七年一〇月(『けーし風』九六号)

25 法の臨界点、司法の限界を審問する

裁判という制度そのものが問われ、法そのものが疑義に付されている。

二〇一七年という時を沖縄で過ごしながら痛感していたのはそのことである。おそらく、この感は、今年二〇一八年、強くなっても弱くなることは決してないだろう。法の摩滅、行政の暴走、警察の軍隊化、軍隊の超法規化、そうした異常な事態が、沖縄を生きようとする者の日常に深く濃い影を落としている。このことは、沖縄における日本の国内法の臨界点が近づいているということであり、また、法がその限界を露わにしてきているということでもある。例によって、それが日本国内でさほど注目されていないとしても、沖縄において、法が、政治的な力の争点そのものとなって可視化され審問されてきてい

るのは確かである。

たとえば、次のような事態が那覇地方裁判所で起きていたことを、どのメディアが広範に伝え、深く追求しただろうか？　事は法への信の根本に関わることである。

いま、那覇地方裁判所（潮海二郎裁判長）を舞台に、辺野古の米軍キャンプ・シュワブゲート前にコンクリートブロックを積み上げた行為が威力業務妨害罪に当たるとする案件をはじめ、公務執行妨害・傷害、器物損壊の三件の容疑に関する公判が開かれている。二〇一七年四月一七日には、第三回目の公判があった。訴えられているのは、沖縄の反戦反基地運動を牽引している山城博治さんをはじめとする三人である。

威力業務妨害罪の容疑に関しては、出来事から一〇カ月も経った後の全く不当な逮捕の後、国連人権理事会での対日調査報告書（特別報告者デイヴィッド・ケイ氏）で懸念を示されることになる五カ月に及ぶ不当長期拘束を経ての公判において、検察は、みずから提出した映像証拠の不備から第二回公判（二〇一七年三月二七日）での警察官証人尋問中止を余儀なくされていた。検察の大失態である。そうした根本的なミスを重ねたうえで、第三回公判での沖縄防衛局職員への尋問において、検察は、今度は、傍聴席から視界を遮断する衝立の設置を要求し、裁判所はこれを認めたのである。理由は、証言者に身の危険が及ぶかもしれないからとのこと。すべてが転倒している。

この一連の共同作業において、検察と裁判所は、被告を含めた運動する市民に対して一組の発話体となっている。むろんのこと、公判において、証言者が身を隠すことに限定的な必然があることは、たとえばレイプ被害者の場合を含め、理解困難なことではない。そして、証言者へのこうした緊急の保護は、証言者がさらされうる危険な状況に対する法的あるいは警察的な高度な配慮の必要性が明らかにされる機会を開くことになるだろう。問題は、警察あるいは軍の側がそれを自己言及的に説明できるかということである。

問いは、当の公判において、沖縄防衛局職員は、警察は、あるいは国は、みずからがいかなる危険にさらされているとほのめかしているかに関わってくる。ここで検察によって要求され、裁判所によって認可され、そして弁護側から強く批判された視界遮断という設定において創造されようとした「危険」が指し示すものは、市民運動の側による報復的テロ行為というファンタジー以外にない。公判を通じて、判決がおりる以前に、市民は、法の手前で裁かれようとしているのである。

ここに働いている異常な想像力の実動化は、いうまでもなく、パラノイア的な転移をともなっている。このパラノイアの発動においては、警察の暴力を日常的に被っている市民のほうが暴力の源泉とみなされ、テロ集団化されようとする。むしろ、公判において狙われているのが、こうした「潜在的テロ集団」の創造といえるようにも思えてくる。ここでは、国によって恐れられその実渇望されてもいる擬似的テロ集団に対する先取られた暴力が、検察と裁判所とによって組織化されている。この点をふまえていうならば、共謀罪は成立以前の少なくとも数カ月前に、ここ沖縄で既に作動していたといっていいだろう。

こうして、警察ひいては国家は、日常的にみずからが発動している暴力を、その暴力を振るわれる側に投影することによってみずからの影を掻き消そうとしているのだが、その隠匿行為そのものが、裁判を通じて反復され露出されてきている。検察と裁判所の共謀が、検察側証人の隠匿によって逆に明視されるに至っているのである。非暴力運動の市民を「脅威」として措定しようとするとき、暴力の措定が国家の恣意性によって決定されているという事実が暴露されるのだ。

国は、例の「土人」発言事件の元凶である大阪府警をはじめ常時一〇〇名を超える機動隊を派遣し、これに沖縄県警も加わり、高江や辺野古で極めて暴力的な市民排除を行っている。こうした動きに、沖縄内外の右翼による不法な言動あるいは産経・読売をはじめとする右翼メディアによるデマゴークも重なり、市民に対する有形無形の暴力は苛烈なものとなってきている。

「警察官が、正当な理由もないのに、個人の容ぼう等を撮影することは、憲法一三条の趣旨に反し、許されないものといわなければならない」(最高裁大法廷判決一九六九年一二月二四日)とする判例で違憲とされた、デモ参加者の監視や写真撮影という監視権力を警察や米軍がほしいままにしつつ、国側の証言者が裁判所の許可をうけて公判において身を隠す。こうした事態のなか、沖縄における反基地・平和運動が、みずからを遮断幕の向こう側に掻き消していこうとする国家暴力を、基地ゲート前や法廷といった具体的な空間における境界の書き換えという試みにおいて可視化し、これを把捉可能なものとしてきていることに注目すべきだろう。警察権力の乱用がなされるその作用点において、監視され、記録され、弾圧される市民(運動)の側から、境界の措定そのものの根拠を問う作業が、正しい記録への要求をともないつつ積み重ねられてきているということである。

いうまでもなく、記録を恐れているのは、警察であり国家である。記録が切りひらく歴史からの審問に、これらの装置は、意外なほど脆い。そのことを沖縄の運動は、記録において暴いていく。

むろんのこと、こうした運動は目新しいものではないだろう。だが、運動の方法は、確実に更新されてきている。そのことを、ほかならぬ前述の公判で抗争点となっているブロック積み上げという運動と、それに関わる記録が明らかにしている。

山城博治さんは法廷証言において次のように語っている。

積み上げるブロックが増えていくなかで議論をしたことがあります。こんな小さなブロックでなく、夜中に巨大な二トン、三トンのブロックを運んできてゲート前に置けばどうか、四トントラックを駐車して放置すればどうかという意見もありました。しかしそれでは大衆運動にはなりません。

私たちは威力を行使しない、武力や暴力は使わない平和的な大衆運動をするんだということで意見はまとまりました。ブロックを威力にかえる気もちはなく、負傷者が続出する人間の身代わりとして置いたもので、そこに私たちは堂々と座り込みました。(『沖縄平和運動裁判を考える——証言と研究』戦後沖縄刑法史研究会編、二〇一七年一一月、一二頁)

座り込みの連続として、「人間の身代わり」たるブロックをやむにやまれず積み上げたという、法廷におけるこの陳述が開示するのは、暴力の道具として人を差し出すことへの根源的な拒否である。そしてこの拒否を、沖縄県内の多くの人々が、あるいは県外の人々が、運動への連帯の表明として、身銭を切って、「人間の身代わり」という形象性を帯びたブロックを送ったという事実が支えている。積み上げられたブロックは、国家間軍事同盟と称される暴力の連鎖を遮断しつつ、抵抗の連携をこそ体現していたのである。ここに、新しい共謀の地平が見出されるのでなければならない。

ブロックは武器ではなく、これを積み上げることは威力ではない。ブロックは積み上げられて然るべきありふれた素材であり、この素材は、容易な運搬性と組み立て可能性とにおいて使用される私たちの道具である。しかし、その素材あるいは道具が、遠方から寄付され運搬業者によって搬送されてくる抵抗へのプレゼントとなりうることを、私自身は迂闊にも知らなかった。ゲート前にブロックたちが積み上げられることで、新しい境界が旧い境界のうえに現れるとき、ブロックは、新しい顔をともなって、法の前に現れ、国家および軍隊の前に現れ、記録されつつ変貌をとげ、またどこかで使われ、ほぐされ、再び三たびと帰ってくる。そして、このブロックは、帰ってくるときは、新しい相貌をともないつつ、法の臨界点、司法の限界を審問し新しい意味を生みだしていくに違いない。二〇一八年、沖縄における抵抗は続く。

二〇一八年一月(『図書新聞』三三三三号)

26　裁判と記録について

去る二〇一七年一一月四日に、「沖縄平和運動裁判を考える」というフォーラムが開催された（琉球大学）。主催は戦後沖縄刑法史研究会となっていて、被告とされている山城博治さんや稲葉博さんをはじめ、多彩な報告者とパネリストによって多角的な討議が展開されて、とても有意義な会となった。参加者も一〇〇名は超えていた。会の中心を担われた琉球大学の森川恭剛さんによれば、関連する会が、東京でも開催されているとのことだった。

討議の中心となった「沖縄平和運動裁判」とは、辺野古ゲート前にコンクリートブロックを積み上げた行為が威力業務妨害罪に当たるとする案件をはじめ、公務執行妨害・傷害、器物損壊など三件の容疑に関する那覇地方裁判所での裁判をさしている。この一連の裁判をひっくるめて「沖縄平和運動裁判」と呼ぶことのなかに、このフォーラムの裁判に対する姿勢が明確に示されていると思える。というのも、錯綜した訴訟のあり方そのものが沖縄の平和運動に対する弾圧的効果を狙ったものであることを明らかにするためにこそ、三件を分離せず、ひと繋がりの裁判として批判的に問い直すところにこのフォーラムの特質があると感じられたがゆえである。

このフォーラム開催の意義を明らかにする文章のなかに、次のような言葉がある。「係争中の裁判当事者には行動に種々の制約があり、またマスコミにも一方の側に偏らない配慮が求められ、結果的にその中身についてあまり知られることなく公判が進んできた感があった」（報告書『沖縄平和運動裁判を考える――証言と研究』一頁）。ゆえに、「広く学問的、社会的に理解を深めるために」会が持たれたということである。ここには、この裁判を通して運動を派生させていくための工夫が読みとれる気がするし、「判決」を終着点にしないためのありうべき展望が開かれているようにも思えてくる。

会にオブザーバーとして参加した山城博治さんが、

次のようなことを話されたのが深く印象に残った。

「一九七〇年代半ばの喜瀬武原《きせんばる》闘争は画期的な反基地・反戦運動だったけれど、闘争のさなか刑特法の罪で起訴された人たちへの裁判に関する記録があまり残っていないのが残念。でも、この裁判では記録が積み重ねられてきていて、多くの人が関心を寄せていることがすごいことなんです」。ふだん、裁判記録のことなど考えてみる機会がほとんどない私のようなものにとって、新鮮な言葉だった。

闘いは、記録として残ることによって、常に更新されていく現在性を獲得していくはずである。裁判闘争となれば、記録性そのものが闘いの軸に据えられるに違いないから、なおさらのことだろう。たとえば、『冬の砦――沖縄・松永裁判闘争』(たいまつ新書、一九七七年)という書物、あるいは『わんがうまりあ沖縄――富村順一獄中手記』(柘植書房、一九七二年)という書物がある。前者は、一九七一年のいわゆる沖縄ゼネストのさなか警官殺害容疑者としてでっち挙げられた松永優氏を支援する市民たちによる裁判闘争を記録化した書物であり、後者は、一九七〇年東京タワーで「日本人よ君たちは沖縄のことに口を出すな」と書かれたシャツをまとい人質をとって立てこもった故富村氏の手記を軸とする裁判記録集である。むろんのこと、前者と後者では、事件のあり方も裁判支援方法もまったく異なる。そしてまた、今回の「沖縄平和運動裁判」が、両者とまったく異なる性格をもつのはいうまでもない。

ただ、もし被告側あるいは裁判闘争を支援する側の記録が残っていなかったら、事件とされる出来事そのものが検察と司法の視線によってのみ枠づけられ決着をつけられるという同じ危険にさらされていたことは容易に想像がつく。これを逆にいうと、裁判のプロセスを記録するという営みは、記録が積み上げられていくその時点で既に、裁判に対して積極的に介入し、これを社会にあるいは学問の領域に開示する意義を持つということである。記録こそが、裁判の総体を裁きうる台座をつくりうるともいえるだろう。それこそ、死刑判決を含む二〇人もの被告に対する冤罪を、最高裁での全員無罪判決と国家賠償へと導く検証の契機となった作家広津和郎による裁判検証『松川事件』の例があるように。

この点、戦後沖縄においては、「沖縄平和運動裁判」に関する被告支援の動きほど、記録において実績をあげている運動もないのではないか。事実、これまでに、『山城博治さん、稲葉博さん、添田充啓さん 裁判闘争中間報告』、『山城博治さん、稲葉博さん、添田充啓さん 裁判闘争中間報告Ⅱ』が刊行され、そして先に引用した文章が冒頭に掲載されている『沖縄平和運動裁判を考える――証言と研究』（戦後沖縄刑法史研究会編）もまた刊行されるに至っている。これらの貴重な記録にふれて感じるのは、この一連の裁判が、司法の枠をこえた政治や社会のレベルの出来事になりつつあるということである。そして、記録を通して、裁判そのものを、社会や政治のあり方そのものを、批判的に問い直すプロセスへと変成させていく新しい民衆が生まれつつあることを感じないではいられない。裁判を通じて何かが変わりつつあると確かに感じるのである。

二〇一八年、沖縄をめぐっていくつもの難しい裁判が進行していくことになる。楽観はできないが、悲観にとらわれることもない。大切なのは、裁判に注目し、そこで語られる声に耳をすまし、これを記録しその記録を検証していく営みを、私たちが共有していくことであるに違いない。そこで問われることになるのは、裁判そのものである。

二〇一八年一月（『けーし風』九七号）

27 みだりに悲観も楽観もせず

深く心に刻む、というような構えによってではなくて、なんとなく思い出される物事がある。出来事にしても、言葉にしても、あるいは、人にしても、とくに重要だと思っていないようなことが、ときどきではあるが、それでもくり返し思い出されるのである。

先だっての名護市長選の開票速報をテレビで見て

いて、稲嶺進候補の落選が報じられた際の落胆は、自分でも驚くほど大きかった。しばらく言葉が出ないというありさまで、今後どうなるかということを予想してみようとしたのだが、とりつく島がないというのが正直な気持ちだった。

　そんなときふと思い出したのが、作家広津和郎の「散文精神について」という短い文章である。「またた」と思いつつ、やはり次のような言葉を心のうちに引き寄せていた。

> どんな事があってもめげずに、忍耐強く、執念深く、みだりに悲観もせず、楽観もせず、生き通して行く精神――それが散文精神だと思います。（中略）じっと我慢して冷静に、見なければならないものは決して見のがさずに、そして見なければならないものに慴えたり、戦慄したり、眼を蔽うたりしないで、何処までもそれを見つめながら、堪《こら》え堪えて生きて行こうという精神であります。
> （『広津和郎全集』第九巻、中央公論社、一九七四年、二七五頁）

この文章を広津和郎が書いたのは一九三六年のことである。時代はファシズムへの傾斜を深め、同年には、二・二六事件が起きている。特高警察による凄まじい弾圧による左派系作家たちのいわゆる転向があいつぎ、中国での戦争は拡大する一方という時代の流れのなか、この言葉を講演で語る広津が感じていたであろう不安を想像すると、いま私が、したり顔で共感できるなどということは到底できない。また、ときどき思い出すとはいっても、ここで広津がいう散文精神というものを自分で理解できるとは思っていない。ただ、何かしら大切な励ましが歴史から届いている気がしてくるのも確かである。

　とくに、散文精神とは何かについて、広津が、悲観と楽観のふたつの心のありようの否定形として提示しているというところに、何かしら響くものを感じるのである。悲観することにも楽観することにも溺れないで、見なければならないものをどこまでも見つめていく。これは世にいう現実主義とはだいぶ異なる態度のように思われる。「堪える」というのは生き方をいっているのであって、社会や政治の崩壊そのものを受け入れて堪えるというのではないだろう。むしろ、そうした崩壊に対して悲観に溺れたり楽観したりすることを抑制することで、状況に対峙しようとしていると思えるのである。だとするならば、この「散文精神」は、その言葉が意識されない場合でも、いろいろな局面のなかで、様々な人々において生きられてきた心身の働きではないかとも思われてくる。

たとえば、一九六九年の沖縄でいわゆる「二・四ゼネスト」が頓挫させられたとき、その当時の人々がこの曲がり角をどのように生きたのかということが時折気になったりすることがある。前年の、嘉手納基地でのB52爆撃機墜落事件を経ての島ぐるみの闘争のなかで、全軍労を含む多数の団体が参加する「いのちを守る県民共闘会議」を軸として、全県ゼネストの完遂手前までいきながら、日本政府や米軍あるいは本土労組との折衝を経た当時の屋良朝苗主席の決定により、ゼネストが回避される。緊迫した推移を書物で追ったりするとき、もし自分がその局面のなかにいたらどのような態度をとれるだろうかと、そのことが気になるのである。そして、悲観しないでいられる自分というのを、想像できない。回避となった翌日からどのようにして日常を取り戻せるのか、皆目見当がつかないのである。

だが、ゼネスト頓挫を受けて、たとえば全軍労の人々は単独ストをおこなっていくことになる。あるいは「反復帰」と呼ばれる思想的運動をさらに展開していく人々がいるし、「復帰」運動にかかわる人々の方向性に大きな変化が生まれていく。また、文学をはじめとする表現のあり方にも変化が現れていくし、米軍や日本政府にさえ変化が見られるのかもしれない。少なくない人が、悲観でもなく楽観でもないそれぞれの心身のあり方でもって、時代の流れに向き合ったに違いないと、私などは想像する。そして、その想像において、自分自身が悲観から少しだけ距離をおけるように思えるのである。

想像するだけではない。たとえば、私などは、二〇一三年一二月二七日、仲井眞前知事が普天間基地の辺野古「移設」承認を発表したときのことをまざまざと思い出さずにはいられない。あの日、抗議のために県庁ロビーに集まった人々のなかに私もいたが、その場で醸成されていたのは、単なる悲観ではなかったように覚えている。事実、そこにいた人たちを含め、翌日から少なくない人たちが辺野古あるいは高江での運動に出向いていったし、闘いのための言葉が受け渡されていった。この動きは、二〇一八年の今も確かに持続している。悲観とも楽観とも違う、もっと確かな思いと営みが、人々を繋いでいると思えるのである。

名護市長選の翌日、悲観とも虚しさともつかぬような、つまりは溺れるのに易しいそのような気持ちに囚われ気味のなか、小さな報に接した。前日に選挙での負けを喫した稲嶺進さんが、朝早くから、いつも通り、学校に通う子供たちの安全のための活動で街路に立っているとのことだった。悲観でもなく楽観でもなく、状況に対峙していくための方法は普段の生活のなかにこそある、そのことを思い返していた。

二〇一八年四月(『けーし風』九八号)

28 新崎盛暉先生の現代史に想う

親しいといえるような間柄ではなかったものの、時折なにかの会で新崎盛暉先生とご一緒する機会があった。先生が亡くなった今、それらの時間がかけがえのないものと感じられる。ご一緒できる際には、いつも予期しない遭遇そして再会へと私自身が導かれてきたように思えるのである。

先だって(二〇一八年三月)いとなまれた告別式で、本当に久しぶりに新川明さんとお会いして、しばらくの間お話しすることができた。新崎先生のこと、あるいは国場《こくば》幸太郎さん(一九五〇年代後半から沖縄についての政治的革新運動に関わった優れた批評家で、著書に『沖縄の歩み』がある)のことについてあたたかい言葉を尽くされる新川さんのお話に感銘を受けた。

そして、こうして人と人とをつなぐ要のところに新崎盛暉先生という存在のかけがえのなさがあったのだということを痛感させられていたのだった。思えば、私自身は新崎先生と二人きりでお話するということはほとんどなく、常に人の輪のなかにいて新崎先生を囲んでいたのだが、その人の輪のあり方にこそ新崎先生のお仕事の底知れない広がりと蓄積が具現化されているように感じられるのである。

たとえば、朝鮮半島や中国大陸あるいは台湾といった東アジアで活躍する研究者や運動家あるいはアーティストといった方たちと話していると、その方たちが本当によく新崎先生のことを知っていて驚かされる。多くの方たちが、新崎先生の著作や発言を通じて沖縄を学んでいるのである。『沖縄現代史』(岩波新書)をはじめとする先生の著作が韓国語そして中国語へと翻訳されているが、この事じたいが沖縄をアジアに、あるいは世界に開いていく大きな契機となっている。

新崎先生の周りに人の輪ができていくにともなって、地域や国を横断する対話の場が開かれ、世代や主張の違いを越境する連携の場が作られていったように思えるし、大袈裟に聞こえるかもしれないが、歴史の大切な一齣が作られつつあると感じられることがままあったのである。こうした場のなかにいると、連帯という言葉がスローガンとしてではなく生きられる経験として感じられたし、アジアという言葉が急に具体的なものとなり人々の顔の現れとして感じられもした。先生の著書のタイトルを借りていうなら、そこには生きられる同時代史そして現代史が現れつつあったとさえ思えてくる。

思えば、新崎先生のお仕事で、同時代史そして現代史でないものはなかったのではないだろうか。沖縄を沖縄以外の地域に開きつつ、沖縄を沖縄において問い続け、沖縄という可能性を沖縄の今を生きる私たちに絶えず示してきた先生のお仕事は、激動する沖縄の「今」を不断に歴史化していくという果てのない試みであり続けたのではないかと、そう感じられる。

だが考えてみると、同時代史あるいは現代史という試みは多くの困難をともなっているようにも思われてくる。いまだ歴史となっていない変転する今は、歴史となっていないから今であるかのようであり、歴史は今と異なる過去の集積であるから歴史であるかのようでもある。今が歴史となるのは遠い未来のことであり、今を歴史として感受しつつ、これを体系化された時間的秩序のなかに収めることは無理なように思われてくる。

しかし、新崎盛暉先生のお仕事こそ、歴史と今をめぐるこうした捉え方に再考を迫り、歴史のなかにいまだ歴史化されていない人々の経験や、あり得たかもしれない歴史が残存し、今という時代のなかに実は私たち自身が感受できていない今が無数にあり得ることを示唆してやまない。

たとえば私に引きつけて言っても、今の今、隣に生きている誰かと同じ時を同じように生きているとは言えない以上、今とここには、いくつもの今とここがあるはずである。ジェンダーや経済状況の違いや国籍のあり方や年齢や地域の違いによっても、あるいは生をめぐる移動のあり方によっても、生きられる今はまるで異なってくるはずである。

とすれば、国家あるいは民族の歴史とはまるで異なる錯綜する歴史が、沖縄をめぐる「今ここ」でも縺《もつ》れあっていることになるだろう。この縺れた今とここが、いかなる歴史的条件の違いによってもたらされているかを知ることを通じて、縺れた今を解きつつ別の今を構想することができるはずである。そして沖縄をめぐる別の今を構想する導きとして、新崎先生の同時代史そして現代史ほど貴重なものはないと思えるのである。

今私たちを取り囲んでいる生の条件そのものを、変えうるものとして時間の推移のなかに捉え直し、「今」に批評的に介入し「今」と異なる別の「今」を作りだしていこうとする行為として同時代史あるいは現代史があるとするならば、新崎先生のお仕事こそがそれに当たる。たとえば、最晩年のお仕事の一つとなった『私の沖縄現代史――米軍支配時代を日本《ヤマト》で生きて』(岩波現代文庫、二〇一七年)など、その典型と言っていいだろう。『けーし風』で連載されたこの長大にして未完となった現代史は、そこに膨大な人々の名、あるいは土地の名、あるいは引用記事をおさめてまさに圧巻であるが、この著を待ってはじめて垣間見えてきた沖縄をめぐる諸相は、沖縄の今を不断にひらき続けている。国の歴史といった出来合いの枠組みが払い落としていく沖縄の生きられる今が、この著書のなかでもやはり、歴史を問うようにして動きだしている。

新崎盛暉先生のお仕事を導きの糸として、ありうべき沖縄の私たちの生を更新していく試みは、今始まったばかりである。

二〇一八年七月(『けーし風』九九号)

あとがき

沖縄に連なることは、いかにして可能か。そのことを考えようとして、本書に収めた拙論を書き継いできたと思っていたのだが、この「あとがき」を書く今にいたって感じているのは、私自身の心身において、沖縄がはじめから連なりとしてあったということである。連なるというかたちで生きられているのが沖縄なのであって、それは、連なるべき目標として設定されるような、固定的で不動の何かなのではなく、流れ、移ろい、そして不意に私たちのもとに到来する運動体としてあると、そのように感じられる。

そうしたことを思うのは、たとえば、本書の第3章で論じたアンゲロプロスの映画『エレニの旅』を通して、連なりとしての沖縄が私のなかで生きていると感じられるからでもある。

第一次世界大戦を経て、戦争に継ぐ戦争という様相を呈していく時代、一人のギリシャ難民が、困難な航行の果てに一九四五年三月末の沖縄の慶良間列島に行き着き、そこで米兵として戦死していく。後に「集団自決」と呼ばれる出来事が生起しつつあるこの島の名前がスクリーンのなかつぶやかれるとき、沖縄が、難民の世界史のなかに一瞬のうちに召還される。そこで沖縄は、難民たちの、そして戦死者たちの生が連なるところとして提示されるわけだが、このとき沖縄は、歴史の交差点として、沖縄と連なりようのなかったはずの人たちを繋いでいく。この映画は沖縄に連なることを通じて、難民の生のなかに連なりとしての沖縄を確かに刻印している。

しかし、私にとってもっとも大切な映画の一つとなっている『エレニの旅』をそのようにして感受できたのは後になってからであって、はじめてその映画を見たとき、あまりなまでの不意の沖縄の到来に打ちのめされて、私はただ混乱するばかりであった。

映画の最後の最後、まったく予期しないまま、スクリーンのなかから唐突に「オキナワ」という言葉、そして「ケラマ」という言葉の響きが届く。そのとき私が感じたのは、私のまったく知らなかった沖縄が、私に触れていたということであった。

一人のギリシャ難民によって生きられた沖縄が、私の意識や思惑といったちっぽけな枠をこえて私に連なっている。あえて言葉とするなら、まさにそのようなことを、ふらりと入ったに過ぎない渋谷ユーロスペースという小さな映画館の暗がりのなか感じ取っていたように思える。このとき、連なりとしての沖縄に、私もまた、かすかに連なっていたのかもしれない。しかもまた、そのような連なりとしての沖縄に、世界のどこかの映画館で、誰かが、不測のまま、連なりつづけているかもしれない。連なろうとするはるか以前に、人は沖縄に連なる生を生きている、と、そのように思えるのである。

むろんのこと、沖縄に連なることは容易なことではない。とくに、公然と政治的暴力が沖縄を生きる人々を狙い撃ちにしてくる今の今にあって、沖縄を生きようとするとき感受されてくるのは、人と連なることの難しさであり、沖縄を連なりとして感じ取ることの絶望的なまでの困難である。しかも、その困難は、日に日に深まり大きくなってきていると感じられる。

誰もが、沖縄で起きていること、これから沖縄で起きようとしていることから目をそらし、沖縄への無関心を必死に装うことで、みずからの生のすさみに気づかないふりをしている。そのように感じられるのが、この時代の私たちの姿と思えて仕方がない。国家を防衛するためとうそぶくことで人の生を蹂躙してあやしまないのが今の世情であることを疑うことが難しい以上、沖縄に連なることに希望を持つといっても、それが容易であるはずがない。それは、絶望的なまでに困難である。

だが、と思う。困難だから希望を持たないという選択肢がありえるのだろうか。絶望的に困難ななかでこそなお生きられてしまうのが希望であって、それははじめから私たちの生にこびりついて離れない何かしらのはたらきなのではないか。

私には、本当に希望を持たないでいることこそが難しいように思える。いやおうなく希望を繋いでしまうかたちでしか生きられないのが私たちという連なりではないかと思えるのである。それはぎりぎりの生の条件であって、譲れない。譲りようがない。そして、そのような生の条件が、この困難な時代のなかで切実に生きられようとしているのが沖縄であると、私はそう思う。

辺野古をはじめとする場に連なるというかたちで人と人とが連なり、連なりとして生きられる沖縄が私たちに触れてくる。この数年のあいだ、私の貧しい思考がくり返し立ちかえっていったのはそのことであるが、この本が、そうした試みの小さな記録として沖縄に連なることが少しでもできていたならばと願わずにはいられない。

最後に、阪田清子さん、鷹野隆大さん、仲宗根香織さんという三人の友人に、心からの感謝を述べたい。まず、装丁にその素晴らしい作品の写真を使うことを快諾していただいた阪田清子さん。仲間たちと作ってきた雑誌『las barcas ラスバルカス』に発表した文章を本書にも収めたが、この雑誌は、スペイン語で小舟を意味する言葉の複数形という誌名に示されているように、群れて漂う舟というイメージに連なるアーティストや批評家たちのゆるやかな集合体である。阪田さんは、その始まりからの大切な仲間だが、その阪田さんの作品において、時間をかけて丹念に積みかさねられた塩の結晶が、その下に、文字を、言葉を、そして本たちをひっそりと匿いはじめ、その姿が舟という形象をまとってきたのは近年のことである。装丁に使わせていただいた作品「ゆきかよう舟」にあって、降り積もった塩の雪が匿っているのは、幾多の本あるいはパスポートそして詩篇である。いつか私たちは、沖縄という仮の停泊所に舫《もや》う舟底に揺れる金時鐘《キムシジョン》や中屋幸吉《なかやこうきち》の言葉あるいは名もないアルバムに収められた古い写真たちと出会い直し、連なることができるだろう。阪田さんの作品がひらくのは、来たるべきその時である。ここにもまた、沖縄に連なるという生のかたちが、静かに生き延びている。

次に、第7章で二作品を使用することを快諾していただいた写真家の鷹野隆大さん。鷹野さんとは、共著『まなざしに触れる』(水声社、二〇一四年)をはじめとして、たびたびお仕事をご一緒させていただく幸運に恵まれている。敬愛する鷹野さんとこうして沖縄を介して連なれることに、あらためて深い喜びを感じている。そして同じ第7章で作品を使用することを快諾していただいた仲宗根香織さん。友人として冗談ばかり交わしている仲宗根さんだが、仲宗根さんの作品に漂う静謐《せいひつ》にして不穏な翳りに魅入られている自分がいることを、本書を通じて伝えられることを率直に嬉しく感じている。

『沖縄の傷という回路』(二〇一四年)、そして、鹿野政直さんとの共著『対談　沖縄を生きるということ』（二〇一七年）に引き続き、入江仰さんの編集によって本書を出版することができた。入江さんに深く感謝申し上げたい。

二〇一八年九月一九日

新城郁夫

新城郁夫
1967年，沖縄宮古島生まれ．琉球大学法文学部教授．専攻は近現代沖縄文学・日本文学，ポストコロニアル研究，ジェンダー研究．
著書に，『沖縄文学という企て——葛藤する言語・身体・記憶』『到来する沖縄——沖縄表象批判論』(ともにインパクト出版会)，『沖縄を聞く』(みすず書房)，『攪乱する島——ジェンダー的視点(「沖縄・問いを立てる3」)』(編著，社会評論社)，『まなざしに触れる』(鷹野隆大との共著，水声社)，『沖縄の傷という回路』(岩波書店)，『対談 沖縄を生きるということ』(鹿野政直との共著，岩波書店)などがある．

沖縄に連なる — 思想と運動が出会うところ

2018年10月18日　第1刷発行

著　者　新城郁夫《しんじょういくお》

発行者　岡本　厚

発行所　株式会社 岩波書店
〒101-8002 東京都千代田区一ツ橋2-5-5
電話案内 03-5210-4000
http://www.iwanami.co.jp/

印刷・法令印刷　カバー・半七印刷　製本・松岳社

ISBN 978-4-00-061297-5　Printed in Japan